U0621036

人工智能时代高职院校
学生管理模式研究

傅　田　赵柏森　许　媚◎著

中国出版集团 ｜ 全国百佳图书
中国民主法制出版社 ｜ 出版单位

图书在版编目（CIP）数据

人工智能时代高职院校学生管理模式研究 / 傅田，
赵柏森，许媚著. — 北京 ：中国民主法制出版社，2023.5
ISBN 978-7-5162-3209-5

Ⅰ .①人… Ⅱ .①傅… ②赵… ③许… Ⅲ .①高等职
业教育－学生－学校管理－研究 Ⅳ. ①G718.5

中国国家版本馆 CIP 数据核字 (2023) 第 068545 号

图书出品人：刘海涛
出 版 统 筹：石　松
责 任 编 辑：刘险涛

书　　名/人工智能时代高职院校学生管理模式研究
作　　者/傅　田　赵柏森　许　媚
出版・发行/中国民主法制出版社
地址/北京市丰台区右安门外玉林里 7 号 （100069）
电话/(010) 63055259（总编室）　　63058068　63057714（营销中心）
传真/(010) 63055259
http://www.npcpub.com
E-mail:mzfz@npcpub.com
经销/新华书店
开本/16 开　　　787 毫米×1092 毫米
印张/13.5　　　字数/219 千字
版本/2023 年 5 月第 1 版　　2023 年 5 月第 1 次印刷
印刷/廊坊市源鹏印务有限公司

书号/978-7-5162-3209-5
定价/68.00 元

前　言

　　现代社会的发展进程中，各种新兴技术不断产生，为人们的生活提供了各种便利条件，使相关的工作都能够顺利开展，因此发挥出了重要的价值。将人工智能技术应用在高职院校的学生管理工作中，能够体现出独特的效果，为学生管理工作的顺利进行创造有利条件。

　　人工智能是引领新一轮科技革命和产业变革的重要驱动力，正深刻改变着人们的生产、生活、学习方式。本书是关于人工智能时代高职院校学生管理模式研究的书籍：首先，从人工智能与高职学生管理入手，介绍了高职学生管理工作的基础、高职学生管理机构与队伍建设等内容，方便读者快速了解人工智能时代高职院校学生管理；其次，探讨了高职学生管理的制度、互联网时代高职学生管理的理念、互联网时代高职学生管理模式的创新与发展等内容，帮助读者深入理解高职学生管理模式；最后，阐述了大数据时代的高职学生教育管理、人工智能时代下的高职人才培养。随着时代的发展，高职学生教育管理的模式也在不断创新。本书内容翔实，对高职院校学生管理模式的研究有一定的价值。

　　高职院校开展的学生事务管理工作涉及众多的内容，其中会存在一定的复杂性和困难性，而现代人工智能技术已经发展到了一个更新的阶段。人工智能是现代产业变革的关键推动力，会对人们的生产以及生活等方式产生客观的影响，同时人工智能在教育方面的应用，能够更有效地促进教育的变革以及创新。总而言之，在现如今社会的发展过程中，人工智能技术的应用已经越来越普及，将其体现在高职院校学生管理方面能够发挥出重要的作用，这要求相关的管理部门能够根据当前的资源以及需求来完善人工智能服务体系，使其真正发挥效用。

　　信息时代，互联网正以改变一切的力量在全球范围内掀起一场前所未有的深刻变革，传统行业纷纷启动互联网模式，教育行业也不例外，移动互联网的快速发展对教育行业产生了颠覆性的影响。

　　本书对于现代高职管理者具有一定的学术参考价值。由于编者水平有限，难免存在不足之处，我们真诚地希望读者对本书提出宝贵的意见和建议。

目录

第一章 人工智能与高职学生管理

第一节 人工智能的基础知识

一、人工智能的产生与本质

（一）人工智能的定义

人工智能的定义可以分为两部分，即"人工"和"智能"。"人工"比较好理解，争议性也不大。有时我们会需要考虑什么是人力所能及制造的，或者人自身的智能程度有没有高到可以创造人工智能的地步，等等。但总的来说，"人工系统"就是通常意义下的人工系统。

关于什么是"智能"，就问题多多了，诸如，意识（consciousness）、自我（self）、思维（mind），包括无意识的思维（unconscious-mind）等等问题。人唯一了解的智能是人本身的智能，这是普遍认同的观点。但是我们对我们自身智能的理解都非常有限，对构成人的智能的必要元素也了解有限，所以就很难定义什么是"人工"制造的"智能"了。因此，人工智能的研究往往涉及对人的智能本身的研究。其他关于动物或其他人造系统的智能也普遍被认为是人工智能相关的研究课题。

人工智能是研究使用计算机来模拟人的某些思维过程和智能行为（如学习、推理、思考、规划等）的学科，主要包括计算机实现智能的原理、制造类似于人脑智能的计算机，使计算机能实现更高层次的应用。人工智能将涉及计算机科学、心理学、哲学和语言学等学科。可以说几乎是自然科学和社会科学的所有学科，其范围已远远超出了计算机科学的范畴，人工智能与思维科学的关系是实践和理论的关系，人工智能是处于思维科学的技术应用层次，是它的一个应用分支。从思维观点看，人工智能不仅限于逻辑思维，要考虑形象思维、灵感思维才能促进人工智能的突破性发展，数学常被认为是多种学科的基础科学，数学也进入语言、思维领域，人工智能学科也必须借用数学工具，数学不仅在标准逻辑、模糊数学等范围发挥作用，数学进入人工智能学科，它们将互相促进而更快地发展。

（二）人工智能产生的必然性

人工智能的出现，是工具进化的结果，它回应了生产力发展的要求，很好地满足了人类改造客观世界的需要。因此，人工智能的产生有其必然性。

1. 人工智能的产生是工具演变的结果

人工智能是工具演变更新的产物。工具的进化是工具为了适应人类改造世界的目的而不断革新的过程。机器遵循的是人工进化，是在人的强制干预下实现升级换代的。人工智能既然是随着工具的进化发展而来，那人工智能比起以往的生产工具又有哪些先进之处呢？

人工智能的产生是工具进化的结果。比起以往的劳动工具，人工智能的先进之处之一在于，人工智能在模拟对象上已经上升到人的智能。劳动工具已经侧重于对人的大脑延伸和智力的放大。比起以前的只是对人体部分器官，如手、胳膊、腿等部分肢体的有限放大和扩展的生产工具而言，人工智能则试图延伸、投影人的大脑，试图放大人的脑力，从而实现全面延伸、扩展人体功能。赵家祥指出，当科学技术越发达，物质生产力发展水平越高的时候，"人工器官"中的脑力延伸部分比重就会越大。人工智能实现了对人的脑力的模拟、延伸和拓展，人工智能技术比起以往的技术工具更加先进，更能促进生产力的发展。从生物学的角度上看，大脑作为人的"控制中心"和"司令部"，对人的其他肢体起到一个控制、统摄作用，所以人工智能比起以前的铜器、铁器和蒸汽机，在模拟与延伸的对象上已经实现了进化。

另外，人工智能先进之处之二在于，比起以往的生产工具，人工智能是对人的肢体能力和脑力的综合延伸。人工智能较之以前的工具，吸收了人更多的肢体功能，而人工智能越完全吸收人的技能，它就表现出更强的拟人性，就越具有拟人化装置的特征。人工智能技术不仅是对人的智能模拟，也是对人的肢体模拟，是二者的综合性模拟。这在以前是无法做到的。回顾历史，发现人类历史经历青铜器为代表性生产工具的奴隶社会，再到铁器为代表性生产工具的封建社会，然后是蒸汽机为代表性生产工具的资本主义社会，接着是信息社会，最后是即将来临的人工智能等作为代表性生产工具的社会，无论是铁器、青铜器，或是蒸汽机、信息技术都只是人类对自身某个具体肢体的延伸与扩展，比如，眼睛、手脚等，并无法深入到对人类肢体的核心部位——大脑的模拟和延伸，无法做到对人的综合模拟。

2. 人工智能响应了生产力发展的要求

人工智能可以满足生产力发展的需求。由于电子计算机和自动化技术的发展，相同数量的劳动者可以花费更少的劳动时间就能生产出比过去多几倍甚至几百倍的产品。人工智能的普及也催生了许多新兴产业，这些新兴产业正在以前所未有的速度和规模发展起来。人类改造自然能力的提高，主要不是靠改变自己的生物器官，而是靠改进生产工具。任何重大的科学发现和技术发明，一旦被应用于生产过程，就会引起生产工具、劳动对象、劳动者以及生产管理方式的发展变化，从而进一步提高生产力水平，提高人类在改造客观世界方面的能力和效率。人工智能作为帮助人类改造客观世界的手段和工具，以追求效益的最大化，活动效率的最高化为目标，恰好满足了生产力发展的要求。人工智能的飞速发展，全方位地解放了人类的智能、体能等，提高了管理运营效率和机器生产效率，扩展了劳动者的实践领域，丰富了劳动者的改造对象，从而促进了生产力水平的提高。

3. 人工智能更好地满足了人类的实践目的

人工智能能更好地满足了人类的实践目的。比起以往的生产劳动工具，人工智能可以完成更复杂的任务，实现更高级的目标。人工智能是一种"人造的"和"为人的"生产工具。应该始终坚持"以人为本"，以人为中心的原则，以服务人类为目的，尽可能地满足人们不断增长的、变化的需求。任何技术都体现了人们的目标和要求，都带有一定的目的。人们使用技术来帮助满足自身在社会中形成的生活和生产中的目的。技术是人类自我表达的一种形式。它是由人类的目的驱动，是人们用来实现目标的工具手段。人们利用科技来表达在社会生活中的愿望。不包含目的和功能的技术是不存在的，这正是为什么技术都带有一定的"人性"或"社会性"。人工智能作为一种技术上的革新，也是顺应人类实践的目的而产生的。以往的生产工具主要是对人的体力的不同程度解放，当人类的体力劳动获得了一定程度的解放后，人类开始寻求脑力劳动上的解脱。人工智能技术的产生使得工具获得了有限的自主性，让工具自主地完成部分任务由理想变为了现实。与此同时，人工智能技术可以更有效率地、精准地完成人所指定的更加复杂的任务，为人类实践目的更好、更快地达成提供了强有力的工具支撑。

（三）人工智能的本质

1. 人类实践的新工具

人工智能本质上是人类实践的新工具，生产工具体现了人类的能力和意志。比如，人脸识别技术，已经作为一种工具，广泛应用于机场、景点、火车站等场所。在这些人流量较高的地方，经过智能识别机器"刷脸"，提高了客流速度，减少了拥堵，部分窗口验票工作人员也从机械的劳动中解放了出来。赵家祥将生产工具称之为"人工器官"。他指出，这种"人工器官"，有些是人的体力的延伸，有些是人的脑力的延伸，有些是人的体力和脑力的共同延伸，如自动化系统和机器人。人工智能技术作为一种新的工具，不仅解放了人的体力，同时也释放了人的脑力。人工智能是人类为了达到更好地改造客观世界的目的而制作出来的工具。人工智能的研究就是通过智能机器来提高人们在改造自然和治理社会的各项任务中的能力和效率。人类由于自身机体的脆弱性和力量的有限性，因此发明了各种工具来扩展他们在实践活动中的能力。斧头其实是对人的臂力的扩展；弓箭是对人在速度上的缺陷的克服，智能机器则可以帮助人类大脑处理一些烦琐的重复劳动。因此，人工智能，作为研发出来的一种高科技技术，是帮助提高人们改造客观世界的能力的新工具。

2. 人类对自身智能的模拟

人工智能是人的智能物化的结果。技术发展的一个重要途径就是对其他生命个体的模仿。在工具漫长的演变历程中，人类首先是通过对其他生物的模拟来实现工具的进化。在对其他生物的模拟达到一定的程度之后，再逐步寻求对自身的模拟，由易到难，从简单到复杂，逐步实现工具的演变升级。如同马克思所说，"自然界没有制造出任何机器，没有制造出机车、铁路、电报、走锭精纺机等等。它们是人类劳动的产物，是变成了人类意志驾驭自然的器官或人类在自然界活动的器官的自然物质。"思维和思维结果物化所产生的人工智能是自然界长期发展和人类社会实践的产物。

图灵作为人工智能的先驱之一，他希望人工智能可以成为一个"思考机器"①，但人们很快意识到很难实现图灵的愿景。人工智能对人的智能模拟，只能停留在功能性模拟上，人工智能和人类智能之间是有很大不同的。首先，从内在机制上看，人的智能是通过人脑的神经元网络对信息进行加工和存储，而人工智能的基础是集成电路。其次，从智能的性质上看，人的智能是积极的、主动的、不受限制的，但是人工智能却要受限于人的智能。人的智能是通过参与社会实践而获得的，可以不断更新和积累。人的智能是受人自身的目的驱动的，而人工智能是受外在存在对象，即人的目的所驱动。最后，从智能的传递方式上看，人类的智能是通过人类的耳濡目染或是教育来得到传承和积累，但是人工智能是填鸭式的机械填充。人的智能与人工智能在传承方面也存在很大区别。还有人脑对于突发状况的处理，相对于人工智能会更加的灵活，而人工智能相对来说显得有些死板。因此，人工智能无论是在功能上，还是在智能的属性上，都只能停留在功能性模拟的程度，而无法真正成为人的智能。

这里也有必要探讨一下智能与智慧的区别。人工智能模拟的是人的智能，不是人的智慧。智能与智慧是存在很大区别的。

人的智慧本身是一个动态的过程，可以不断地更新、补充，它处于永恒的探究过程中。智慧源自对人生经验的反思，是复杂的和多维的。首先，智慧是运用学问去指导生活、改善生活的各种能力；智慧涉及利益取舍和选择判断；智慧包括了人的常识和透过现象看本质的敏锐的洞察力和判断力；智慧可以帮助人类纵览全局，权衡利弊，最后做出最佳解决方案和最有利于自身的选择。一个人可能在学校里取得好成绩，但仍然会做出错误的选择并陷入困境。因为他还没有足够的智慧来帮助自己做出明智的决定。他是否会变得智慧取决于他从错误和观察中学习的能力。当一个人拥有智慧时，他能够在语言和行动层面上迅速做出对自己有利的反应。其次，智慧常常与道德联系在一起的。"智慧"的主体——人，必须要有道德判断的能力，知道自己的行为是否在道德所认可的范围之内，是否跨越道德的界限，并能预测出自己跨越道德底线后所带来的后果。智慧的人，通常可以协调好个人利益和公共利益的关系，力求达到二者的平衡。这种平衡是对环境的适应和选择。

---

① ［英］玛格丽特·博登. 人工智能的本质与未来 [M]. 刘西瑞等译.. 北京：中国人民大学出版社，2017.11.

因此，智慧不仅仅追求自我利益的最大化，更关注他人与所处的集体或者是环境的利益，追求多方面的和谐与平衡。智慧常常涉及利益取舍，在取舍间通常有道德的因素参与其中。

而智能侧重的是对事情的应变处理能力。智能偏重于对环境的适应和采取自主行动的能力。与人的智慧相比，智能不会过多涉及道德因素，不会涉及利益取舍的问题。我们提及智能时，通常会说一个东西是智能的，比如，智能手机、智能手表和智能音箱等，这个智能更多的是对环境的主动适应，强调的是适应、应变能力。而说一个人是智慧的，不仅仅代表他是智能的，也强调这个人在丰富的人生阅历中积累了许多处事的经验，善于处理复杂的问题，能正确处理矛盾与利益冲突，能够纵览全局，做出最合理、最优的选择。人通常都是智能的，但并不一定都是智慧的。用智慧来做评价时，不能仅仅说是对的还是错的，它涉及多方面的因素，更多的是用是不是道德的，是不是最优的、最合理的来形容，智慧追求的是至善、至美。

人工智能显然不具备人的智慧。例如，它可以为人类的任何已知主题提供多角度、多方面的信息资源。但是，它却不能结合多方面的因素，在错综复杂的关系中，为人类做出最优的选择，比如，它不能告诉你是否应该结婚、离婚和换工作。人工智能技术，它吸收了人类众多的智能，但是人工智能技术没有权衡利弊的能力，没有人的道德伦理观念，人工智能技术只是对人的知识加工利用，人工智能不具备人的智慧。

综上所述，人工智能的产生是顺应着工具的进化发展而来，它很好地响应了生产力的发展要求，可以更有效地帮助人类达到实践的目的。人工智能本质上，是人类通过模拟自身智能所创造出来的工具，它是一种技术的存在，是一种工具的存在。

二、人工智能对人的发展的影响

（一）人工智能对人的实际生活的影响

人工智能技术丰富了人类的生活，给人类的生活带来了极大便利。人工智能技术与人类的各种生活工具和生活资料的结合将彻底改变人类的传统生活方式，为人类的生活增添新的色彩。首先，目前交通领域最突出的变化和最明显的革新应当属无人驾驶技术。谷歌首先将人工智能技术应用于汽车领域，目前的优步、百度和许多汽车制造商也对无人驾驶技术注入了大量的资金。无人驾驶技术的应用，给人们带来一系列积极影响。比如，可以减少因为人的失误、疲劳而导致的致命性的交通事故，减少交通堵塞和因汽车尾气而带来的环境污染。无人驾驶技术也为行动不便的人带来了希望。此外，人类的社交娱乐方式也得到了创新。智能手机的使用方便了人们之间的联系。3D 甚至 4D 画面的呈现，刷新了人们的传统视觉体验。再者，在智能化的社会里，数字成为人与人交往一个重要的媒介。过去人们使用的有形的纸币、支票、会议报告、图片等，都变成了一大堆的数字。这在我们去购买商品时，体现得尤为明显。我们在交易时，只是感觉到数字的增加与减少。最后，人工智能技术给人带来的饮食与穿戴方面的影响，主要在于人获取这些资料的方式发生了变化。人们现在在某种程度上，实现了足不出户，就可以获取自己想要的生活资料的愿望。另外，人们对于饮食的选择，衣服的选择，也在被人工智能大数据若隐若现地影响和引导着。人工智能大数据通过收集用户经常点击与浏览的页面，自主推送终端用户所需求的商品，这样消费者的消费倾向也在被人工智能所引导着。至于未来人的衣食住行到底是什么样子，无法推断。因为世界是不断变化的，唯一不变的就是变化本身。随着人工智能技术的应用，社会的管理服务体系将更加到位。总之，人工智能丰富了人的生活，使人们的生活更加智能。

（二）人工智能对人的机体的影响

人工智能技术尽管无法使人的机体获得永生，但是可以在一定程度上延长机体的寿命。库兹韦尔预言预测，未来将会产生一种可以在人体血液中流动的纳米机器人，这种机器人可以执行许多与人类健康有关的任务，包括日常身体关节的维护、更换死细胞，等等。如果这项技术可以被完美掌握，人的身体将会永生，长生不老不再是梦想。对此，尽管无法从技术层面予以反驳，但是从生物进化的几十亿年的历程来看，目前这种可能性比较小。生命自诞生以来，都必将经历生老病死的历程，而人虽然处于食物链的顶端，也无法抗拒或者改变自然规律。换句话说，人无法摆脱死亡的宿命。

但是人工智能技术的确将在一定程度上延长人的机体寿命。从人工智能技术发展的现状和趋势来看，人体的坏死器官可以用人工器官代替，将人工器官与人的生物器官进行融合，尽可能地延长人的机体寿命。这时我们不禁思考，人工器官与生物器官的融合是否也是人类物种，为了生存，为了克服自身躯体的脆弱性，适应环境的变化所做出的一次演变？进化论的提出者达尔文指出，为了生存，万物都在不断地适应变化的环境。他指出，在加拉帕戈斯群岛发现了一类鸟类物种，这些鸟类为利用群岛变化的生存环境，已经迅速演变。一些鸟类进化出新的爪子来帮助它们抓捕昆虫，而另一些鸟类则进化出有适合破裂种子的喙。那么人类同样为了生存，也会随着环境的变化、时间的推移而不断地进化。这种人机融合是不是人类世界的一次进化？不管是与否，人工智能技术将一定程度上延长人的机体寿命。

（三）人工智能对人的观念与思维的影响

随着智能生产力系统的广泛使用，人们更多的是追求精神上的享受，追求人类社会的平等、和谐。在生产力相对落后的时候，人们往往通过追求物质财富来展示自己的经济状况和社会地位，并由此来衡量生活幸福与否。在资本主义社会，所有人都对金钱趋之若鹜。但随着智能生产力体系的广泛应用，人们的物质生活条件逐渐改善，物质财富积累已经十分充足，人们已经不需要再去为获取物质财富而奔波，这个时候，个人的道德品质修养以及精神上的满足便显得越发重要。人们积极参与各种志愿行动、捐赠活动和救援活动等，来寻求精神上的富足。这个时候的社会将是和谐、美好、互帮互助的。

（四）人与人工智能的相处方式

人们在享受人工智能给生活带来的诸多便利的同时，也必须面对人工智能技术发出的挑战。那么人类该如何与人工智能相处呢？在人工智能兴起的背景下，我们该如何继续推动这个时代向前发展？我们是该像电影里的人一样，只是领着政府的救济，碌碌无为，消磨时光，还是努力适应新的时代，不断学习新知识，重塑自己的地位，并大步前进？面对人工智能所带来的潜在的危机与困惑，我们不应该去回避，而是应该积极去寻找解决方案，这才是我们对待人工智能应有的态度。

显然，从人的层面看，我们应该积极寻求人机协作，结合各自的优势，弥补各自的不足；并通过人工智能了解自身，知道人之所以为人的深层原因；加强道德教育，完善人性。从技术的层面看，保证人工智能被合理使用和研发以及加强人工智能成果的共享。人工智能产生的问题反映的是人与人的利益矛盾未得到正确处理，或是人工智能存在研发上的技术缺陷。人才是人工智能问题的根源。人类有制造人工智能的能力，也有毁坏人工智能的能力。破坏的方法很简单：切断驱动人工智能操作的动力，或取出电池。在没有电力能源的情况下，人工智能就是一堆废铁。当然也许会有人说，可以制造一种用之不尽的电池，可以使人工智能成为一部永动机。这种想法是不合逻辑的。人类、地球、太阳都有自己的寿命，我们人类又如何制造出一部永动机呢？总之，为了更合理地使用人工智能，必须：

1. 从人的层面看

第一，积极寻求人机协作。人和机器应该相互协作，各司其职。简单地说"机器不如人"或"人不如机器"是不合适的。人与机器应该是建立共同合作的体系，而不是相互竞争或走向对抗。人们创造机器，是用来帮助人们突破人类的各种自然力量的极限，并使人们在实践活动中变得更强大、更有力。人们通过使用机器来更有效地了解世界并改变世界，接着人类利用实践中所获得的新认识和所发出的新要求来创造更先进的机器。如此循环不已，不断促进社会的进步。人类应善于发挥人的才能，并结合机器的才能。这将是未来人才的共同特征。阿里巴巴的创始人马云表示，进入智能世界的趋势已经不可阻止，在这个过程中人类要认清自身和机器之间的区别，不要对抗而应该携手合作。人工智能作为人类智能的产物，可以帮助解决历史遗留的许多棘手问题，从而促进人类社会的繁荣。智能时代就是通过制造智能机器来解决人们无法解决的问题。马云还指出，蒸汽机释放人体力量，但并不需要蒸汽机模仿人的手臂。计算机释放人的脑力，但没有必要要求它像人脑那样思考。机器拥有它自己的独特的方式。人类应该发挥和利用机器的智能。在人工智能普及后，人与机器应该是协同发展。能真正获得繁荣的，是那些与机器一起共事的人。所以，未来，人类应改为主动谋求人机共生，各司其职，各取所长，努力开创出人与机器共生的祥和景象。

第二，通过数据了解人自身。最可怕的是，人工智能了解人类，人类却不了解自己。人类在享受人工智能所提供的一系列便利服务时，也应该通过人工智能来了解自己、审视自己。人工智能提醒我们：人之所以为人，并不是因为人类的外形与财富占有量，而是人的情感、思维，以及对生命的感悟和珍惜。因此，人类必须加强对自身的了解，认识自己之所以为人的本质属性，并认识自身与其他存在的根本区别。另外，人工智能到底能发展到什么程度，归根结底还要看人对人本身的认知程度。因为人工智能模拟的对象是人，只有加深对人本身的了解与认知，才能突破人工智能技术上的瓶颈，更好地促进人工智能未来的发展，更全面地和更理性地看待和应对人工智能伦理问题。因为真正在改变世界的是人，是人发明了人工智能，也是人运用了人工智能。

第三，应该加强道德教育，完善人性。技术所引发的一系列问题，主要是人性的缺陷所引起的，所以必须要完善人性。人既是人工智能技术的发明者，又是技术的控制者和使用者。如今，人类面临着人工智能所带来的危机和风险，部分原因在于人性里的缺陷。因此，人性的完善有助于规避人工智能的风险，解决人工智能所带来的问题。避免人工智能的风险实际上是一场人类与自己的战争。所以，应该进行道德教育，以提高人的德行。中国自古代以来已经提倡道德教育，如孔子、孟子等，都倡导以德修身，约束自己的行为和欲望。而历史也证明，道德教育在人性的完善中发挥着巨大的作用。当人性的完善和技术的革新都不断往前推进时，人工智能技术所带来的问题才有望得到合理解决。

2. 从技术的层面看

第一，规范人工智能技术的研发和使用。人工智能技术的研发必须遵循一个前提：服务人类为目的。本质上讲，不是人工智能控制奴役人类，而是人工智能的精英或精英群体以其控制的智能来控制其他人群。技术所带来的一系列的风险与威胁，例如，导航错误、电网瘫痪等问题，并不是由人工智能技术本身发起的，它没有自主"威胁"人类的思想动机和主观意图，归根到底是由人类在技术上的研发缺陷或由于人类没有合理地使用所导致的。就相关技术的发展现状而言，给机器人制定一系列的规则是完全没有意义的，相反，真正应该受到规则制度约束的是研究人员、机器人使用者而非机器人。因此，有人提出疑问，到底是谁更需要规则，是机器还是人？

"机器人三定律"已经被广泛视为机器人存在和发展的标准。但"机器人三定律"的意义更多的在于文化层面，如果从科学技术的层面讲，比起给机器人制定一系列的规则，机器人专家和机器人使用者才更需要道德法律的约束。因为他们决定了被制造出来的机器人安全与否、是否有本可以避免的安全隐患。例如，机器人除非被用于维护国家安全，否则任何时候都不能迫使其谋杀或伤害人类。机器人的设计和操作不能与有关人权、自由和隐私的现行法律规定相背。同时，机器人的操作程序应充分保证其安全性，以免造成不良后果和严重的损失。机器人必须具有明显的机器属性，以防用户混淆机器与真人的界限，伤害了用户的情感。还有，任何机器人都必须有明确的法人，以方便追责。因为人才是对机器人负责的主体。可以看出，人类已经在寻求合理使用、研发人工智能技术的路上探索，并努力创建合理的规范来促进人工智能最大限度地造福人类。

人工智能技术之所以会产生诸多社会问题，这主要是由于人们在制定技术应用规范时无法跟上技术更新的步伐。人工智能，作为一个工具，是造福人类还是给人类带来威胁，关键在于人类自身。要实现人工智能的合理应用，这就需要政府的治理，需要每一个人的自我约束。人工智能引发一系列的社会问题，并不是人工智能的主观意图，在很大程度上是由于开发过程中的技术缺陷所导致的。就如无人驾驶车：无人驾驶汽车刚开始普及将不可避免地出现错误，这就会引发对无人驾驶技术的诘难。但是，深层次思考，无人驾驶汽车之所以会出现问题，归根结底还是人自身的失误造成的，是设计者在设计时没有很好地预料现实情况或者无法突破技术上的瓶颈，才会造成灾难性的事故。所以，技术本身不会是问题的制造者，归根结底是人赋予了人工智能技术善恶属性。因此，必须规范人工智能技术的研发和使用，最大可能地为人类谋福利。

第二，促进人工智能科技成果的共享。人工智能技术的发展，应该是全人类的福音，而不应该成为个别企业或者个别人用来牟取暴利的工具。加强人工智能成果的共享，有利于社会公平的实现。不管是对于个人，还是对于一个群体或者是国家，都应该加强人工智能技术的分享，促进人工智能成果的普及，让更多的人和国家享受到技术所带来的便利。目前，很多大企业、大公司，如阿里巴巴、百度等，都享受着人工智能所带来的福利，而很多小企业却被排斥在人工智能技术的边缘线之外。对于个人来讲，由于专业技能的不同，社会地位阶层的不同，物质财富积累的悬殊，使得部分人成为智能时代的新文盲，完全不懂人工智能技术，也无法享用人工智能所带来的科技成果。所以，加强人工智能成果的推广，是非常有必要的。当然人工智能作为一种智力开发性的技术，会涉及技术所有权的问题，这就需要政府、企业和个人，协调好三者之间的关系。

总的来看，人工智能技术的应用，将使得人的机体寿命得到一定限度延长，人的生活更加便利，人的精神也得到了解放，人的躯体不再被机器所捆绑，人的交往也更加的密切，人工智能技术的应用从方方面面推动了人类获取自由全面发展的进程。但是，人工智能也不可避免地在人类获取自由全面发展的进程中，带来些许问题。但是"存在的即是合理的"，我们应该迎难而上，规范人工智能技术的研发与应用，从而促使其在人类解放的进程中发挥更大的推动作用。人工智能是对人类智能的模拟与延伸，是人类为满足自身实践目的而创造出来的工具，是一种属人的技术性的存在。因此，应该继续大力发展人工智能技术，将消极影响降到最低。

三、人工智能对社会发展的影响

（一）人工智能对社会生产力的影响

1.劳动者该何去何从

一方面，劳动者将得到一定程度的解放，不必再遭受繁重劳动的折磨。要知道劳动从来只是人类追求美好生活的一种手段，劳动本身并不是目的。另一方面，劳动者的职业将迎来新一轮的"洗牌"，劳动者将面临失业的风险或者职业转型的阵痛。首先，来看看人工智能给劳动者带来的积极影响：

第一，智能化背景下，劳动者将由事必躬亲的执行者转变为监督者、协调者，劳动者参加实践活动的方式变得间接和不明显。未来的机器人，在尽可能少的人为的干预和参与的情况下，就可以为人类创造巨大的物质财富积累。在智能化的生产背景下，人不再需要直接参与生产，只需要进行监控与策划。过去由劳动者自身去完成的工作，将直接由计算机控制的机器来独立完成生产。人可能只需要偶尔盯着电子屏幕，从旁协助、监控就可以完成生产。那这时，会有人质疑：这是否意味着人不再参加社会实践生产活动？肯定不是。机器人本身就是人的实践活动的产物，机器人所从事的生产，其本质依然是人在参加生产劳动。另外，机器人还无法完全脱离人们的辅助和监控。实质上，没有人就没有机器人。因此，机器人的工作只是人类劳动范围的延伸，实质上依然是人在参与实践活动。马克思指出，劳动的外化表现为这样一个事实，即工人不是肯定自己的劳动，而是否认自己，他们感到痛苦、不幸，他们不是自由地发挥自己的体力和智力，他们的身体受到折磨，精神受到摧残。但是随着人工智能技术的应用，这种情况将会得到改善。

第二，劳动内容简化，劳动者只需要决策、负责与创新。唯物史观指出，物质生产活动是最基本的活动，是一切其他生产活动的基础。人们所有的活动的前提是必须解决基本的温饱问题，而后再考虑娱乐享受。在人工智能诞生以后，物质生产活动依然是最基本的活动，但是活动已经不是由人类直接来完成，而是由机器人代替完成。人在未来所要做的就是决策与负责。当各种生产活动全面实现自动化，人类需要做的就是做出选择。与此同时，人类还需要做的一件事就是负责。对于社会出现的一系列问题，能为此负责任的只有人类，能被认可的道歉主体也只能是作为社会主体的人类。最后，为推进人类社会文明的继续进步，人类还必须发挥自己的创新能力，培养自己的创新思维和意识，推进人类社会继续前进。如果人类不再创新，那么整个社会将在原点循环往复，那将是非常可怕的。

这是人工智能技术为劳动者所带来的福音。但是，我们也必须看到人工智能技术给劳动者带来的失业风险和职业转型的阵痛。职业重新洗牌，到底哪些职业会被取代，哪些职业会保存，而又会催生出哪些新的职业呢？

对于职业重新"洗牌"的规则，李开复提出，如何预测一项工作是否会被取代的方法就是"5秒钟准则"：如果一个人在5秒内就可以完成其在工作中所需要的考虑，那么这项工作有很大概率可能会被人工智能所取代。人类的职业的变化应分为以下三种：

第一，重复简单的劳动将被逐渐取代。人工智能的优势是明显的，尤其在数据处理方面，重复而机械的事情，机器做得比人类好、比人类快。比如，娱乐软件今日头条，通过人工智能与机器学习软件对内容进行个性化定制，实现新闻智能推送，用来迎合不同终端用户的喜好。人工智能通过收集大量的数据，然后通过对数据进行一系列的运算、比较、分析，得出一个个用户的使用偏好，就如人所做的社会调研，只是人工智能做得更加全面、灵活、精准。人工智能可以模拟人类的五官：视觉、听觉、触觉、嗅觉、味觉，而且人工智能的五官感觉比人类的五官感觉灵敏。人工智能对人类的超越，不仅仅体现在五官的功能上，或者数据的统计上，在人类诸多的能力，如承载力、记忆力等方面，人工智能都有了超越。因此，人工智能技术可以在机械、简单的领域发挥自身固有的优势，那么人类所从事的机械、重复的实践活动将由人工智能代替完成。

人工智能技术的应用和普及，迫使劳动者必须掌握使用人工智能的技能，这样才能在智能化的环境中生存下来。但是这对于以前从事机械重复劳动的人来说，他们的学习能力和学习意愿相对较差，如何适应这次职业转型，对他们来说将是一个挑战。

但若换个角度看，人类部分工作的消失，并不是一件坏事。当今社会，虽然人们可以获取更多的物质生活资料，但是属于自己的时间却越来越少了。通过人工智能取代一些无聊、单调的劳动也是对人的一种解放。马克思认为，人类劳动应该是实现人类价值，展现人性的过程，一个帮助人类过上更美好生活的方式和手段。但现状是，劳动变成了对人的一种奴役，劳动是痛苦的和被迫的。由于部分行业的生产力低下，所以只能靠延长劳动时间来保证创造足够的物质财富积累，这无疑是对劳动者精神和身体的严重摧残，特别是那些高强度、超负荷的劳动，比如煤矿工人，建筑工人等。而这种情况在智能机器人引入后，将有望得到改善。

第二，部分职业继续保留。人工智能因其自身的缺陷，使得人类仍有用武之地。李开复指出，人工智能目前还不能情感模拟、不具有自主意识等，这也就意味着，人类仍可以在部分领域发挥自己的价值。就拿山东聊城的辱母杀人案来说，此案件中的男青年是正当防卫还是故意杀人呢？毫无疑问，此案件的审判应该是法律与道德良知的结合，若是交与人工智能来审判，那么毫无疑问，人工智能会按照事先输入的法令法规进行审判，并无道德情感与良知参与其中，因为人类的道德良知是无法用数据程序来量化的。在真正的社会治理中，除了明文规定的条例之外，还存在着酌情处理的余地，所谓酌情处理，正是依靠人而存在的。总而言之，有一种岗位不可或缺，那就是需要情感技能的岗位。

第三，新职业层出不穷。任何技术的革新与应用，不会只是仅仅的消灭岗位，而不再创造新的职业，如果真是这样，那么这个社会就无法运转，技术只会催生出更多的无业游民。所以，技术在消灭部分岗位的同时，也一定会创造出新的职业。就如李开复所指出的，人工智能技术抢走"饭碗"也带来"饭碗"。例如，汽车出现以后，由于汽车更加的方便、快捷，人力车夫的职业就受到了威胁，并最终被取代，但是也创造了出租车司机这个新的就业机会。比如，现今的"外卖小哥"，就是在互联网飞速发展的大背景下产生的。在互联网还未普及的情况下，是没有这个职业的。

随着人工智能的不断发展，劳动者不再是事必躬亲的执行者，而是借助人工智能来达到实践的目的。另外，劳动者直接参加的生产实践活动将得到简化，只需要负责、决策和创新。有学者指出，以前劳动者的劳动属于被迫奴役劳动，只有到了现今的社会主义社会和未来的共产主义社会，劳动者的劳动才真正成为人类自身价值实现的方式和手段，而不再是一种奴役、痛苦和折磨。但是也要看到人工智能技术也给劳动者带来了失业的阵痛，如何在这次职业转型中重生，将是人工智能对劳动者发起的挑战之一。

2. 劳动工具获得有限的自主性

劳动工具获得了有限的自主性。劳动资料将由计算机控制，实现自主化、标准化生产。越来越多的自动化技术应用于办公室和工厂。劳动者逐渐从大型机器的捆绑中解放出来。劳动者只需要从旁协助就可以完成生产。作为劳动工具的机器人将在人类的监督下自主完成相关任务。劳动工具将可以拥有有限的自主性。人们不再需要直接参与操作，只需要从旁适当地辅助。目前，劳动工具的自主性主要体现在制造业的自动化生产。制造业中的工业自动化是在工厂中使用"智能"机器，也就是人工智能技术，它涉及各种控制系统的应用，使操作设备能够在人类干预很少的情况下自行完成那些需要速度、耐力和精准度的任务。通过实现自动化生产与制造，运行流程更加的精简，也可以节约能源、材料和劳动力。

3. 劳动对象得到拓展

劳动对象也因为人工智能技术的应用得到丰富和扩展。随着计算机技术的发展和应用，人们的实践领域不用再受时间、空间、物质手段和社会经济等因素制约和限制。

劳动对象越来越偏向"人造物"，而不再仅仅只是纯粹的自然物。随着实践和认识活动的深入，自然劳动对象越来越不能满足生产者的需求，迫切需要发现新的材料。因此，人类不断开发、利用新材料，努力扩大劳动对象的范围，为实践活动提供更加丰富的材料。为了丰富和拓展劳动对象，自然被打上了越来越多的人类的印记。许多新的实践客体也由于人工智能技术的应用而被创造出来，如数据、信息和知识也已成为人类劳动实践活动的对象。目前，还出现了虚拟客体。它来源于虚拟技术，是根据实践需要进行数字化处理，形成的一种信息存在。虚拟客体的产生极大地扩展了活动的对象。它可以是一个物质对象的模拟，也可以是精神对象的模拟。总之，人工智能技术拓展了人类劳动对象。

综上所述，在智能化的背景下，生产力发生的变化主要表现在：首先，劳动者不再受繁重机械的劳动的奴役，但是劳动者也面临着失业或者职业转型的阵痛；其次，劳动工具获得了有限的自主性；最后，劳动对象得到了拓展。越来越多的"人造物"的利用，虚拟客体的开发都拓展了劳动对象。这就是人工智能技术对生产力的一系列影响。

（二）人工智能对社会生产关系的影响

唯物史观认为，生产关系是指在物质资料生产过程中形成的人与人之间的关系。它反映了人们在物质生产和劳动过程中的经济关系。生产关系包括生产资料的所有制、劳动者在生产中的地位以及社会分配。当人工智能大量普及时，生产力大大提高，必然导致生产关系的调整。那么人工智能又会如何影响生产关系诸要素的发展呢？首先，生产资料所有制形式更加合理；其次，生产者地位趋向平等；最后，财富分配总体上趋向公平，但也存在新的两极分化的风险。

1. 生产资料所有制形式更加合理

生产资料所有制形式更加合理。唯物史观指出，生产资料所有制是指人们在生产资料所有、占有、支配和使用等方面所结成的经济关系。通俗地讲，生产资料所有制就是生产资料归谁所有。

首先，在智能化的时代，人人皆可成为生产资料所有者。生产资料所有不再是资本家的专利。因为在智能化的时代，脑力劳动逐渐取代体力劳动占主导地位，知识已经作为一个新的生产要素在生产过程发挥重要的作用。在知识经济时代，知识成为生产资料，知识也可为资本家创造剩余价值。现在拿大学生的求职过程来讲，通俗地讲知识就是金钱，所学的专业知识与所掌握的技能决定了与之相匹配的收入，这也印证了知识变成了生产资料，生产资料的掌握情况，决定了收入分配情况以及地位。知识是每个人都可以拥有获得的东西，这意味着每个人都可以成为生产资料的所有者。

其次，随着人工智能的普及，生产资料的所有制形式多样化。唯物史观指出，生产资料的所有制形式将由最初的生产资料私有，转变为生产资料公有。但是，随着人工智能的普及，社会的不断发展，生产资料的所有制形式不再仅仅是简单的一刀切，非公有即私有，而是公有和私有可能同时存在。生产资料的所有制正在由相对单一的"公有制"或"私有制"转变为以各种形式共存的生产资料所有制形式，包括公有、国有、私有、合伙和股权等多种形式。因此，在人工智能技术的背景下，生产资料的所有制形式更加合理。

2. 生产者地位趋向平等

生产者地位趋向平等。随着人工智能技术的应用，简单、重复劳动被大量的取代，这是不是会导致人类数千年的金字塔形状的社会分工方式变得不再稳定？金字塔是否会坍塌或者陷入混乱？答案肯定不是的。只是在人工智能的促进下，金字塔内部发生了一系列的变化。

第一，脑力劳动者的地位提高。在社会生产关系中，生产者对生产资料所有者不再像以前绝对服从或者是一味地唯唯诺诺，而是越来越拥有自己的话语权，越来越被尊重，二者之间逐渐走向平等，这主要是由于劳动者不再像以前一味地出卖自己的体力来实现自身的价值。由于劳动者掌握了知识和拥有一定的技术，可以为资本家创造巨大的价值，这就为自身地位的提高创造了条件。人工智能技术的飞速发展，提高了知识分子的地位，脑力劳动者和体力劳动者具有直接同一的趋势。在生产组织的结构方面，出现了由金字塔式向"扁平化"的转变，等级和层次越来越不明显。人与人之间的生产本来就应该是平等合作的关系。然而，随着私有制的出现，人们在生产关系中的不平等地位被合法化，并一直持续下来。但现今，土地、资本等实物要素在生产过程中重要性和稀缺性不再像以前那么重要，它们的重要性不断地下降，而知识等无形资本的重要性却日益提高，各要素所有者的地位也相应发生变化。主要劳动已逐渐从体力转向智力，生产者的素质从体力为主转向智力为主，产品日益减少体力劳动含量而增加脑力劳动含量，产品的增值也越来越依附于脑力劳动含量的增加，资本家再也不能像以前那样"趾高气扬"，工人也不必再战战兢兢，这种持续数千年的固定不平等模式将有望被打破和改变。

第二，金字塔内部阶层之间的流通更加顺畅，流动性加强。古代的金字塔模式：上品无寒门，下品无士族，各阶层之间存在着绝对的界限和区分，不同阶层之间很难流动，人通常很难跨越不同阶层，实现阶层身份的转变。从刀耕火种的时代到当今社会，人类社会的分工遵循了与金字塔形状类似的社会结构模式：少数人影响和领导多数人，这部分少数人主要是指领导者和决策者；较多的人进一步影响或管理更多的人，这部分人通常是管理人员、高级学者、思想领袖等；金字塔底层是大量从事简单劳动或者具体劳动的普通民众，他们占据了社会的大多数。各阶层之间很难流通，人们都只是在同一阶层内部小范围地流动，很难跨阶层实现身份的转变。但是随着知识经济的发展，各阶层之间不再有绝对的限制。普通大众都有机会通过自己的学习和努力，走上更高阶层。拿公司的分层而言，一个人经常从公司最底层开始，并通过学习和培训慢慢承担中层管理。经过一段时间的训练和积累，他最终走上了高层职位。所以，在智能化时代，任何人都有可能实现自身阶层的转变，成为下一个逆袭者。

第三，金字塔内部的阶层划分重新调整，呈现出新的三级划分：从底层人工智能到中层的普通大众，再到顶端的部分管理人员和技术开发人员。这时大多数人都是处于中层，只有极少数人处于顶端的位置承担着社会管理和技术研发的职责。由于社会职业的大规模调整，大部分职业都将被人工智能所取代，一些基本的、重复的、毫无意义的工作将由人工智能技术来完成。而中层的艺术创作、情感互动、人机交流等职业将继续由人类完成，这些职业的工作者将构成中层，占据人口的绝大多数。最后剩下的极少部分人将负责技术创新和社会管理工作。

总之，在智能化时代，首先劳动者的地位趋于平等，脑力劳动者的地位得到了大幅度的提高，劳动者之间变成了一种平等合作的关系；其次，金字塔内部阶层之间流动性加强；最后，金字塔内部的阶层重新划分，呈现底层的人工智能到中间阶层的大多数普通民众到顶尖阶层的极少数技术开发者和管理者。这一切都体现了生产者地位趋向平等。

3.财富分配面临新的挑战

人工智能技术在极短的时间内为人类积累了大量的物质财富。这些积累起来的物质财富在智能化的大背景下，又呈现什么样的分配特点？概括言之，社会财富分配总体上是呈现越来越公平的趋势，但也存在新的两极分化的风险。

为什么说社会分配总体上趋向公平了？这主要体现在科学技术知识作为无形资产参与分配，不再像过去那样局限于产房、资本等有形资产；财富的分配形式不再像以前那么单一，局限于某一种具体的分配形式，实行一刀切，而是多种分配方式并存。

首先，科学技术知识参与分配。科技、知识、信息等无形资本也在生产中发挥着巨大的作用，为价值的创造贡献着自己的力量。它们越来越成为重要的资源和竞争力的标志。资本的占有不再仅仅体现在实物形式上，如土地、厂房、矿产等，而且还体现在如知识、信息和技术上等无形的资本上。在信息社会中，拥有科学、技术、知识和信息等无形资本的人也可以拥有权力和财富。因为当这种无形资本一旦与一定的劳动者、劳动资料相结合，就可以转化为物质形态的科学技术，创造出巨大的经济效益。此外，一个明显的趋势是，有形资本越来越依赖知识、信息和技术等无形资本，通过结合无形资本实现自身价值的增值。中共十六大确立了劳动、资本、技术、管理等按贡献参与分配的原则，这也是对科技、知识在社会发展中的贡献的一种肯定。在工业社会中，有形资本占有极其重要的位置。在当今社会，劳动和知识等无形资本在价值增值中的作用越来越大。许多生产商通过出售他们的技术专利和管理知识而获取收益。土地和房产等有形资本的显著特征就是，无论其数量有多大，它总是有限的，不能共享的。但信息等无形资本却不同，它是无限的，可以共享、继承，也就是说，它的拥有并不是唯一的。许多一无所有的就业者通过学习、掌握和使用信息，可以与有形的资本持有者一起掌控经济活动，并从无产者成功跨入富人的门槛。

其次，产品分配形式多样化。每一次技术更新，都可以为社会创造更多的财富，财富积累的速度越来越快，社会出现了一个又一个的财富神话。在智能化的时代里，分配变得更加合理。产品分配不再是单一的"按资分配"或"按劳分配"，而是按劳分配、按资分配和按需分配等多种分配方式并存。智能化时代，分配总体上趋向公平。

最后，共享有望成为社会分配的一种新的形式。共享即分享，人们共同拥有对一件物品或者信息的使用权或者知情权，有时也包括产权。随着共享经济的不断推进，共享对象从以前的信息共享到实物共享，从纯粹的无偿共享到获得一定数量补偿的共享。在北京、广州、杭州等城市，共享单车、共享雨伞、共享充电宝和共享汽车等的出现就是对其最好的说明。共享作为一种新的形式，对于社会财富分配公平的实现和资源的高效利用有很大的益处。随着共享经济的不断发展，这种共享将有望成为越来越普遍的分配形式。

但与此同时，新的两极分化也可能由于人工智能的不合理利用而产生，社会贫富差距还有可能继续扩大。因此，如何让更多的人享受技术进步所积累的社会财富，以及如何更加合理公平地分配社会财富，是我们应该关心的事情。接下来，我们来具体研究一下：

首先，人工智能的商业化，使商家看到了人工智能背后隐藏的巨大经济利益，从而使人工智能的使用权、知识产权等私有化，严重挑战了知识的公有性，形成一种在人工智能大背景下的新型的超级垄断。在人工智能创造的巨大的经济利益驱动下，公共知识私有化的强度还在进一步加深，知识所有者从中获得了巨大的垄断利益。人工智能的技术知识只能是被部分公司或者个人占有，无法成为公有化的财产。长此下去，部分生产者就被永远地排斥在人工智能的圈子之外，成为人工智能时代的"新文盲"。目前部分初创公司，根本无法获取像阿里巴巴、百度等大集团所掌握的由人工智能技术所收集的信息数据，而这些信息数据对一个初创公司又是极其重要的，因此人工智能并没有像我们想象的那样实现了知识的迅速扩散，并为社会的公平正义做出应有的贡献，而有可能造成并加剧新的社会分歧和不平等。

其次，人工智能在"能够熟练使用或者是研发人工智能或机器人的部分人群中"和"被剥离工作的人群"之间形成了两极分化。例如在东莞，机器人制造相关人才月薪超过两万以上，而被人工智能技术所取代下来的工人必须得面临着失业所带来的贫穷、窘迫。随着人工智能技术的不断推广，贫富差距还将进一步拉大，两极分化可能更加明显，并不是所有人都能够愉快、幸运地享受人工智能技术带来的福利。相反，人工智能技术可能会带来信息屏障并产生信息难民。在互联网时代，少数人成为信息穷人和信息难民，因为他们不能上网，无法上网，也不会上网。人工智能对知识系统的更高要求，使得一些人依然会遭遇信息屏障，并且人工智能技术所带来的信息障碍将更加难以跨越。但如果无法克服这个障碍，他们就很难享受人工智能的发展成果，社会公平也无法实现和保障，由此将产生严重的社会问题。

长远来看，人工智能技术必须确保它是一项造福全人类的技术，而不仅仅是个人或个别公司谋求利益的工具，必须努力确保每个人都能受益于人工智能。因此，政府和企业必须创造一个有利的环境，以确保来自世界各地的用户都有望成为研发者而不仅仅是消费者。另外，从国家与国家的层面讲，要消除跨境数据流通的障碍，并确保无论是发展中国家还是发达国家都有相同的机会参与并从中受益。

简言之，人工智能技术的发展与应用，生产资料所有制、生产者的地位和分配关系都得到了相应的发展。首先，生产资料所有制更加合理。人人皆可成为生产资料所有者。生产资料所有制形式多样化。其次，生产者的地位越来越趋向平等。最后，金字塔内部阶层之间流动性加强，金字塔内部的阶层重新划分，呈现底层的人工智能到中间阶层的大多数普通大众到顶尖阶层的极少数技术开发者和管理者。最后，社会财富分配一方面趋向于公平，另一方面也存在着新的两极分化的风险。因此有必要采取措施规范人工智能技术的使用，使社会朝着更加公平、和谐的方向发展。

第二节 高职学生管理概述

高职是培养社会主义事业接班人的重要基地和摇篮，必须始终坚持社会主义办学方向，把德育放在首位，为我国社会主义现代化建设培养出好人才。本章重点探讨高职学生管理的概念、高职学生管理的对象与任务、高职学生管理的指导思想与基本原则以及高职学生管理的特征与作用。

一、高职学生管理的概念

高职学生管理是高等学校领导和管理人员为了实现高等学校学生的培养目标，按照国家的教育方针和各项政策法令，科学地有计划地对学校内部的人、财、物、时间、信息等进行组织、指挥、协调，并对其进行预测、计划、实施、反馈、监督等的一门管理科学。

高职学生管理作为学校管理的重要组成部分，具有十分广泛而深刻的内涵。首先，它要研究管理对象（即青年大学生）的生理、心理特征，知识、能力结构，兴趣爱好及社会氛围对他们的影响，掌握他们的思想变化及教育管理的规律。其次，它要研究管理者本身（即学生工作专职人员）必备的思想、文化、理论及业务素质，以及这些素质的培养和管理队伍的建设。最后，它还要研究学生管理的机制和一般管理的原则、方法,以及学生在学习、生活、课外活动、思想教育中的具体管理目标、原则、政策、法规等。

高职学生管理是一项教育工作,它具有教育科学所包含的规律,它也是一项具体的管理工作,具有管理科学所包含的规律。大学生管理是高等教育学和管理学交叉结合产生的一门综合性应用学科,它同所有的管理科学一样,研究的主题是效率,当然具体研究的课题是大学生管理的效率——最有效地达到大学生的培养目标。中国大学生管理,就是要寻求按照党和国家的教育方针,实现培养德、智、体诸方面发展的专门人才的最佳方案,最佳计划、决策,最佳管理体制、组织机构,最佳操作程序。它涉及很多学科:马克思主义哲学、高等教育学、社会学、心理学、管理学、行政学、统计学、控制论、信息论、系统论等。因此,研究中国大学生管理必须广泛运用各种有关的科学理论来分析,这样才能使从事学生管理工作的人员用科学的管理指导思想和科学的管理手段进行有效管理。

二、高职学生管理的对象

所谓管理对象是指"管理活动的承受者"。随着人类认识的深化和管理的科学化、复杂化,不同时期、不同学派有不同的内容和见解:一是指管理活动所作用的各种具体对象。最初是人、财、物三要素,后增加了时间、空间,成为五要素,又增加了信息、事件,成为七要素。二是指管理活动所作用的特定系统,即把管理对象作为由多种因素组成的有机整体。系统与外界环境有信息、能量、物质交流。高职学生管理作为高等学校管理工作的重要组成部分,其相对应的工作对象无疑是指高职学生,从广义角度来看,这些学生应包括所有在高职求学的学生,即专科生、本科生、硕士生、博士生等。因为这些人都是高职学生管理活动的承受者。高职学生管理牵涉到诸多知识体系,包括管理学、教育学、青年心理学、政治学、人才学等,因此,高职学生管理是一门综合性、政策性很强的应用科学。它具有自己独特的研究对象,这个对象就是学生管理活动本质的、内在的联系及其发展变化的规律。

高职学生管理作为学校管理的一个重要方面,同其他管理工作一样,都是以教育领域某一方面的特殊现象和规律为研究对象的,它必然要受到教育领域总规律的支配与制约。因此,它又不同于管理工作的其他分类工作,具有相对的独立性。人们只有既认识到高职学生管理工作与其他管理工作的密切联系，又认识到它与其他管理工作的不同特点，才能真正揭示高职学生管理现象本身所具有的特殊规律，使之成为一门具有特性并富有成效的管理工作。

作为一门管理工作，一般而言，总要有相应的学科知识成为其所依循的工作方针，而一门学科的成立必须具备一个必不可少的条件，即它必须具有一套系统的范畴体系。范畴体系既体现了研究的角度，也展示了研究的内容，同时又表明了其相互间的关系。因此，准确而恰当地表述高职学生管理学的研究内容，最好的办法是确立这门科学的框架和范畴体系。高职学生管理工作要研究的内容应涵盖以下几方面：

①学科理论的研究。其包括高职学生管理科学的性质、理论基础、研究对象和领域、主要研究任务、学科的地位和作用，高职学生管理的指导思想和原则，如何对历史的经验进行抽象和概括以纳入理论体系之中，如何移植、融合相关学科的理论，不断丰富、完善和发展高等学校学生管理科学等。

②方法论的研究。研究高职学生管理科学的方法论，一方面要研究根本的思想方法；另一方面还要研究具体的管理方法，如思想政治教育管理、大学生社区管理、教学与学籍管理、校园文化管理（含网络管理）、奖惩制度管理、社会实践管理、社团管理、心理健康与咨询管理、就业管理、学生党员管理与党建管理、学生干部队伍管理、学生群体性突发事件的应急管理等方面的管理方法与手段。

③组织学的研究。高职学生管理是一项系统工程，必须形成有效的网络系统，发挥最大的组织功效，如高职学生管理的组织领导体制、学生管理队伍的建设、学生管理的现代化趋势等，都必须做更为深入、全面的探讨。

④学生管理制度与国家法律法规、中央相关政策、教育规律、教育法规、政治文明建设进程的相互关系以及相关政策法规和知识系统的研究。

⑤学生成长规律、心理生理特点与管理工作的有机联系研究，青年群体之间相互作用关系与高职学生管理工作的互动共生研究。

三、高职学生管理的指导思想与基本原则

（一）高职学生管理的指导思想

研究我国高职学生管理，主要应注意运用以下几个方面的理论观点和指导思想：

1. 坚持马克思主义关于人的全面发展的理论

坚持马克思主义关于人的全面发展的理论，培养有理想、有道德、有文化、有纪律的全面发展的高级专门人才，是我国高职院校教育的根本任务。

社会主义大学的性质决定了社会必须确保学校培养出来的毕业生，不仅要有扎实的科学文化知识和健康的体魄，而且必须具有高度的社会主义觉悟，也就是要有理想、有道德、有文化、有纪律。要培养这样的新人，就必须按照马克思主义关于人的全面发展的教育思想办学。

2. 运用马克思主义关于辩证唯物主义的理论

运用马克思主义关于辩证唯物主义的理论，用对立统一观点指导高职学生管理，在管理中坚持整体观。马克思主义辩证唯物主义哲学是一切社会科学和自然科学的理论基础。马克思主义的认识论和方法论，渗透于所有社会科学和自然科学之中，所以，也同样渗透于高职学生管理科学之中。要运用对立统一观点，坚持管理的整体观。在纵向上，坚持整体观就是局部与整体的统一，从学生管理工作的整体系统看，组成这个有机整体的各部分又都是一个支系统，是局部。学生管理系统的整体功能是由各部分的组合形式决定的，虽然支系统都各具有特定的功能，但它们都应服从学生管理系统整体的目的和功能，各个支系统的要素都是为了整体目的而建立的。在横向上，坚持整体观就是处理好各支系统之间的分工与合作的一致性，把各部门都协调到为培养全面发展的人才这一共同的管理目标上来。

3. 运用高等教育和现代管理科学理论

运用高等教育和现代管理科学理论指导高职学生管理，使大学生管理科学化。现代治校观念要求管理者靠现代科学来管理学校，管理学生。具体来讲有以下两个方面：

①要靠教育科学，要遵循教育的外部规律与内部规律办事。例如，高等教育的规模由一定的经济基础所决定，反过来又作用于一定的经济基础。高等院校作为高等教育的主要载体和平台，人才、资源、市场面临着越来越激烈的竞争，理念、体制、结构也面临新的变革和调整。高职要准确把握社会脉搏，直接面对市场办学。大学生管理也要研究新情况，解决新问题，面向 21 世纪培养高素质的复合型人才。

②要运用现代管理科学的理论与方法进行管理，使学生管理队伍的组

织机构严密，管理制度科学，人员分工合理，职责范围明确，奖惩分明，动作协调，工作高效等。运用现代管理科学指导学生管理主要是运用它的基本原理：系统整体性原理、要素有用性原理、动态相关性原理、人的能动性原理、规律效应性原理、时空变化性原理、信息传递性原理、控制反馈性原理等。应在管理实践中力争使管理组织系统化、管理决策科学化、管理方法规范化和管理手段现代化。

4.继承和发扬我国高职学生管理的成功经验

中华人民共和国成立后，多年来高职学生管理工作的成功经验是当今学生管理工作的宝贵财富。

①社会主义大学必须坚持中国共产党的领导，坚持社会主义方向，这是我国多年来办大学的一条基本经验。坚持党的领导就是用党的路线、方针、政策作为社会主义大学管理的基本指导思想，就是要确保社会主义大学的社会主义方向，调动全校师生员工的积极性，为培养德、智、体全面发展的高级专门人才努力奋斗。

②管理工作规范化、制度化。即把符合社会主义方向的，又经过实践检验比较成熟的民主管理和科学管理体制、程序、办法用制度形式固定下来，使工作形成规范，其中心点是责、权、利相结合，使制度的思想性和科学性统一。

③坚持理论联系实际的原则，面向社会实践，实行教育与生产劳动相结合。社会主义大学培养的人才，必须适应社会主义市场经济的需要，在思想上有高度的社会主义觉悟和共产主义献身精神，在业务上不仅要有理论知识，而且要有较强的分析问题和解决问题的能力，要有实干精神和较强的独立工作能力。

（二）高职学生管理的基本原则

1.高职学生管理基本原则的概述与依据

（1）高职学生管理基本原则的概述

原则是对客观规律的反映，是观察问题和处理问题的准绳。高职学生管理的基本原则，是指高职在对学生实行全面管理和全程管理的过程中，观察、认识和处理各种矛盾和问题所必须遵守的基本准则，是对学校各级、各方面管理人员进行科学化管理所提出的基本要求。高职学生管理的基本原则，是以社会主义高等学校人才培养规格为管理目标，以教育科学和管理科学理论为依据，在长期的管理实践中，认真总结学生管理活动的经验教训，不断归纳提炼出来的，是学生管理活动发展到一定阶段的必然产物，它有着丰富的内容，是一个多层次的、相互联系的完整体系。

高职学生管理基本原则，集中体现了学校管理的基本规律和本质特征，在整个学生管理过程中起着重要作用。学校各类管理人员，在工作实践中，总是自觉或不自觉地遵循着某种原则，而只有在科学的原则指导下，才会使学生管理工作有效，才能实现管理的目标。高职学生管理工作涉及学生的各个方面，它包括学生行政管理、学习管理、生活管理、思想政治教育管理、校园文化活动管理等，其内容包罗万象，涉及面非常广泛，因此，要使整个管理工作有序进行，实现高职学生管理的科学化、系统化和规范化，就必须认真贯彻执行学生管理的基本原则。

随着高职扩招、高等教育规模的扩大、高等教育由精英教育转向大众教育。高等教育改革的不断深化，新事物、新问题不断涌现，高职学生管理面临许多新的矛盾、新的课题。面对这些新矛盾、新课题，高职学生管理工作者必须把握方向，明确目标，遵循学生管理的基本原则，勇于探索实践，一切从实际出发，深入研究学生管理的实践活动，坚持学生管理工作按客观规律办事，使学生管理各部门的工作协调一致，相互配合，从而保证学生管理目标的实现，为社会主义现代化事业培养优秀的建设者和接班人。

（2）高职学生管理基本原则的依据

高职学生管理基本原则的形成具有很强的实践性，它源于实践，具有充分的实践依据；同时，它又以教育科学和管理科学为理论基础，有着充分的理论依据。

①理论依据是人的全面发展理论和教育方针。

我国社会主义大学的性质决定了我们必须确保学校培养出来的大学生是具有较高素质的人才，不仅要有扎实的科学文化知识和健康的体魄，而且必须具有高度的社会主义觉悟，即要有理想、有道德、有文化、有纪律。造就全面发展的人，是高职的培养目标，是办社会主义大学、培养21世纪建设者和创造型人才的出发点和归宿点。社会主义学校制定学生管理的基本原则，就是要以"以人为本"的思想及教育方针作为理论依据。

②科学依据是高等教育科学和现代管理科学。

高等教育具有自身客观存在的规律性，只有认识和掌握这些规律，并按照规律办教育，才能确保培养目标的实现。高职学生管理作为高等教育的一个重要组成部分，必须遵循高等教育的客观规律。高等教育规律分为外部基本规律和内部基本规律。外部基本规律揭示了教育与经济的外部关系，主要反映教育在国家建设和社会发展中的地位和作用、教育投资的经济和社会效益、教育的主要社会职能等方面。尽管在教育、经济与社会文化等诸多关系中，它们存在着相互影响与制约的作用，但总的来说，在经济、社会文化与教育的相互关系中，是经济、社会文化决定教育而非教育决定经济、社会文化。因此，随着经济、社会文化的变化，教育也将发生变化以适应和服务于经济、社会文化。作为高等教育中的学生管理当然也如此，一部中外教育史，往往折射出中外的经济和社会文化变革史，这是高职学生管理者必须明确的。

内部基本规律揭示了教育的内部关系，主要反映在培养目标，不同专业人才的培养规格、途径与方法等方面，它与社会的变化密切相连。科学的发展，促使教育手段的优化，科学的发展和社会的变革对人才提出了新的要求，这又促使教育的培养目标发生变化，如此等等，不一而足。高职学生管理必须遵循教育规律，要根据我国高等教育发展的状况，充分认识高级专门人才培养对发展社会主义市场经济所起的积极作用，使高职培养的学生主动适应社会的需要。要进一步明确社会主义高等学校的培养目标和人才规格，端正办学指导思想，摆正德、智、体三者的关系，积极探索更为有效的管理途径与方法，使高职学生管理系统化、科学化和现代化。

运用现代管理科学的理论与方法对高职学生进行管理，是时代发展的必然要求。现代管理科学作为高职学生管理原则的依据，就是在制定学生管理基本原则时，使学生管理队伍的组织机构严密、管理制度科学、人员分工合理、职责范围明确、奖惩分明、动作协调、工作高效。高职学生管理人员要善于运用现代管理科学的系统整体性原理、要素有用性原理、动态相关性原理、人的能动性原理、规律效应性原理、时空变化性原理、信息传递性原理、控制反馈性原理等，使学生管理组织系统化，管理决策科学化，管理方法规范化和管理手段现代化。

③实践依据是 50 多年来我国高职学生管理的经验与教训。

社会主义大学必须坚持社会主义办学方向。坚持社会主义大学管理的基本指导思想，就是要确保社会主义大学的社会主义方向，调动全校师生员工的积极性，为培养全面发展的 21 世纪的建设者和接班人而不懈奋斗。一切管理工作都要根据对应的方针、政策去组织和实施。各项规章制度的制定都要有利于调动广大师生员工建设社会主义的积极性，有利于合格人才的培养，为社会主义市场经济的建设和发展服务，为社会经济协调持续发展和全面建成小康社会服务，这是确立高职学生管理基本原则的立足点。

高职学生管理工作的规范化、制度化，会把符合社会主义方向的，又经实践检验的，较为成熟的民主管理和科学管理体制、程序、办法用制度形式固定下来，使工作形成规范，其核心是责、权、利相结合，使制度的思想性和科学性相统一。

坚持实践第一的观点，理论联系实际，面向社会，实行教育与生产劳动相结合。社会主义高职培养的人才，必须适应经济和社会发展的需要，在思想上有高度的社会主义觉悟，诚实守信，敬业乐群，有奉献精神，在业务上既要有较好的理论素养，又要有较强的分析问题和解决问题的能力，要有脚踏实地的实干精神和开拓创新的创造能力。这既是高职学生管理原则制定的出发点，又是其归宿。

尽管高职学生管理取得了成功的经验，但并非一路凯歌，在成功中也有教训。进入 21 世纪以来，不断涌现的大学生与所在学校的诉讼案告诉我们，高职学生管理制度亟待与时俱进，要有所创新。

2. 高职学生管理基本原则的内容

（1）工作方向性的原则

管理是一种有目的的活动，管理工作必然具有方向性。以坚持社会主义方向为准绳，这是我国学生管理工作的一个本质特点。社会的性质制约着学校的性质，进而决定学校一切管理工作的性质，因此高职学生管理工作要作为一种有目的、有意识的自觉活动，为社会主义现代化建设培养造就大批合格人才，这是高职学生管理工作必须遵循的一条最基本、最重要的原则。

（2）理论与实践相结合的原则

理论与实践相结合，坚持实践是检验真理的标准，这是马克思主义的基本原理,也是高职学生管理的基本原则。准确领会和掌握马克思主义相关科学及各种管理原理,把握它们的精神实质,这是搞好学生管理工作的前提。但是,管理原理的应用价值和范围是受不同学校、不同管理对象和管理者水平等因素制约的。党和国家在社会主义现代化建设进程中有着基本的教育方针和政策,在各个不同发展时期,针对不同特点,又提出一系列具体的方针、政策和要求。这些方针、政策和要求,应当体现在各高职学生管理的具体措施、方法之中,但是科学的学生管理必须从本地区、本校、本专业、本年级学生的具体情况出发,从学生的素质、兴趣、爱好和青年的生理、心理特点等出发,制定出相应的方法和措施。

(3)行政管理与思想教育相结合的原则

培养学生的共产主义思想品德既需要耐心细致的说理教育,也需要坚持不懈的行为训练,使学校的教育要求变为学生的行为习惯,否则,教育的效果就不会巩固。学生良好行为习惯的训练和培养离不开科学的管理,没有合理的规章制度、行为规范,思想政治教育就会空乏无力。行政管理在培养社会主义合格人才的过程中具有不容忽视的作用,它为教育工作提供规范、准则和纪律保证,但是具体的大学生管理是通过规章制度、行为纪律对学生的思想行为进行科学的指导和制约的。这些制度、措施、纪律表现为社会与学校的集体意志对大学生的要求,表现为对大学生行为的外在限制,因此,想单纯地运用管理制度去解决学生复杂的精神世界问题是违背教育规律和不切实际的。高职对学生进行管理的措施的制定与实施,必须以提高学生的认识能力,培养学生自觉遵守规章制度的自觉性为前提。自觉的纪律来源于正确的认识,离不开正确的教育,只能通过科学而有效的思想教育,帮助学生提高执行纪律的自觉性,才能真正实现管理的效能。

(4)民主管理的原则

高职学生管理工作的一个重要方面,就是要培养学生自我控制、自我管理的能力,激励学生在管理中的主动意识和主人翁态度,充分调动学生自我管理的内在积极性。因此,社会主义学校学生管理工作中坚持民主管理的原则才是符合整体管理目标的。

从大学生的心理特征看,他们处于心理自我发现期,这一时期他们产生了认识和支配自我、支配环境的强烈意识,他们的思想和行为表现为明显区别于中学生的相对独立倾向，希望自己的意志和人格受到外界更多的尊重。他们对学校制定的规章制度、行为纪律会思考它们的合理性，一般不希望被动地处于服从和遵守的地位，而是要求参与管理。根据学生培养目标和他们的心理特点，在管理工作中应充分发扬民主，把学生看成既是管理对象同时又是管理主体。

在实行民主管理时，应发挥党团员学生的作用，重视学生干部的选拔与培养，这是调动学生中的积极因素、实现学生民主管理的重要任务之一。

四、高职学生管理的特征

（一）政治性特征

管理是一种有目标的活动，管理工作必然具有某种方向性。当前，高职学生管理必须紧紧围绕着为全面建成小康社会，为中国特色社会主义培养合格人才这一中心目标服务，这是我国目前高职学生管理工作中的一个本质特点。

学生管理工作作为一种手段，是为教育方针服务的，而教育方针是一定时代的政治、经济和文化等现实在教育领域的反映。众所周知，中外教育史上都有重视德育的传统，但不同时代、不同社会，其德育中德的内涵是大不相同的。

学生管理工作的政治性，决定了学生管理工作者必须具备应有的政治素质，不断提高自身的政治敏锐性，时刻关注政治局势，把握大局，保持与党中央的高度一致。

（二）针对性特征

学生管理既然是管理，就不会离开管理学科的特点，它不可避免地要吸收国内外相关管理科学方面的理论知识体系和工作经验。但大学生管理不同于一般的管理，它有着自己的特殊性。这些特殊性至少表现在三个方面：

①管理的对象是大学生（社会角色而言），他们本身就是一个特殊的社会群体，是一群掌握着一定基础知识和专业知识的潜在人才群体。

②管理的对象是青年（生理心理角色而言），他们处于血气方刚、激情澎湃、感情冲动、充满朝气的人生阶段。

③管理的对象是正在接受知识教育和思想道德教育的青年群体，他们是一个处于想独立而在经济上又不能独立的半独立状态的青年群体。

以上三方面的特点决定了高职学生管理的针对性，决定了高职学生管理必须涉及青年学、生理学、心理学、教育学、人才学和管理学等诸方面的知识体系。

从青年学（含生理学、心理学）的角度而言，应当看到，大学生管理面对的是朝气蓬勃的青年人，他们的世界观、人生观、价值观尚未完全定型，他们对异性的关注和对人生的理解等，都有着这个时代的烙印，受到所处的时代环境的影响，与20世纪五六十年代生长起来的一代人是有着明显区别的。要管理好他们，就必须研究了解他们，要研究了解他们，就必须把握时代特征，要把握时代特征，就必须弄清楚这个时代的政治、经济、文化及科学技术发展大方向。

从教育学的角度而言，高职学生管理必须有利于青年大学生的成长，必须符合教育规律。换言之，就是大学生管理必须按教育学、人才学所揭示的规律来进行。比如：大学生德育、智育、体育之间的关系如何在学生管理中有机融合的问题；知识的获得与能力的培养如何有机协调的问题；尊重学生个性与学校统一管理如何获得有效一致的问题；课堂教学与社会实践如何结合的问题等，都是需要认真研究探索的。

从管理学的角度而言，科学的管理从本质上讲是法治化、人性化的管理。

管理的有效实施离不开规章制度的建设，而法律与规章制度的制定往往是以一定的理念为指导的。在法学中，指导法律制定的是法理（法律理论）；在政策学中，指导规章与政策制定的是政治理论和与政治理论相关的哲学理论。由于法律与规章及政策所针对的都是人，所以，都离不开对人的理性化认识。

（三）科学性特征

对于高职院校而言，建立一套集德、智、体及日常生活管理于一体的系统管理制度，其实质是一种约束和规范，即把学生的思想、情感、行为和意志等引导到国家所倡导的培养目标上去。这一活动目标的实现要求制度具有科学性，而高职学生管理制度的科学性至少包括以下几方面的内涵：

①符合法律法规。要求学生管理制度符合国家的法律法规精神的要求。

②符合学校的实际。学校的实际包括学校的层次类型以及学校所在地的地域人文风情。

③符合大学生的生理心理特点。这就要求高职的学生管理制度制定者必须了解大学生，既要了解大学生的实际情况，又要清楚培养目标与要求。

④具有可操作性。作为管理制度，有理论指导，又与理论有所不同，其最大的特点就是它必须具有可操作性才能真正达到管理的目的，没有可操作性，再好的制度也只能是理论上正确而不能执行的制度。必须指出，在现实中确实有高职存在难以操作的正确的规章制度。

五、高职学生管理的作用

高职学生管理工作是高职院校教育管理工作的重要一环，其责任总体上与高职的根本任务是一致的，这种责任决定了高职学生管理工作的重要作用。它主要反映在以下几个方面：

（一）育人的作用

高职学生管理是高职管理的重要方面，高职是人才培养的基地，高职管理是为培养人才服务的，高职学生管理更是直接针对大学生的，但这种管理却与一般意义上的管理不一样，它不是单纯的管理，而是带有教育性质的服务，即不仅要通过管理促进高职的有效运行，而且要通过管理达到教育目的，使学生成为高职的合格"产品"。也就是说，高职的学生管理是一种"管理育人"的管理，这种管理要与高职的教学、思想政治工作和心理健康教育等一系列工作有机结合起来，产生一种管理育人的效果，促使教育方针在高职真正得到落实。

（二）稳定的作用

高职学生是一个特殊的社会群体，他们具有青年的特质：朝气蓬勃、充满激情、追求真理、关心时事，但同时也有着青年固有的不足。他们在法律上是完全民事行为能力人，但从某种意义讲，他们在心理上却是准成年人。与其他同龄人相比，他们掌握着更多的知识，但较之真正的知识分子，他们的知识又存在结构上的缺陷和知识量上的不足。在全面建成小康社会的过程中，各种政治、经济、社会和文化等方面的矛盾必将反映到大学生中来，如果管理不到位，高职的群体事件就可能变为政治性群体事件，从而给社会的稳定带来威胁。因此，依法管理，预警在先，通过制定并实施符合学校实际的规章制度，引导大学生端正学习态度，明确学习目的，掌握正确的学习方法，养成良好的生活习惯，通过各种渠道和措施，为大学生建构良好的心理品质，形成稳定的情绪，从而保持学校的稳定，是高职学生管理的重要作用之一。

（三）增强能力的作用

高职是培养人才的场所，因此，高职的学生管理应有培养学生的功能，应发挥增强学生能力的积极作用。例如，社会实践的管理，可以增强大学生的社会实践和社会活动能力；实验室的管理，可以增强学生的动手能力；心理咨询可以提高学生自我认识、自我调节的能力；学生的党团活动可以提高学生对党团的认识水平等。

第二章 高职学生管理工作的基础

第一节 高职学生组织与干部管理

一、高职学生组织

（一）高职学生组织的意义

组织是按照一定的目的和系统组织起来的团体，或者说是把具体任务或职能相互联系起来的整体。它是按一定的目标所做的系统的安排，包括权力分配与责任划分、人事安排与配合，以便达到共同的目的。

无论是正式组织还是非正式组织，尽管其结构形式不同，活动内容也不同，但它们仍有其共同点，即职责（或权力）等级和任务的分工，都是一种开放性的适应性的系统。

所谓高职学生组织是指专业、年级、班级等不同系统为培养德、智、体全面发展的建设者和接班人。服务这样一个共同目的而组织起来的领导团体，如学生党支部、团总支、学生会、班委会等。与其他组织相比，学生组织有其共同点，但更具有自身的特色。

第一，权力范围小。学生组织同样要进行职责划分和任务分工，但其权力范围要比一般组织小得多，不与社会生产及其他经济活动发生直接的联系。学生干部虽然参与政治和行政管理活动，但没有直接制定政策的法定任务和权力，主要是执行。

第二，成员变动大。学生组织成员变动较为频繁，任职时间最长的也只有三年或四年，一般情况下，任职时间为一至两年。这是由高职学制期限所规定的。

第三，系统性强。除了校级学生组织跨系统外，其他学生组织均以系、专业、年级和班级为系统建立，一般与高职党政组织设置系统相适应。

第四，服务性强。学生组织的主要任务就是贯彻、落实和执行高职党政领导部门所下达的各项具体任务，直接为学生的政治思想活动、业务学习活动、文娱体育活动等服务。此外，其服务性强还表现在，学生所做的工作只是奉献和义务，没有任何报酬。

第五，民主性强。通常情况下，学生组织都是由民主选举直接产生的，没有任命制，只是个别或少数采用聘任制。

（二）高职学生组织的设置

高职学生组织的设置必须遵循这样两条原则：

第一，精干的原则。精干的原则是高职学生组织设置所必须遵循的。不然，很容易产生人浮于事的现象，从而造成人力、物力和财力的浪费，工作效率不高。但是把精干原则理解为越少越好，造成不能完成工作，同样不符合精干原则的要求。因此，必须正确理解精干的原则所包含的两个方面的含义，即质量和效果。所设置的学生组织，既要在数量上满足工作的需求，又要在质量上满足工作的需要。这里所谈的数量和质量又分别有两个含义：数量是指工作任务量和干部成员的多寡，质量是指干部成员的素质和完成工作任务的质量，二者必须有机结合。

第二，统一的原则。组织结构完整严谨，职责划分合理，为部分工明确，协调配合得当，是统一原则的主要内容。具体要求是：一是把同一类工作任务归口于某一学生组织或部门管理；二是专人专职负责，职责相称；三是指挥灵活，信息沟通渠道畅通；四是各部门之间经常性地交流信息、互相配合。

总之，要做到高职学生组织设置科学、结构合理、上下沟通、信息灵敏，才能极大地提高工作效率，达到预期的目标。

具体来说，高职学生组织设置具体如下：

①学生党支部。高职一般是以专业来划分系（部）的，再根据招生规定划分不同的年级，年级下设学生班。高职建立学生党支部要与学生行政组织相对应，把党支部建立在系或年级或班上。这样与行政建制相对应建立起来的学生党支部，使党支部的成员与本班、本年级的同学朝夕相处，熟悉情况，有利于党支部在学校各项中心工作中发挥政治核心作用；有利于党支部起到党密切联系广大同学的桥梁和纽带作用，经常了解同学的思想状况，反

映同学的意见和要求，有效地做好同学思想政治工作，进一步密切党群关系；有利于具体指导和帮助团支部、班委会开展工作，提高工作效率。

②团总支。一般来说，团总支以系（部）或年级为单位设置，团支部以学生班为单位设置。校团委的主要领导职务由专职干部担任，其委员大多由学生担任。团总支书记由青年专干担任，副书记和其他委员由学生担任。团支部书记和委员以及团小组长均由学生担任。各级团组织成员的多寡，可根据高职实际情况来配备。团总支在接受校团委领导的同时，还要接受系党总支的领导。

③学生会。学生分会以系（部）为单位设置，所有学生分会及下属组织的成员均由学生组成。校学生会除了接受校学生工作处（部）的指导外，还要接受校团委的指导和帮助。学生分会和班委会分别要接受团总支和团支部的指导和帮助。

（三）高职学生组织的作用

高职学生干部不是自发产生的，而是根据共同目标，按照一定的原则，在学校党委和各级党组织考察和培养的基础上，由广大同学或代表推选出来的。他们是贯彻执行党的教育方针和学校党委的决议和意见的骨干分子。他们的工作是高职党的思想政治教育工作的重要组成部分。

①高职学生党支部作为在学生中最基层的党组织，在贯彻执行党的路线、方针和政策的过程中，在发挥党支部的战斗堡垒作用和党员的先锋模范作用方面，在密切联系同学、经常了解同学党员对学校党组织工作的批评和意见、尊重同学的合理化建议、关心同学、爱护同学、帮助他们提高思想觉悟、努力学习方面，在教育和支持其他学生组织积极开展工作、努力为同学服务方面，在维护校规校纪方面等，起着十分重要的作用。

②高职共青团组织，是中国共产党直接领导下的先进青年的群团组织，是广大青年在实践中学习共产主义的学校，是中国共产党在高职中的得力助手和后备军，它的一切工作都是围绕党的中心工作开展的。在贯彻执行党的教育方针，把高职建设成为社会主义精神文明坚强阵地的工作中，在造就社会主义事业接班人的伟大工程中，在为我党培养和输送合格后备军的伟大实践中，有着其他组织不可替代的地位和作用。

③高职学生会是中国共产党领导的中华全国学生联合会在高职的基层

组织，是党联系广大同学的桥梁和纽带。它在团结教育广大同学为振兴中华刻苦学习、全面发展，维护校园安定团结、建设校园民主、丰富广大同学文化生活，维护广大同学的合法权益，用党和人民的要求规范同学的行为，培养广大同学的严格的组织纪律性等方面，同样有着不可替代的地位和作用。它是高职思想政治教育工作的重要组成部分。

高职学生干部生活于广大同学之中，与广大同学有着密切和最广泛的联系，最了解、最清楚，也最易于掌握同学的思想状况。因此，对于广大同学来讲，学生干部最有发言权。但了解同学不等于就能当好学校党的工作的得力助手。学生干部要充分发挥学校领导联系广大同学的桥梁和纽带作用，当好助手，必须做到：主动关心同学的学习、工作和生活，注意倾听他们的呼声，并及时向学校各级组织反映。对于广大同学正当的需求，要尽最大的努力去满足；对于不正当的或暂时不能满足的需要，要耐心细致地加以解释，做好思想政治教育工作。

二、高职学生干部管理

（一）高职学生干部与高职学生干部工作

帮助学生干部认识自己所扮演的角色及其特点，有助于其带头作用、骨干作用和桥梁作用的发挥，把同学紧密地团结在一起，勤奋学习，刻苦钻研，锐意进取，成为社会主义建设事业的合格人才。

1.高职学生干部

（1）学生干部的含义

高职学生干部虽然与一般领导干部有着较大的区别，但仍然具有一般领导干部的本质属性。因此，高职学生干部就是充分调动学生的积极性和创造性，去努力实现培养德、智、体全面发展的建设者和接班人这一宏伟目标的集体成员或个人。

（2）学生干部的特点

一是队伍庞大。依据高职学生组织的设置要求，所配备的学生干部人数众多，一般要占学生总人数的三分之一以上。这一特点是由高职学生活动内容广泛而丰富的内在联系所决定的。

二是人才齐备。高职学生干部是经过高考筛选后再筛选，来自全国各个地区的学子，有能歌善舞的，有酷爱美术和体育的，等等。这为高职学生干部顺利地、生动地开展工作，带来了一个十分优越的条件。

三是热情高涨。高职学生干部都是 20 岁左右的热血青年，体力、精力充沛，思想上对未来充满十分美好的憧憬，敢想、敢说、敢为。

四是贴近学生生活。由于客观环境的作用，使得高职学生干部始终与学生同吃、同住、同学习，朝夕相处，形影不离。学生干部最了解学生，学生也最了解学生干部。学生干部的举动，学生都看得清清楚楚，这给学生干部工作带来了许多方便，可以使学生干部及时地了解同学的利益要求、思想动态等，以便制订出有效的工作计划，采取有力的工作措施，可以使学生干部的工作直接地接受学生的监督和检查，及时修正工作中存在的不足或失误，以便把工作做得更好。

2. 高职学生干部工作

（1）高职学生干部工作的含义

高职学生干部和高职学生干部工作是两个既有联系又有区别的概念，不能混为一谈。所谓高职学生干部工作是指高职学生干部运用一定的工作技巧和方法，按照一定的职责权利范围，充分调动本校或系或班或小组同学的积极性和创造性，去努力实现培养德、智、体全面发展的建设者和接班人这一宏伟目标的过程。这个过程包括确立目标、预测决策、制订计划、指挥执行、组织协调、指导激励、沟通信息、监测反馈、过程调控、工作评估，等等。

（2）高职学生干部工作的特点

一是执行性。高职学生干部和其他学生一样都是学生，处于受教育阶段，在法定方面上还没有承担高职管理决策的社会责任，同时尚缺乏应有的高职管理决策能力，因而，虽然要积极参与学校的管理活动，但不能做最后的决策。所以，高职学生干部工作的重要任务是贯彻执行和落实学校党政领导下达的各项工作任务。当然，在保证执行、贯彻和落实学校党政领导下达的各项工作任务时，要积极思考，富有创造性，采取各种行之有效的方式和方法去完成它。

二是广泛性。高职的一切工作都是围绕学生展开的，同时，又要通过学生干部工作这一环节落到实处，因而，高职学生干部工作必然要涉及高职工作各个方面，从而使其内容丰富而广泛。总体来讲，高职学生干部工作包括思想政治教育工作和日常事务管理两大方面。具体来说，在思想政治教育工作中，要组织经常性的大量党团政治活动，诸如，政治学习、讨论，发展党员和团员，举行各种寓教育于活动的竞赛以及做好大量的经常性的个别思想教育工作等。在日常事务管理中，要抓校风校纪的建设、业务学习、文体活动、生活卫生等。

三是具体性。高职学生干部工作十分具体。例如，落实学校领导下达的开展"学雷锋户外活动"的具体任务时，学生干部要做出详细的计划和安排，把"学雷锋户外活动"的具体任务分派到人，并且自始至终地参加活动的全过程。

四是复杂性。高职学生干部所做的一切工作就是要求同学按照学校的要求和规范去做，而人的行为是受思想支配的，这就是说，要使同学能按照学校的要求和规范去做，必须做好同学的思想工作。人的思想活动具有极大的隐秘性，而要打开学生的心灵之窗并非易事。此外，年轻的大学生（当然包括学生干部本身在内）世界观还不成熟，还缺乏观察分析周围事物的正确方法，因而纷繁复杂的社会现象反映到学生脑子里，就会产生各种正确的和不正确的思想观念。要帮助同学去掉头脑中那些不正确的思想观念，就必须找到产生不正确思想观念的根源。然而，往往由于人的思想活动的隐秘性特点，很难做到这一点，因而使得高职学生干部工作呈现出复杂性。

五是周期性。由于高职学制的制定和学期的划分，相应地，高职学生干部工作具有明显的周期性，且周期短，一般为一个学期或一个学年度。但是，研究学生干部工作的周期性时必须注意，这种周期性的活动不是简单的圆周运动，因此，每一个工作周期到来时，在认真总结经验的基础上，要不断地分析新情况，研究新问题，采取新的方式和方法做好新的工作。

3.高职学生干部工作是教学与管理工作的重要组成部分

（1）高职教学工作中不可缺少的部分

教学质量与人才质量紧密地联系在一起，提高教学质量是高职的主要工作之一。加强教学管理是提高教学质量的有力保证，而高职学生干部工作是具体实施教学管理措施的有力保证。

第一，维护教学秩序。教学活动十分具体而又频繁，光依靠学生干事和辅导员以及任课老师远远不够，大量的具体细致的管理工作则依赖于学生干部。如果离开学生干部的努力工作，就很难保证教学活动的有序性和教学质量的提高。

第二，沟通教学联系。在教与学的过程中，一方面，学生们会时常碰到这样或那样的疑难问题需要解决；另一方面，教师为了提高教学水平，也需要了解学生对教学工作的意见和要求。因此，客观上要求及时沟通教与学之间的联系。其间，学生干部扮演着及时沟通教与学相结合的重要角色，从而使教与学双方得到有效沟通，及时解决学生学习上的疑难问题，提高教师的教学水平，保证良好的教学质量。

第三，促进良好学风的形成。学生干部组织广大学生开展一些学术研究活动，培养广大学生的学术研究兴趣和能力；同时，组织广大同学开展一些有益教学工作的活动，诸如，百科知识竞赛、学习竞赛、学习经验交流、师生恳谈等。这些活动的开展，对形成良好的学风，无疑是不可缺少的。

总之，高职学生干部工作在教学工作中，对于维护教学秩序、沟通教学联系、形成良好学风、提高教学质量有着不可替代的作用，是高职教学工作中不可缺少的重要组成部分。

（2）高职管理工作中不可缺少的部分

①弥补学校管理工作中的人员不足。良好的校风和良好的校园秩序的形成离不开严格的管理，二者之间相辅相成，互为因果。广大学生是良好的校风和良好的校园秩序的直接体现者。要管理好由不同民族、不同风俗习惯、不同性别等组成的大学生群体，使他们养成良好的习惯，自觉维护校园秩序，光靠学校专职行政人员和老师显然是不够的，也是不切合实际的。因此，大量的行政管理工作需要学生干部去承担。学校的规章制度需要学生干部去实施、去落实，特别是学生自我管理方面，学生干部工作显得尤为重要。对于这些工作，学生干部则完全有能力来承担，因为学生干部有着庞大的队伍，占学生人数的百分之三十以上，可以弥补学校管理工作人员的不足。

②弥补学校微观管理的不足。对于学校来说，要把关于学生在学习上、生活上等方面的规章制定得十分完整而具体，是很困难的。一般来说，学校只能从宏观上做出较全面的规定，在微观上就要求学生干部做出有力的补充，这种补充主要体现在以下两个方面：

第一，创造性地执行学校的规章制度。即要根据实际情况，如不同专业，不同年级，不同性别，不同生活习惯，不同特长、爱好、兴趣，等等，在保证执行学校规章制度的前提下，制定出符合学生实际情况的实施细则，使学校规章制度落到实处。

第二，及时调控宏观管理。宏观管理的依据，归根到底来自实践。学生干部较之学校行政干部来说，对学生的实际情况要了解得多，而且，学校宏观管理终归是为同学服务的。因此，学生干部及时向学校反映学生中的情况变化，可弥补学校调控宏观管理时的信息不足。

（二）加强高职学生干部管理的途径

高职学生干部提高自身的素质既是履行好自身职责，完成学校交给的各项任务的首要条件，也是把自己培养成为社会主义事业接班人的内在要求。接受学校有系统、有计划、有目的地组织教育与考核是学生干部提高基本素质的一条重要途径。怎样对学生干部进行有效的组织教育和全面的考核，加强学生干部的管理，也是摆在高职思想政治工作者面前的一个重要课题。

1. 加强组织教育

高职学生干部既是干部，又是学生，其成长与进步同样离不开学交组织的教育与帮助。因此，高职学生干部必须接受有系统、有计划、有目的的组织教育。当然，学校各学生工作部门也应该注意不能仅使用学生干部而忽视对他们的教育。学校应把通过组织教育来提高学生干部的基本素质纳入工作计划，作为培养合格的社会主义接班人的重要组成部分，从政治思想、理论修养、工作常识、基本技能等方面对他们进行全面、系统的培训。

2. 加强组织考核

组织考核是提高学生干部基本素质的又一有效途径。它可以帮助学生干部及时发现自身的不足，正确对待所取得的成绩，从而扬长避短，全面发展。考核学生干部素质的途径很多，一般可分为学校组织考评、学生干部自评、学生考评三种，但应以学校考评为主。考评学生干部基本素质的内容有很多，但应以考评思想品德和心理素质为主。

第二节 高职学生制度与体制管理

高职学生工作专职教师在开展思想政治教育和管理工作时，必须建立一套系统而完整的制度。制度是要求人们共同遵守的办事规程。制度的建立，必须遵循一定的原则，不可随意而定。制度制定后，要有人来执行，就需要有良好的体制来保证。

一、高职学生制度

在我国古代，制度是法令、礼俗的总称。现在，制度通常是指关于整个社会组织或某一事项的整套的行动准则。

管理这种职能活动，是伴随着人类社会有组织活动的出现而产生的。凡有人群活动的地方，为了有序而又有效地组织生产、学习、工作和生活，必须制定出能够调整人们相互关系的行为规范或行动的准则，这既是管理的需要，又是管理职能的具体体现。高职学生思想政治教育和管理制度是高职学生的行为规范，因此，建立一套系统而完整的高职学生思想政治教育和管理制度是十分必要的。

（一）高职学生教育和管理制度的意义

1. 有助于充分发挥学生的积极性

大学肩负着培养社会主义事业的建设者和接班人的历史重任。为了完成这一光荣使命，高职就必须建立起符合大学教育工作客观规律、符合现代管理原理、充分体现党的优良传统和社会主义道德观念及行为规范的系统的高职学生思想政治教育和管理制度。这样，就能把全校学生的积极性发挥出来，形成一种远比个人力量总和大很多的集体力量，办好社会主义大学。

2. 有助于建立正常的学习、工作和生活秩序

现在的大学，少则上千人，多则上万人，而且是一个多层次、多学科、多系统、多结构的复杂的综合体。高职学生工作专职人员要把每个成员的智慧和力量最优化地组合起来，就必须在加强政治思想工作的基础上，建立起一整套的规章制度，使学生有规可循，有矩可蹈，做到学习、工作和生活井然有序。

3. 有助于培养学生高尚的道德品质，形成良好的学风

社会主义的精神文明，是社会主义的重要特征，是社会主义制度优越性的重要表现。思想建设决定着精神文明的性质，因此，培养学生具有马克思主义的世界观，共产主义的理想、信念和道德，有为人民服务的献身精神和以共产主义劳动态度建设科学的、与时俱进的高职学生管理制度，对培养学生高尚的道德品质和良好的学习、工作及生活习惯，无疑是意义重大的。

（二）高职学生教育和管理制度的基本要求

建立高职学生思想政治教育和管理制度必须符合以下几点要求：

1. 政策性

政策性是指高职学生思想政治教育和管理制度必须同党的路线、方针、政策和体现党的路线、方针、政策的国家的法律、法令、条例、决议、指示、规章、规程，尤其党和国家的教育方针保持高度一致，而不能有丝毫的背离。党的路线、方针、政策和国家的法律、法令、条例、决议、指示、规章、规程等，是一个国家总的行为规范，是指导全局的，是制定高职学生思想政治教育和管理制度的依据。高职学生思想政治教育和管理制度则是党的路线、方针、政策和国家法律在高职学生日常学习、工作和生活诸方面的具体化。局部必须服从全局，否则就会迷失方向。

2. 整体性

整体性是指按照现代管理学观点，国家是一个系统，教育是属于国家的子系统，学校是隶属于教育的子系统，学校各部门是隶属于学校的子系统。系统是有组织、有层次的，各组成部分都是为了一个共同目标而形成的有机整体。高职学生工作专职人员必须树立全局观点，正确处理局部与全局的关系，正确处理学生的学习和课外活动的关系，以及团组织与学生会工作之间的关系等。在处理各种关系时，必须使整个系统处于协调状态，才能发挥整体的最佳功能，达到教育管理的最佳效果。

3. 民主性

民主性是指高职学生思想政治教育和管理制度必须符合广大学生的根本利益，并获得广大学生的积极拥护和支持。我国是社会主义国家，人民是国家和社会的主人，党和国家的一切政策、法令都是以是否符合广大人民群众的根本利益，是否获得广大人民群众的积极拥护和支持为最高标准的。一切损害人民群众根本利益的政策、法令或行为，必将遭到人民群众的坚决抵制和反对，失去立足点。学生既是管理的对象，又是管理的主体，在制定学校规章制度时，必须从学生中来，到学生中去，广泛听取学生意见，做到集思广益，紧紧依靠广大学生把教育和管理工作做好。

4. 科学性

科学性是指高职学生思想政治教育和管理制度必须符合高等教育的客

观规律。任何领域都有其自身的规律，高职学生思想政治教育和管理制度也不例外，诸如教育和管理必须与学生的年龄相适应的规律，思想政治教育中知、情、意、行活动过程的规律等。一定要认识和严格遵守这些客观规律，才能实行科学管理，充分调动各方面的积极性。同时，还要善于借鉴现代科学管理理论，不断总结高职思想政治教育和管理经验，把行之有效的传统管理经验与现代管理理论有机地结合起来，才能不断提高科学管理水平，提升管理效率。

5. 教育性

教育性是指高职学生思想政治教育和管理制度必须对学生起到教育作用，即能培养学生社会主义道德观念、行为规范、思想品质和严谨、务实、开拓、进取的工作作风。这样，同学们既有章可循，又有进取的目标，充分发挥规章制度本身的教育和激励作用。但是，必须指出的是，在规章制度制定和实施过程中，必须坚持政治思想工作领先的原则，把启迪、疏导作为一条主线贯穿规章制度的全过程中，规章制度的教育性才能充分显示出来。

6. 严肃性

严肃性是指高职学生思想政治教育和管理制度必须做到令行禁止，奖罚分明，对任何人也不例外，使学生的行为得到规范。在建立高职学生思想政治教育和管理制度时，凡应规范的都要规范，各级学生组织和个人必须严格执行。在执行过程中，严格按制度办，不能时宽时严，时紧时松，坚决维护其严肃性。此外，要注意凡属将来才能规范的或者要创造条件才能规范的，就一定要留待将来或条件具备的时候再规范。只有这样，才能使制度有相对的持续性。

7. 可操作性

可操作性是指高职学生思想政治教育和管理制度应尽可能地做到量化，制定出符合教育、管理实际的科学指标，并用分值表现出来。这样，不仅能使全体同学在实施的过程中做到心中有数，自觉约束自己，在检查处理时也能避免主观随意性。

上述基本要求，既有各自的独立性，又相互紧密地联系在一起。只有严格遵照这些基本要求而制定的规章制度，才是经得起实践检验而又有强大约束力和教育意义的制度。

二、高职学生体制管理

（一）高职学生行政体制管理

建立一套完整的大学生行政管理工作体制是做好大学生管理工作的重要保证。高职的整个行政管理体制是一个大的系统工程，而学生行政管理体制，只是整个系统工程中的一部分，或称为一个子系统。为了使整个学生行政管理工作能够跟上形势的发展，适应实际工作的需要，有必要对学生行政管理工作体制做进一步的分析，以加强体制的建设，逐步提高学生行政管理工作的水平。

1. 行政体制管理的模式特点

目前，高职学生行政管理体制，各种模式机构设置不尽一致，权限划分各有差异，每种模式也各有特点，具体如下：

（1）学生行政体制管理的散在模式

这一类型的高职院校，多数是在校学生数不太多，校领导有较多精力关心学生工作，各级学生行政管理机构干部配备较强，所以，它沿袭历史上我国高职学生行政管理工作体制，有如下特点：

①采取"直线职能参谋组织形式"。这一模式中，校长是唯一的行政负责人，有全面的领导和指挥权，对一切工作都负有全面的责任。各职能部门按照校长的要求，在业务上负有指导下属部门的权力和责任。各级组织在行政上相对独立，可充分发挥主动性。这样既保持了统一领导，又充分发挥了各职能部门的积极性和主动性。

②分权管理制度加强。在新形势下，为了适应学校管理的要求，学校将有关行政管理权限下放，如学生行政处分权，记过以下的处分由系级部执行；如学生的奖学金金额，部分的单项活动或班、系活动奖励及补助系级部有权决定，这也有利于调动各级组织的积极性，促进行政管理工作高效运转。

③兼容一体，易于协调。这一模式无新机构设立，许多相关的相互交叉、相互渗透的工作，依然处于一个处室，如学生生活管理处于总务处，学生学籍管理的许多工作处于教务处，便于配合，易于协调。

（2）学生行政体制管理的专兼模式

这是从散在模式发展而来的，因此，它们之间特别是在权限划分上有许多相似之处。由于在校级建立了学生处，在较大的系级建立了学生办公室，所以学校中出现了学生行政管理体系，同时，也明显地反映出以下几个特点：

①学生工作统筹安排，全面协调能力增强。专管学生工作的主干处——学生处，对学生行政管理工作及有关学生工作情况负有全面关心、通盘考虑、及时汇总、向上报告及建议的责任，并能在校长领导下，对各行政部门工作中出现的矛盾、问题时及时参与协调。

②有利于队伍素质提高，稳定性增强。由于专管学生行政管理工作体系出现，使学生行政管理工作机构、人员稳定性增强，方针、政策、规定的连续性加强，工作方法的创新、理论研究的开展、工作经验的积累、管理人员的业务素质趋于上升势态。

③学生行政管理工作的应变能力增强。在新的形势下，学生行政管理工作不仅要有正确性、规范性，还应讲究时效性。建立了专司学生行政管理的工作体系，就能有一批长期专门从事学生管理的工作人员，能较正确地掌握党的方针政策，全面了解学生情况，遇事能及时向领导提供各种情况和选择方案，以便于领导准确决断。

（3）学生行政体制管理的复合模式

它由专兼模式进一步发展而来。由于学生处和学生工作部实现了两块牌子一套班子，因而它有一个明显的特点，即在组织机构上实现了学生思想政治教育和学生行政管理的结合，改变了长期以来行政管理和思想教育相分离的状况，使对学生的言和行、想与做的教育统一在一个部门，使学生的学籍管理、课外活动、校园秩序、奖励和处分等学生管理主要内容的执行，基本上是由学生处与学生工作部作为一个职能部门来承担。

（4）学生行政体制管理的各部处模式

它既同散在模式相似，又同复合模式相近，它唯一的特点是兼指挥和执行于一身。由于它有居于部、处之上的职能部门——学生办公室，所以既可以指挥行政部、处，又能协调各种关系与矛盾；既能够抓行政管理工作，又能抓思想教育工作。

2. 行政体制管理的成效

学生行政管理工作的成效，取决于两点：一是领导和干部队伍；二是管理体制。当前有一批较长时间从事学生工作的同志，他们有能力、有水平、有积极性与创造性，虽然管理体制不够完善，但凭借这批骨干的创造性和努力，高职的学生管理工作是有很大成绩的。随着社会的发展和新形势下对高职学生管理工作的要求，还需要改进工作、完善政策、健全体制。

行政体制管理成效是由这个学校的历史与现状、领导与干部队伍的素质和结构、教师与职工的思想水平与觉悟、学校的任务和条件等形成的综合因素决定的。只有当一个具体模式适合这个学校的情况，并能创造出最优成绩时，才是最佳的选择。

从学校学生管理体制发展的趋势来分析，选择具体模式应考虑两个问题：一是是否需要建立专门的学生行政管理体制；二是是否需要实行学生行政管理工作与学生思想政治工作相结合的管理体制。对这两个原则问题的回答是肯定的，这也是今后加强学生行政管理体制的原则问题：

第一，人的思想和行动是不能割裂的，人的行动受思想的支配，而思想又需要实践的检验。要规范人的言行，首先要抓思想教育，要了解一个人的思想，必须先了解他的行动。所以，对学生的思想、言论和行动的教育、管理，只有真正地从组织上、思想上结合起来开展工作，才能改变相割裂的现象，才能取得工作的最佳效果。

第二，学生行政管理工作是培养学生成为德、智、体全面发展的社会主义建设者和接班人的一项重要工作。它对在校学生的学习、生活、行为起着正确的规范作用。它不仅需要一支具有一定理论水平和一定实践经验的稳定的干部队伍，还必须逐步建立一套专门的行政管理体制，否则难以适应当前形势下学生管理工作的要求。

第三，高职担负着培养青年学生的重任，只有将学生行政管理工作和学生思想政治工作相结合，建立一支专门的学生管理工作队伍和建立一套专门的学生行政管理工作体制，才能培养出理想信念坚定的合格人才。

（二）高职学生思想品德教育体制管理

各高职具体情况、人员素质、传统风格、办学特点不相同，中华人民共和国成立以来也经历过一些变化，但总的来说，我国高职学生思想品德教育实行的是综合管理体制，这种体制主要由以下几种制度构成：

1.专职干部责任制

高职专职党团干部是党的教育方针与政策在各单位的综合贯彻执行者，是对学生进行各种思想品德教育管理的设计者，是发动全体教师教书育人的组织者。因此，专职干部在学生思想品德教育管理中发挥着不可替代的作用。学生专职干部主要指担任党团职务，专门从事学生教育管理的干部，包括学生工作部（处）或宣传部、校团委的干部，各系主管学生工作的党总支（分党委）副书记、团总支（分团委）干部等。专职干部一般按学生人数的 1 : 150 配备，不足 150 名学生的单位可根据实际工作情况考虑。专职干部在学校党委的领导下，具体由学校主管部门和各系党总支共同管理。他们除根据实际表现和工作需要晋升职务外，同时，作为学生思想品德课教师在晋升专业职务方面享受与其他业务教师同等待遇。

2. 教师指导学生责任制

教师在教育学生的过程中起着主导作用。调动教师教书育人的积极性是抓好学生教育管理工作的关键。除了要求所有教师在教学过程中为人师表、严格要求、注重学生思想品德教育之外，这里说的教师指导学生责任制，是要求一部分教师在完成自己教学、科研工作的同时，兼做一个年级或一个班的学生教育管理工作。指导教师包括年级主任、辅导员或班主任、研究生政治导师（以下统称指导教师）。

指导教师中的兼职辅导员或班主任可以采用分段制（即一二年级为一段，三四年级为一段），也可以实行四年一贯制。人数在 120 人或 120 人以上的年级应配备年级主任，负责组织、协调本年级的工作，不满 120 人的年级可根据情况按专业或系配备年级主任，年级主任在任职期间以学生教育管理工作为主，也可适当担任少量的教学、科研工作。研究生政治导师以研究生人数 1 : 40 配备，其待遇与业务导师相同。

指导教师由学校人事处、宣传部、教师工作部门、学生工作部门和所在院系党总支组成领导小组共同管理。人事处负责把指导教师的工作表现与教师出国、进修、晋升专业职务等政策挂钩；宣传部负责指导教师的自身提高、评比先进、总结交流工作经验等工作；教师工作部门负责把指导教师的工作表现与教师教学工作量、课时酬金的发放挂钩；学生工作部门与系党总支负责对指导教师的工作指导与考核。

指导教师由教研室负责考察挑选，由系党总支行政审核，报学校批准并颁发聘书。聘期一般为两年一期，可以连聘连任，无特殊情况未经批准不得随意更换，以保证工作的连续性。

3. 学生自我教育与管理制

学生自我教育与管理制就是在学校党委的领导下，充分考虑到大学生的特点和未来社会对人才的要求，在学校专职干部、教师的指导下，通过学生干部，在学生中建立各项教育管理活动的制度。

学生自我教育与管理制包括学生党团组织制度，学生会组织管理制度，学生社团及刊物管理制度，学生勤工俭学、社会实践管理制度，学生业余文化、体育活动管理制度，学生寝室管理制度等。学生自我教育与管理制度由学生团组织、学生会在专职干部的指导下制定，按照团组织、学生会的系统下达执行，并负责检查、总结、修改、完善。各系团总支（或分团委）、学生会在执行制度过程中根据本单位的实际，在不违背学校团组织、学生会制度原则的情况下，可以进行适当的调整，作为学校制度的完善与补充。

第三节 高职学生自我管理与民主管理

高职学生自我管理和民主管理，是高职学生管理工作中的一个重要组成部分。它侧重于调动学生的主体意识，在整个学生管理工作中，起着补充和完善的作用，由于其独到的优越性受到越来越多高职管理工作者的重视。

一、高职学生自我管理

高职学生的自我管理，简言之，就是学生自己管理自己，其目的在于激发学生在管理中的主人翁精神。它是学生根据教育目的和培养目标的要求，运用现代科学管理方法，为实现个人管理有效地调动自身的能动性，训练和发展自己的思维，规范和控制自己的言行，完善和调节自己心理活动的过程。学生自我管理就其方法来说，可分为学生个体自我管理、集体自我管理和参与性自我管理。

（一）学生自我管理的特征

①对象特征，即管理与被管理两者的统一。学生自我管理同其他管理活动的根本区别在于，其他管理活动强调对他人或他物的管理，而学生自我管理则是行为发出者作用于自身的活动过程。自己既是管理者又是管理对象，这是自我管理最基本的特征。进行自我调节和控制，是学生自我管理的实质所在。

②过程特征，即自我认识、自我评价、自我控制、自我完善"四位一体"。在学生自我管理中，从目标的建立到组织实施，再到调节控制，以及不断完善，融于学生一体。学生在认识社会、他人和自己的基础上设计自己，在管理过程中评价、控制自己，最后达到目标的实现，到此也就完成了学生自我管理的一个循环——不是简单重复，而是在社会、个人的动态环境中螺旋式的循环。

③内容特征，即不同的时代具有不同的内容。此特征有以下两个方面的含义：一是生活在一定社会条件下的人，其思想水平、知识水平和心理素质就被打上时代的烙印，学生也是如此；二是学生自我管理的目标及其社会意义具有鲜明的社会、政治、经济和文化特征。今天，社会为自我管理提供了汲取营养的现实土壤，而作为新时期的高职大学生，就应该热爱祖国，热爱人民，追求真理，锐意进取，艰苦奋斗，乐于贡献。

（二）学生自我管理的原则

整体来说，学生自我管理不完全取决于个人愿望和努力，它必须反映社会和学校的需要，必须受到社会条件和学生管理制度的制约，符合社会道德规范，同学校培养目标一致，并置身于社会管理和学校管理之中。学生自我管理集主客体于一身，具有它的特殊性。所以，它除了遵循管理一般原则之外，还应遵循以下几个原则：

1. 自觉自愿原则

学生自我管理是学生自己管理自己的一种管理方式，从管理内容的制定、目标的确定和实施到信息反馈、总结纠正等，都应由学生自己编排，要自觉自愿。当然，自觉自愿也不是放任自流，为了保证自我管理的正确方向，学生在自我管理时，必须接受学生管理部门的指导和必要的约束。对集体自我管理来说，必须注意吸收全体学生参与管理工作，充分调动和发挥每个人的聪明才智。

2. 认识评价原则

学生实行有效的自我管理之前，必须全面认识自己及其所在班组、学校乃至整个社会的现状。要参与就必须认识，同时，只有参与，才能认识更全面。学生自身的政治素质、文化素质、心理素质、身体素质和社会阅历是自我管理的内在条件，而班级、学校的状况、目标、任务、结构和功能，国家政策，经济文化背景和社会规范等是自我管理的外在条件，只有正确认识社会，客观评价自己，才能使自我管理切合实际。

3.严密性与松散性相结合的原则

所谓严密性，对集体自我管理是指应当有相对稳定的组织、明确的宗旨、科学可行的计划和管理制度，有相对稳定、水平较高的骨干力量；对个体自我管理则是指目的明确、计划周密、心理状态良好。所谓松散性，是指在严密性的前提下，对学生自我管理的时间、地点、参加人员、活动内容及形式可做一些选择。这里的"严"与"松"是辩证统一的，如果没有明确的目的、严密的组织、严格的制度和较好的管理者，集体的共同利益就难以维护，教育的目的也难以实现。因此，学生在自我管理中要强化集体意识，自觉服从、维护集体决议，规范地做好集体工作，只有这样，才能保证学生自我管理沿着正确的方向而不失控。同时，由于高职学生群体内部结构层次的复杂性，在保证集体利益和共同要求的前提下，要尊重学生的个性，促进学生个性发展。同学之间提倡互相尊重，互相学习，在相互帮助中共同进步。

（三）学生自我管理的作用

学生自我管理有以下两个作用：

第一，加强学生自我管理有利于学生健康成长。青年学生正处在心理的转折期、自我发现期，他们强烈希望自己的意志和人格受到外界的尊重，具有强烈的参与意识，而学生自我管理则恰恰满足了他们的这种心理愿望，从而促进其心理的健康发展。他们心理的健康，有利于学校的稳定。但是，由于学生世界观、人生观尚在形成过程中，他们在复杂、动态的环境里，也必然会受到各种错误思想的干扰。要有效地消除这种消极影响，除了学校、社会和家庭的教育、指导外，作为学生自己也要加强理论、思想修养，在自我管理的实践中，提高辨别和抵制错误思想的能力，使自己健康成长。

第二，加强学生自我管理有利于增强学生适应社会的能力。一方面，由于目前我国还存在着教育与实践相脱节等弊端，以致许多学生动手能力和创造精神较差；另一方面，学生最终都将走向社会，接受社会检验，随着人才市场需求关系的变化，社会对学生的知识水平、知识结构、专业技能，以及走上社会的适应能力提出了更高的要求。因此，学生要在复杂的社会环境中既能适应社会的要求，又能有所作为，必须在学生期间利用一切可以利用的机会，有针对性地实施自我管理，逐步缩小所学知识与社会需要的差距，不断增强自我认识、自我评价、自我控制能力，实现自我完善，为将来走出校门后尽快地适应社会奠定坚实的基础。

（四）学生自我管理的内容

学生自我管理的内容是由时代对高职学生的要求和历史赋予他们的使命决定的，概括来说，主要有思想素质、业务素质和身心素质三个方面的自我管理。它们之间是相互作用、相互渗透的辩证统一体。下面仅就业务素质的自我管理做简单的阐述，具体如下：

所谓业务素质的自我管理是指学生在老师的指导下，通过积累知识、发展智力和锻炼能力而进行的管理。

1.要树立正确的成才观

学生的成才，不仅是由他的知识、智能决定的，更主要的是由其正确的学习目的和勤于奋斗的精神所决定的。那些极端利己、自私的人，那些从自我出发，把个人利益置于集体、国家利益之上的人，不但不能成才，还可能会成为社会发展的阻碍。只有那些具有远大理想和抱负的人，才会使知识、智能、素质、觉悟在自身中得到统一；只有那些把自己的前途和国家命运、民族未来紧密联系起来的人，才会在事业中有所成就。

2.要掌握学习规律，完善知识结构

学生的主要任务就是通过艰苦而复杂的脑力劳动，不断增长知识，提高能力，掌握学习规律，完善知识结构。课堂学习是学生接受知识和教育的主要途径。预习、听课、复习等是学生课堂学习的主要环节，也是学生加强自我管理的重要方面。学习还要学会自学。一个人要获得完全的知识，必须具备两个条件，即书本知识和实践知识。学习实践知识，就要深入下去，投身于实践，向社会学习，在实践中积累和完善自己的知识。同时，还要完善和优化智能结构。智能是智力和能力的总称，是指一个人观察问题、分析问题和解决问题的能力。观察力、记忆力、思维力、想象力和操作能力是智力结构的五个要素。

（五）学生自我管理的途径

学生自我管理是在家庭、社会和学校管理教育的灌输、诱导、组织、指导下，进行自我规划、自我调节、自我教育和自我完善的。由于人和社会环境的复杂性，学生实现自我管理的途径、方法，也是多种多样、纵横交织和不断发展变化的。

1.加强学校民主建设，促进学生的自我管理

学校民主建设的本质是把广大教师、学生真正看作学校的主人和学习的主体。在学校提倡科学，崇尚民主，为师生创造民主参与管理的机会，让他们在工作和学习中感到自己是社会的主人，是学校的主人，激发起稳定的、持久的自觉性和主动性，这样，学校才能有凝聚力，才能树立良好的学风、校风。如果学校不能顺应和满足他们的心理要求，仍然把他们作为纯粹的管理对象，采取命令式管理，那么只能压制学生的能动性，伤害学生的自尊心，其结果只会引起学生的不满。事实证明，良好的学风、校风的形成，主要不是靠行政管理的强制力量，而是靠群体的力量，靠群体规范和舆论这样一种无形的力量。因此，民主建设是学校培养人才的前提和保证，制度管理是加强高等学校民主建设、创造良好校园环境的保障。

我国高等学校的管理制度近年来逐步完善。这些制度明确了学生的道德和行为准则，为学校的日常教育、管理工作提出了一套章法。广大学生在思想教育和制度的约束中，不断调节自己的思想、行为，逐步把外压力变成内驱力，自觉遵守，自觉维护，才能取得显著效果。民主管理要公开、平等。学生主体意识、平等意识的增强，就要求学校的管理工作要公开、平等，以取得相互理解、尊重和信任。公开即是提高管理工作的透明度，平等即是管理者和师生平等对待，真诚合作。

在管理中，学校要尽量为学生创造知政、议政和参与管理的场所和条件，扩大和完善学生参与管理的渠道，发挥他们在管理中的作用。学生参与学校管理，有归属感和主人翁感，就能发挥集体的智慧，使决策更正确。同时参与管理也是调动学生积极性，培养学生能力，扩大学生与管理部门联系的好办法，可以提高人的素质，实现民主管理。人是管理的核心，提高人的思想、道德、知识素质，是完善学校民主管理的首要条件。学校要加强思想政治教育课的教学，充分发挥党团组织的作用，发挥管理者、教师的作用，要鼓励学生参加教育改革，激励学生自爱、自强，采取各种形式帮助学生明确民主与集中、自由与纪律的关系，增强民主意识，树立正确的世界观和人生观。学生有了"精神能源"，学校民主管理才会有坚实的基础。

2.搞好学生组织的建设

学生组织主要是指校、系、班级的学生会或班委会、团组织和其他社团组织。这些组织是学生自我教育、自我服务、自我管理的主要形式，也是学校做好学生管理工作的保证。

加强学生组织建设，要选好、用好学生干部。学生干部来自学生，他们既是受教育者和被管理者，也是学校管理干部的助手，还是学生活动的直接组织者和学生基层组织的管理者。要建设一个良好的集体，必须有一批优秀的学生干部，选好、用好学生干部对于学生管理工作至关重要。

加强学生组织建设，要发挥学生组织的教育、管理功能。学生组织是学校系统中的一个子系统，加强组织建设，目的就是要发挥其作用。在教育方面，学生组织可以通过组织学生学习理论知识、时事政治、业务知识，通过举办演讲会、座谈会、报告会，组织学生参观、访问、调查和参加劳动等活动，帮助学生共同探讨理想与现实、自由与纪律、民主与集中、权利与义务、学习与工作、事业与爱情、个人与集体等方面的关系。依靠正确的导向，可以在学生中形成追求进步、关心集体的舆论，形成刻苦学习、勇于进取的良好的学风，形成遵守法律、讲究道德的文明环境。在管理方面，学生组织要依靠管理制度，配合教师和学校的管理干部，做好组织协调工作，提高管理效能。在服务方面，学生组织既要为学生服务，也要为学校服务。

加强学生组织建设，就要改进管理方法。方法是完成任务、实现目标所必不可少的手段，任何组织要实现管理目标，没有良好的方法，必然事倍功半。反之，管理方法得当，就会事半功倍。可见，采取好的管理方法，是提高效率的有效途径。学生组织的自我管理也不例外，一般来说，在学生组织自我管理中，制度管理法、榜样示范法、正面激励法、民主管理法等都是不可缺少的部分。

3.加强社会实践活动，完善学生的自我管理

加强社会实践活动，要做好教学过程中实践环节的自我管理。高职学生的根本任务是学习并通过学习提高自己的智力和能力，而教学过程中的实践活动正是学校为了使学生把所学到的知识运用于实践所安排的。作为学生，只有较扎实地掌握本专业的基础知识、基本理论和基本技能，才能称为合格的学生。所以，做好教学过程中的实践环节是学生自我管理的首要问题，

每个学生都是根据自己专业的特点和实践的要求，自觉地参加实验、实习、考察和劳动等实践环节，并做到勤学习、勤动手、勤思考、勤总结，努力提高自己掌握和运用知识的能力。

加强社会实践活动，还要做好校内外的实践活动的自我管理。校内外实践活动是教学环节的开拓和延伸，也是充分发展学生自己爱好、特点和长处的好途径。搞好校内外实践活动的自我管理有以下四点：一是根据自己的爱好和特长，组织或参加学校的社团活动，培养自己自主、自强的责任感，培养自己适应社会发展所需要的素质。二是积极组织并参加学校开展的各种竞赛活动，在活动中培养自己的参与意识、竞争意识和集体意识，锻炼自己的组织能力和社交能力。三是充分利用假期，开展社会调查和各种形式的社会服务，在参与中了解社会，坚定信念，促进自己的全面发展。四是完善管理制度和管理措施，克服松散管理和多重管理现象。

学生自我管理的途径和实现自我管理的方法很多，不论采取哪种途径和方法，管理效果都取决于社会、学校的关怀和支持，同时也取决于学生自身的努力和修养。高职学生只有在学校、家庭、社会的教育、管理指导下，树立崇高理想，加强道德修养，善于学习，勇于实践，坚持把个人理想同社会需要、把个人命运同祖国前途结合起来，自我管理才能卓有成效。

二、高职学生民主管理

大学生既是建立良好校园秩序的主体，也是建立良好校园秩序、达到培养人的目的的客体。建立良好的校园秩序目的是培养人，必须通过大学生内心的响应，通过自身的积极性和主动要求才有可能实现这一目的。

在社会主义国家，公民不仅是社会管理的对象，同时又是社会管理的主人。因此，我国的大学生在高等学校里，参与民主管理既是主体与客体统一的体现，又是我国大学的社会主义性质的体现。

（一）民主管理的概述

1.大学生民主管理

大学生民主管理是指根据社会主义民主的本质，运用社会主义民主的形式，充分调动并发挥大学生内在的积极因素和自主精神，在学校行政管理人员的领导下，组织大学生参与管理，达到培养德、智、体全面发展的"四有"人才的目的。大学生参与民主管理具有社会主义的方向性，离开了社会主义的方向，管理就失去了目标，也失去了意义。大学生民主管理采用社会主义民主的形式，是民主集中制的民主，而不是无政府主义和极端民主化的民主。

大学生民主管理是高等学校大学生管理系统中的子系统，是大学生管理的一种形式，它的基本作用和形式是参与和监督。它在学校领导和老师的指导下，既可参与行政管理部门的管理，又可管理学生自己的事务。

2. 大学生民主管理的必要性和可能性

校园秩序的一个重要的方面是大学生的学习和生活秩序，建立良好的校园秩序要靠学校的科学管理，但如果没有大学生的参与和管理，把建立良好的校园秩序只作为学校的事情，那么，良好的校园秩序就难以建立，所以调动大学生参与民主管理的积极性，是建立良好的校园秩序的需要。发动大学生参与民主管理不仅可以提高管理效能，而且可以在管理实践中提高他们的才干，这正符合培养目标自身的需要。

当代大学生自主意识较强，对被人管理往往持反感态度。但是实践证明，他们的"自主"往往带有很大的随意性，没有学校的严格管理和引导不利于他们的健康成长。当代大学生的参与感很强，愿意通过参与管理提高自己的才干和能力。因此，调动大学生参与民主管理的积极性，既是可能的，也是必要的。

3. 大学生参与民主管理的意义

通过大学生参与民主管理，使大学生在实践中接受社会主义民主教育，培养大学生正确的政治观点、正确的社会主义民主意识和民主精神，对于培养社会主义一代新人，对于全社会政治上的安定团结都具有十分重要的意义。大学生参与民主管理，可以构建学校领导和学生之间的信息渠道，密切学校领导和广大学生的联系，有利于建立良好的师生关系；有利于学校领导及时了解学生的情况，改进工作作风；有利于政治上的安定团结；有利于培养一批有领导才干、有管理能力、有献身精神的积极分子，这对于党的建设和社会主义事业都有着重要的意义。

（二）民主管理的组织形式

1. 学生民主管理的组织

大学生的组织包括共青团组织和学生会组织，就学生参与民主管理的目标和方法来说，二者都可以看成学生民主管理的组织形式。共青团是党的助手，是先进青年的群众性组织，学生会是大学生的群众组织，它们各自的目标和任务虽不尽相同，但就建立良好的校园秩序、培养社会主义建设人才的总目标来说，又是完全一致的。共青团组织和学生会组织都要在学校党组织和行政管理系统的领导下开展活动。无论哪一个组织都不是完全独立于学校党政领导之外的，所以都不能称为自我管理组织。班级组织和团支部组织是学校实行民主管理的最重要的基本组织，调动这些组织中的大学生民主管理的积极性，完善民主管理制度，对于建设良好的校园秩序，具有特别重要的意义。

2. 学生介入学校管理系统参与学生管理的形式

这是通过学生代表参加有关学生管理会议，反映学生的意见、要求等形式来实现的。如有的高职聘请学生代表出任行政领导干部的助理等，就属于这一种形式。

3. 专业性的学生民主管理组织

比如，有的学校建立学生宿舍管理委员会、伙食管理委员会、卫生管理委员会、治安保卫管理委员会、纪律管理委员会等，通过学生自己处理或协助学校处理问题，维持校园秩序。这些组织在行政管理部门的领导、协助和支持下组织起来并进行工作，但不能自行制定和学校的规章制度相抵触的管理制度。

（三）民主管理的原则

大学生参与民主管理必须遵循以下几项原则：

1. 导向的原则

民主管理的导向就是把民主管理引导到坚持四项基本原则，反对资产阶级自由化，坚持遵守法律、法规以及学校的纪律、条例，坚持党的教育方针，坚持正确的道德取向等。导向正确，不仅使民主管理不迷失方向，而且能培养学生守法、守纪的意识和习惯。

2. 自主和尊重的原则

民主管理要调动学生的积极性，就要充分发挥学生的自主精神，减少依赖性。要充分相信并支持他们自己做出的符合原则的决定，有了错误，也要尽可能启发学生自己去纠正，要避免伤害他们的自尊心。管理者的责任是加强领导并及时给予指导，尽量不要代替学生做出决定，要尽可能地让学生站在管理的前台。

3.启发的原则

有些在管理者看来是简单的事，大学生却可能会争论不休，这是由于学生缺乏实践经验造成的。管理人员只能给予适当的启发，尽可能地由学生自己去下结论，不要轻易代替学生做出选择或简单地下结论。

4.充分讨论的原则

民主管理相比于指令性管理要复杂得多，反复地讨论，要花去很多时间，但只要是认真讨论，时间就不会白费。

5.允许犯错误的原则

民主制度本身包含着产生错误的可能性，因为多数原则只服从多数，而真理有时在少数一边，要求学生在民主管理中一定不出错误是不现实的，有时正是在错误中才学到了更多的东西，关键是出了错要勇于承担责任，勇于改正错误。管理干部要勇于承担责任，培养一种敢于承担责任的意识。

6.民主程序的原则

实行民主管理一定要遵循民主管理的程序，只有严格遵守民主程序才能在实践中提高学生民主管理的积极性、民主精神及守法意识。

（四）民主管理的教育和引导

调动大学生民主管理的积极性，必须加强对大学生的教育和引导。具体有如下四点：

1.要加强民主理论教育

大学生参与民主管理如果缺乏社会主义民主理论的教育，就有可能走偏方向。

2.要加强民主管理中的责任意识教育

参与学校民主管理不仅仅是尽义务，而且也是大学生的权利。无论是履行自己的义务还是行使自己的权利，都离不开正确的责任意识，尽义务是一种责任，行使权利也有责任，而这种责任的目标取向就是学校对学生的培养目标。责任意识的强弱和民主管理的效能形成正比。

3.在管理实践中帮助学生干部树立良好的作风

要培养学生干部密切联系群众的民主作风，批评与自我批评的作风，谦虚谨慎、戒骄戒躁的作风，以及勤俭节约、艰苦奋斗的作风。管理干部自身的良好作风也将对学生产生潜移默化的教育作用。

4.支持和帮助学生参与民主管理工作

对参与民主管理的学生，在强调为人民服务的前提下，要根据其不同的职责，给予不同的物质和精神支持。必须重视对他们的个别教育帮助，既要以诚恳、热情、耐心的态度帮助他们解决生活、学习、工作中的具体问题，帮助他们总结工作中的经验教训，也要帮助他们解决工作中的思想和认识问题；要和他们建立良好的友谊、密切的关系和深厚的感情，要把培养爱护学生干部和培养党的积极分子统一起来。

（五）民主管理的应有作用

1.培养学生的责任意识、纪律意识和法律意识

很多学校用发动全校学生民主讨论的方法来修订管理制度，并将讨论修订的条文提交全校学生或学生代表大会投票表决，然后由校长批准施行。讨论的过程就是一个学习和教育的过程，凡是讨论认真的，也往往是准备认真执行的，因此，也就培养了责任意识、纪律意识和法制意识。

2.培养学生的自律精神

把学生的积极主动精神调动起来，在日常的生活和学习中参与管理，不仅可以加强和改善管理，而且可以培养学生的自律精神。

3.培养学生公平诚实的精神

一个学习阶段完成，有大量的工作要做，比如，评定奖学金、评选优秀学生和学生干部、进行毕业鉴定等。这些都可以发动学生民主讨论，音养学生的公平诚实精神。

4.培养学生社会主义民主意识和民主精神

在强调坚持四项基本原则的前提下，对学生组织的活动应尽量放手，让学生自己去组织活动，严格按民主程序去处理日常工作。

三、高职学生社团活动的管理

学生社团是经过学校批准，由本校学生在自愿的基础上组织的群众性团体。近年来，社团组织发展迅速，社团活动已经成为学生课外活动的重要形式之一。

加强社团活动的管理，是学生自我管理和民主管理的一项重要任务。

（一）学生社团的发展和作用

1.学生社团的发展

学生社团的发展，在我国具有久远的历史。近代中国开始有了新式的高等学府。在当代中国的高等学府里，近几年来，学生社团组织的发展如雨后春笋，无论是就其数量，还是就其活动范围和参加人数而言，都远远超过以往任何历史时期。社团活动已经成为大学生课外活动的重要组成部分。

综观目前高职学生社团组织，按其活动性质可以划分为兴趣型社团（根据兴趣爱好自愿结成的团体，如桥牌协会、文学社、书法社等）、学术型社团（以专业学习、研究和交流为目的组成的团体，如经济管理协会、科学技术协会等）、服务型社团（以科技、文化服务和劳务服务为主要内容的团体，如各种科技、文化中心）三大类。此外，还有在学校组织或直接指导下开展活动的文化型社团（如文艺社团、乐团等）和新闻型社团（如学生通讯社、记者站等）。

2.学生社团的作用

学生社团组织是学生自我管理、自我教育的重要形式之一。因此，不论哪种类型的社团组织，都可以在学生自我管理和自我教育中发挥重要作用。社团组织通过开展活动，可以把具有共同兴趣爱好的学生组织起来，丰富课余生活，开阔知识视野，增进同学间的友谊，增强集体观念和协作精神，提高实际工作能力。不同的社团组织可以吸引不同兴趣的学生，调动各个层次学生的学习积极性，有助于他们在各自的起跑线上前进和发展。

此外，不同类型的社团组织，还有特殊的作用。例如，学术型社团组织对于培养学习积极性、主动性和钻研精神具有重要促进作用；兴趣型社团活动可以丰富学生课余文化生活，陶冶情操，提高文明修养水平；服务型社团活动有助于学生树立劳动观点和群众观点，加深对国情民情的了解，增加社会责任感和历史使命感；文化型社团和新闻型社团，由于其专业性强，所以能在对学生进行有关专业训练方面发挥重要作用。当然，必须正视学生社团活动中可能出现的问题。如果管理不好，有的学生社团就可能被某些不良组织利用，对学生的健康成长起相反的作用。这也告诉管理者，对学生社团活动加强引导和管理，是非常必要的。

（二）学生社团的申请、成立和解散

1.学生社团申请的基本条件

学生社团不是社会团体。学生社团是本校学生自愿组织的群众性团体。兴趣、爱好相近的学生，在自愿的基础上，可以向学校申请成立社团，但在申请成立社团时，须具备以下几个基本条件：

①有社团章程。社团章程必须明确规定本社团的宗旨和活动目的。任何学生社团，均不得反对四项基本原则，不得从事有碍学生身心健康的活动。社团章程必须经过本社团成员讨论通过。

②明确社团活动的内容、开展活动的方式和时间，以及接纳社团成员的办法等。社团活动的内容应与社团宗旨和活动目的相符合，应以丰富和补充课堂知识、活跃课外生活为主。社团开展活动一般应在课余时间进行，以不影响社团成员的正常学习为基本原则。接收和调整社团成员应有规定和程序，禁止个人独断。

③有相应的组织领导机构，明确社团筹备负责人。学生社团的组织机构、领导机构，一般应以便于组织和开展活动为设置的原则，不宜设置烦琐和庞大的机构，要实行民主集中制的组织原则。社团筹备过程中，必须指定临时负责人，一经批准成立，应该民主选举或协商产生正式负责人。社团负责人，必须具备以下基本条件：政治思想好，努力学习，熟悉本社团业务，热心社会工作，有一定的组织领导能力。专业性较强的学习社团，还应聘请指导教师进行政治和业务指导。

④活动经费有可靠来源和相应的管理办法。学生社团可以在社团成员同意和可能承担的前提下，规定社团成员一次或定期缴纳少量会费，也可以采取正当方式筹集部分经费。但无论以何种方式取得的经费，必须有专门办法、专门机构或专人进行管理，并定期在社团内部公布收支情况。

2.学生社团的成立

①申请成立学生社团的程序。学生社团筹建过程中，如果同时具备上述四个基本条件，则可以正式申请成立。但要求必须有正式书面申请。

正式书面申请应包括以下内容：申请成立社团的原因和理由；拟成立社团的名称；社团的章程和宗旨；社团规模和现有成员数，活动内容及活动方式；社团筹备负责人基本情况；社团活动经费来源及管理办法等。正式书面申请须先经集体讨论通过，然后由社团筹备负责人送交学校有关部门，并由社团筹备负责人向学校有关部门做必要的说明。如，学校暂未明确学生社团审批部门，可将正式书面申请送达与本社团活动内容相近的学校有关部门。

②确定是否批准某个学生社团成立之前，应对正式书面申请的内容进行审查，并做必要的实际调查和了解。学校有关部门决定批准或不予批准某个学生社团成立，应有书面通知，并通知社团筹备负责人。对批准成立的社团，学校有关部门应规定该社团的主管部门，必要时可规定辅导教师负责。对未被批准的社团，学校有关部门要做好解释工作。

经学校有关部门批准后，学生社团可以正式成立，开展活动。未经批准的社团不得成立和开展活动。需要特别指出的是，跨学校、跨地区、面向社会的团体，不属学校社团之列。学生申请成立这一类社会团体，应当按照我国民政部公布的《社会团体登记管理条例》的规定办理，学校无权受理此类申请。

3. 学生社团的解散

学生社团的解散，具体包括以下两种：

①学生社团的自行解散。由于学生流动快，学生社团成员变化较大，容易导致社团活动停止、社团组织自行解散的情况。学生社团自行解散，要向批准成立的部门报告，同时要妥善处理遗留经费和物资。凡属个人的，应当返还本人，其他剩余部分上缴学校。

②学生社团的强制解散。学生社团活动应当严格遵守有关法律和规定。社团活动发生违反宪法、法律和有关法规，并造成严重影响，或严重损害学生身心健康，或严重干扰学校秩序，或与本社团宗旨无关，经劝告仍不改正等情况时，学校有关部门可以责令该社团停止活动，并强制解散。对社团负责人和有关直接责任者，可以按有关规定做出相应的处理。

（三）学生社团的活动和管理

1. 学生社团活动的基本原则

①学生社团必须服从学校领导和管理，社团活动要遵纪守法。学校有关部门和学生社团的主管部门代表学校归口管理学生社团，并对学生社团实行政治领导。学生社团要主动争取并自觉接受领导和管理，要防止出现游离于学校的领导和管理之外的学生社团组织和社团活动。

学生社团活动要符合我国宪法、法律和校规校纪的规定，要在学生完成教学计划内学习的前提下进行。学生社团组织还要发挥自我管理和自我教育的作用，教育和帮助社团成员认真遵守宪法、法律和校规校纪；学生社团活动要符合本社团宗旨。学生社团要认真按照确定的宗旨开展活动，不得从事与本社团宗旨无关的活动。

②学生社团邀请校外人员到学校进行社会政治活动和学术活动，须经学校同意。学生社团邀请有关专家、学者和知名人士到学校进行有关内容的演讲、座谈和社会政治活动，对提高社团成员的水平、丰富社团活动内容，都有积极意义。但是，为了加强管理，学生社团组织或个人不得随意邀请校外人员来校从事有关活动。

学生社团组织或个人邀请校外人员（包括外籍人员）到校举办学术讲座、发表演说、进行座谈和讨论等活动，须经学校批准。组织者应在三天前向学校有关部门提出申请，说明活动的内容、报告人和活动负责人姓名，学校有关部门应当在拟举行活动的4小时前将许可或者不许可的决定通知组织者。讲座、报告等社会政治活动和学术活动，不得反对我国《宪法》确立的根本制度，不得干扰学校的教学、科研和生活秩序等。对于违反上述规定的活动组织者，要根据校纪，酌情予以处理，对于正在进行的这类活动，学校有关部门可以责令立即停止进行。

③学生社团创办面向校内的报刊，须经学校批准。学生社团可以根据需要创办面向校内的报刊，但报刊内容应限定在本社团宗旨范围内。在正式创刊之前，要向学校有关部门提出申请，说明办刊宗旨、登载内容、出版周期、经费来源，以及编辑人员组成等有关情况。未经学校有关部门批准，不得印刷和散发、张贴自办报刊。

出版面向校内的报纸和期刊，要求学生社团高度负责，认真选择稿件，尽量减少或不出差错，特别是不应出现政治性的失误。为此，应当主动争取有关主管部门帮助把关。报纸和期刊应标明已经学校有关部门批准字样或标注批准号。报纸和期刊停止出版，应向原批准部门报告。学生在校的主要任务是学习，因此，不提倡学生创办面向校外的报纸和期刊，如果创办面向校外的报纸和期刊，必须按照有关规定报政府有关部门批准，接受指导和管理。

2. 学生社团活动的管理

学生社团活动吸引了众多学生，涉及面既宽又广，形式多种多样。而且，学生社团种类繁多，既有一般娱乐性的，又有学术性的和政治性的；既有正式合法的，也有非正式和非法的；等等，这就加重了学生社团管理的难度，同时也对学生社团管理提出了更高的要求。

（1）学生社团的管理

首先，学校要加强对学生社团管理工作的领导。社团管理是一项政策性较强的工作。学校应当根据本校学生社团的现状和发展趋势，根据学生社团的类型，分别确定相应的归口管理部门，配备或指定一定数量的管理人员具体负责学生社团组织、社团讲座和社团报刊的审查、批准和管理等项事宜。不仅如此，学校党政领导要亲自主持研究和制定学生社团管理的有关重要政策和措施，亲自处理某些涉及面广、影响较大的社团组织或个人发生的问题。

其次，要加强对社团发展方向的引导。要帮助学生社团把握正确的发展方向，特别是教育和引导各个社团坚持正确的政治方向。一般地说，对于学术型和专业性较强的学生社团，可以选派相关的教师或管理人员进行业务辅导，同时也进行政治方向的引导。对政治性较强的政治性社团，应予特别重视和关心。要选派政治上坚定，有较高的政治理论水平的领导干部和教师作为这类社团的指导教师，切实保证其政治方向、活动内容和活动形式等不发生偏差。

最后，要加强对社团负责人的培养和教育。社团负责人是学生中的骨干，他们的政治思想和品德素质如何，直接关系到社团组织能否健康发展。因此，要把社团负责人真正作为学生积极分子队伍的一员，组织他们参加业余党校、团校和党章学习小组等学习活动，引升和帮助他们认真学习马克思主义理论，提高政治觉悟和思想理论水平，提高组织能力。还要经常与他们促膝谈心，了解社团活动情况，帮助解决社团活动中出现的问题，引导社团健康地发展。

（2）非法组织和非法刊物的管理

所谓非法组织和非法刊物，主要是指违反宪法和法律，违反四项基本原则的组织和刊物。从更广泛的意义上说，凡未经必要的程序申报并得到批准，或者所从事的活动或登载的内容违反国家的有关法律、法规的组织和刊物，均属非法组织和非法刊物之列。对这类非法组织和非法刊物，必须进行整顿或坚决予以取缔。

我国社会主义革命和社会主义建设过程中，特别是改革开放以来，在社会上和高等学校内，曾一度出现非法组织和非法刊物的非法活动。事实说明，非法组织和非法刊物对高职乃至整个社会的稳定，对于正在进行的建设和改革事业，都有极大的破坏力。因此，高职管理工作者在进行社团管理的同时，要特别注意防范非法组织和非法刊物，决不允许其以任何方式活动，以任何方式印刷出版，在组织上、行动上实行任何形式的联合。对非法纽织和非法刊物，一经发现，要坚决制止其活动，同时配合有关部门依法取缔。对其成员，要分别不同情况予以必要的处理。

第三章 高职学生管理机构与队伍建设

第一节 高职学生管理机构的设置

一、高职学生管理机构应遵循的原则

一般来说，设置大学生管理机构应遵循的原则主要有以下几个方面：

（一）系统整体的原则

大学生管理工作是学校这个大系统中的一个重要的支系统，这个系统的管理目标与学校的培养目标是一致的，即"维护高等学校正常的教学、工作和生活秩序，保障学生身心健康，促进学生德、智、体诸方面发展"。具体地说，就是要对学生的思想品德、专业学习、体育锻炼、劳动实践、课余活动、行为组织、生活起居以及分配就业等问题进行全面管理。因此，大学生管理系统是个多因素、多层次、多系列、多功能组成的结构群体。这个结构群体中的各要素、各系统、各层次间存在必然的内在联系，要素和结构整体是不可分离的。因此，整个大学生管理系统组织结构中设置的任何一个部门，任何一个管理层次，任何一个管理序列，都必须注意它们之间的功能联系及其同整体管理效能的关系。否则，必然导致整个系统管理作用的减退和管理功能的紊乱。因此设置大学生管理机构必须依据系统整体原则，深入分析了解各学生管理机构和它们的构成因素在整个学生管理工作中的地位和作用，以及分析它们之间的相互依存、相互制约、相互促进的关系，寻求学生管理机构的最佳组合，将各级、各类、各环节的学生管理活动协调于学生管理系统的整体行为之中，不断推进大学生管理向机构体系最佳状态发展。

目前，我国绝大部分高职院校内部领导体制是党委领导下的校长分工负责制。大学生管理的机构设置从系统整体这一原则出发，就必须做到设立

的管理机构系统与学校内部领导体制相适应，避免学生管理工作因多头领导而造成指挥系统紊乱。同时，要注意消除机构重叠、工作重复的弊端。至于职能分散，则是在某些机构完成同样的职能时反映出来的。当然，另外一种情况同样是系统整体原则所不容许的，即某种职能总是从机构所担负的责任中漏掉，或者被排斥在所设置的机构之外。只有依照系统整体原则来设置学生管理机构，使各机构职能范围清楚，责任明确，功能彼此相对独立而互补，才可能建立一个从上到下的强有力的工作系统，从而有利于避免学生管理工作中多中心的混乱状态，达到对学生的成才全过程进行有秩序管理的目的。

（二）层次制与职能制结合的原则

层次性是所有事物组成的普遍规律。高等学校的大学生管理系统中有校、系、年级、班、组这样几个层次，层次制指的就是学校这种纵向划分的方法。职能反映的是管理机构的各个系统可能的活动领域，反映的是某些性质不同的工作的集合，这些工作的开展为实现系统的最终目标提供保证。

从学校一级来看，学工委办公室（学生处）、教务处、总务处、宣传部、团委等等就是职能单位，在学生管理系统中，它们都从不同的角度对学生进行管理。考察合理的学生管理机构设置，应该主要从职能制角度出发，但也不能忽视层次制。在设置学生管理机构时，必须考虑到，在其他条件相同的情况下，层次的增加会导致所需处理的信息量的扩大，领导者负担过重，会增加系统内活动相互配合的困难。而且随着管理层次和每一层管理内容的增加，便会出现由于管理过程复杂化而造成效能下降的情况。

目前，我国大学生管理机构设置的普遍情况是层次越高，职能制单位越多；层次越低，职能制单位越少，但直接管理的对象却越多。因此，根据整体原理，机构设置中要有全局观点，要考虑到上下左右的联系沟通，使机构减少到最低限度，便于低层次中建立起相应的机构，使职能制与层次制相结合，互相补充，以取得最佳管理效果。

（三）职、责、权相一致的原则

机构设置与人员配备坚持职、责、权一致的原则，是发挥部门职能作用和使其协调一致的关键问题。职是职务、职能，责是责任，权是指依据职能、任务所赋予的权力。职、责应有明文规定，并与权相一致。

明确每一机构的职能，使在其中任职的工作人员都能与他们的技能水平和能力相等是非常重要的。要严格地确定和分配职能以保证各机构对自己所完成的全部任务负责，并达到精简不必要机构的目的。在设置机构和安排职务时应该本着任人唯贤和人能相称的原则，因事而择人，安排适当人员，合理地分配任务，使职责统一，并按履行责任的需要，授予相应的权力，做到各个机构、各个部门都要有分工负责，要从上到下建立岗位责任制。明确各管理层次和职能的职责范围、权力界限，使每个工作人员都能各司其职，各尽其责，各善其事。而且要严格岗位责任制的考核，以纠正过去职责不清、赏罚不明的现象，形成一个有效的、有秩序的学生管理新格局。

这里要注意的一点是，在职责过分具体化和工作人员任务过于狭窄的情况下，也会束缚他们主观能动性的发挥，甚至在发生突发事件时，丧失有效管理的可能性。因此，对每一机构和每一工作人员来说，责权一致过程中重要的是要确立他们所履行的职能的适宜性和特殊性程度，这同样是保证管理机构符合责权一致原则的前提。

（四）集中管理与民主管理相结合的原则

集中管理与民主管理可以说是当代大学生管理两个不可分离的组成部分，它们互为前提。只有高度集中，学生管理工作才有高效益，但也只有充分发扬民主，才能更有利于保证管理过程的高度集中。因此，大学生管理的集中化和民主化的相互关系在管理机构实际履行职能过程中得以体现，它在很大程度上预先决定着能否达到系统所要实现的目标。集中管理的主要任务是根据学生管理工作的特征，做出统一的管理战略决策。

在垂直联系的系统控制之下，常常是学校最高层领导人的责任范围不适当地扩大，他们不仅被授权做出管理战略方面的决策，还参与具体管理活动，留给他们处理重大问题的工作时间很少。随着学生管理系统的复杂化程度和管理信息的扩大，具有较强机动性特点的较低层次，尤其系一级的学生管理活动就日益具有更大的价值。

因此，集中管理与民主管理结合原则的意义就在于设置或调整学生管理机构时要使管理机构内部的权力和责任进行相应的重新分配，尽可能地把战略性职能和协调性职能与具体的管理活动分开，在形成或改造管理机构的过程中，适当调整不同层次机构在学生管理工作中的参与决策、实施管理方面的作用。而且，在整个管理机构系统内，除了建立健全决策、执行系统外，还要建有监督、咨询和反馈系统，使整个管理组织具有良好的控制能力。

集中管理与民主管理相结合的另一个意义是，在设置大学生管理机构时，要建立起符合民主原则的管理机构和管理制度。要充分发挥管理对象，即大学生本身在管理中的作用。过去有的学校对学生管理效果不佳的重要原因，就是没有遵循民主管理原则，把学生当成消极被动的管理对象，在工作中单纯采取限制、压制和惩办的手段。而要保证民主管理的实现，就必须通过不同的形式，吸收学生参与管理，使学生会和学生代表大会等学生自己的组织真正成为学生管理工作的有效监督系统和反馈系统，甚至在一些学生管理机构中也可以吸收学生代表参加。这样，形成大学生管理机构系统在集中领导下的民主气氛，使学生管理工作达到最佳管理效果。

（五）因校制宜的原则

大学生管理机构设置方式在不同的学校，由于其所处的社会环境，它自身的历史发展，以及学校的类别、任务、规模、条件、学生来源、领导力量、管理人员素质及校风、学风等各种因素的差异，不可能达到相同的管理效果。即使是同一学校、同一机构内，由于管理者的素质及工作作风的不同，也可能产生各具特色的、多样化的管理效果。因此，各校学生管理机构的设置，只能因地制宜，因校制宜，在统一要求下，从实际出发，实事求是，根据工作需要，研究设置管理机构。一般来说，中等规模的学校与小规模学校的机构相比，可能更需要一种完善的学生管理机构，至于大规模学校的机构则更应该从上到下地加以周密考虑。组织机构的设置，各校可根据教育部划定的大原则、大框架结合本校自身特点，进行慎重而周密的试验，总结经验，不断探索，逐步摸索出适宜本校并能达到最优管理的学生管理机构设置方案。

二、大学生管理机构结构的形式与机构的设置

从理论上可以归纳为"直线型""职能型""直线—参谋型""直线附属型""矩阵结构"等形式。目前，多数学校采用的是"直线—参谋型"或"矩阵结构"形式。

"直线—参谋型"的结构形式是把大学生管理人员划分为两类：一类是直线指挥人员，如校、系负责人，他们拥有对较低层次学生管理部门实际指挥和命令的权力，并对该组织的工作负全部责任；另一类是职能管理人员，他们是直线指挥人员的参谋，作为直线领导的参谋和助手，他们只能对指挥系统中下一级管理机构进行业务指导，而不能对他们直接进行指挥和命令。

"直线—参谋型"的最大优点是它的上下级关系很清楚。这种结构形式中的职能机构，是按照一定的职能分工，担负着学生思想、教学、行政、生活等方面的管理任务，职能机构通过各自分管的学生管理任务，对有关管理工作起着业务指导和保证作用。

具体来说，职能机构担负着以下职责：向领导提供有关情况和报告，提出建议和方案，供领导决策时参考；监督下级机构对上级领导的指示、命令和有关计划的执行、检查执行情况，以便更好地贯彻领导的指示和意图；协助各级领导，具体办理有关学生管理业务，为下级管理机构创造完成任务的保证条件，在业务上指导和帮助下级组织。"直线—参谋型"结构领导关系简单，能始终保持集中统一指挥和管理，避免了机构系统中多头指挥和无人负责的现象，因此，学生管理方面出现问题就可以一级找一级直到问题解决；同时，各级领导人员有相应的职能机构做参谋，可以充分发挥其职能管理方面的作用。但是，事物之间除了纵向联系外，还存在着横向联系，"直线—参谋型"的结构形式在实际执行中也有明显矛盾。

由于该结构系统的客观原因，在一系列组成单位中不得不分散管理职能，这样，当管理建立在把一切工作形式明确地独立出来和对职能有明确分配的时候，这种管理活动的每一个参与者就都能够明确目标。然而，虽然它们都是按照学校统一计划、统一部署进行工作，但由于分管不同业务，观察和处理问题的方法、角度各有侧重，彼此间往往会产生矛盾。此外，在这种结构系统中，垂直联系高于一切，解决与战略任务并存的、大量的具体管理问题的任务和权力聚积在上层，诸如，伙食问题、寝室问题等等具体问题经常压倒一系列长远任务，而且使在系统发展过程中所产生的新任务的解决发生困难。

因此，需要有这样一些管理机构，它们能较好地适合于学生管理系统发挥作用，在较特殊的情况下，能有效地协调各方面的职能，而"矩阵结构"管理系统就是这样一种结构。在这种结构范围内，不是从现有的隶属等级立场出发，而是集中在所有形式的管理活动整体化和改进这些活动形式的协调动作上。因为只有这样，才能创造条件有效地促进管理目标的实现。例如，为了加强对学生的思想政治教育及对学生的全面管理，为了开展评先奖优活动,在党委和校长领导下成立的学生工作委员会、奖学金评定委员会、毕业生分配委员会、群众体育运动委员会等等,都是按照专项分工,把各职能部门工作从横向联系起来,形成全校学生管理工作的矩阵组织结构。

矩阵组织结构的特点是:纵向的是"直线—参谋型"组织形式,按层次下达任务,各有关职能部门按其职责范围,分别按层次贯彻学校的学生工作计划;横向则是由职能部门抽人组成的,按其专项任务分工的组织,这些组织中的人同时接受职能部门的主管和专项主管的双重指挥。这些纵向的矩阵型结构有机地结合在一起,互相配合,对学生工作进行综合管理。

在这种结构形式下,原有管理结构仍然是完整的,但实质上,管理结构的权力关系和它的各个部门的职责却发生了变化,即把做出决定的责任和对执行情况的监督归为专项工作组织,而职能部门则从系统所要求的信息、管理工作的实施和其他方面来保证系统实现其管理结果。学校领导则可从一些非原则性的日常问题中摆脱出来,并可以提高管理结构的中间层、较低层次的灵活性和对解决问题的质量的责任感。

在具体机构设置方面,我国各大学的学生管理机构设置是多种多样的。传统的机构设置方式是党委、行政并行发展。有的学校在党委领导下设立学生工作部作为党委管理学生工作的职能部门,力图把学生管理工作统一抓起来。但由于学生工作部是党委分管思想教育的职能部门,不具备行政管理功能,因此,招生、学籍管理、毕业分配等具体的学生管理工作仍需由行政系统的教务处、人事处等负责,结果形成一场学生管理"接力",教务处负责把学生招进学校,然后学生工作部组织实施思想政治教育,最后人事处来进行分配。

有的学校则设立学生工作处作为分管校长下属的从事学生管理工作的职能机构,把学生从入校到毕业分配全过程的管理工作统一起来。但在目前我国高职院校实行的校长分工负责制体制下,设置学生工作处也未能解决思想政治教育与管理工作脱节的问题,而且有时还会以管理代替教育,削弱学生的思想管理工作。因此,有的学校直接采取学生工作部与学生处并存,甚至采取合二为一的机构设置方式。这样的机构设置,整体来讲,学生工作高度集中统一,思想教育与学生管理融为一体,工作效能比较高。但是,这种党政合一的机构设置也存在某些不合理因素,而且作为一个职能部门,试图把分散、多头的学生管理工作统一起来，在客观上仍然是较难做到的。

在最近几年，有的大学出现了由党委和校行政委派组成的一个专司学生工作的综合性机构——学生工作委员会。它的主要职责是对学生管理工作进行整体协调，对学生的思想管理、学籍管理、行政生活管理等管理工作进行决策，对学生工作的经验进行总结、交流、推广。在学生工作委员会下设办公室（或学生工作处）作为自己的办事机构，通过该办事机构使学生工作委员会这个综合性机构处于相对稳定状态，把各职能部门所承担的学生管理工作整体化，形成一个紧密联系的、封闭的管理体系。

根据这一指导思想，各系成立相应的学生工作领导小组，全面领导和协调本系范围内的学生管理工作，各年级成立由辅导员、班主任及有经验的任课教师参加的学生工作小组，协调本年级的学生管理工作。通过校、系和年级学生工作委员会和领导小组的作用，把传统的以纵向直线为主的管理系统，分层次地从横向上联系起来，形成学生管理机构的矩阵结构体系。部分大学经过实践，感到这种学生管理机构设置有以下四方面的好处：第一，符合简政放权原则；第二，学生管理工作有了一个强有力的统一指挥机构，整个学生管理工作的计划、实施、检查、总结成为一个体系，符合科学管理原则；第三，大大减少了管理上的一些不好现象，符合高效管理原则；第四，信息反馈比较灵敏且方向稳定。

学生管理工作委员会与职能部门固定机构相结合的大学生管理机构设置，在实践中表现出它的优势，很可能是我国大学生管理机构设置的发展趋势，如何充分发挥所设学生管理机构在新时期大学生管理工作中的作用，还有待于在管理实践中不断完善。

第二节　高职学生管理工作队伍的建设

高职院校不仅要有高效合理的管理机构，严密有效的规章制度，更要有一批精明能干的管理干部，依靠他们的积极性和创造精神去工作，有了这样几方面的完美结合，大学生的管理工作才能取得理想的管理效果。可以说，管理大学生一切工作的支撑点在于管理干部。最大限度地调动和发挥广大学生管理干部的能动性，形成目标高度一致的管理工作集体，组织以人才培养为中心的协调的、高效率的、有节奏的管理活动，是大学生管理工作的实质，其核心是建设一支素质高、结构合理、战斗力强的大学生管理队伍。

一、高职学生管理队伍建设的意义

1. 在管理的本质和职能的体现上，大学生管理队伍起着决定性作用。大学生管理是高等学校管理工作的主体，是从管理上保证高等学校完成培养"四化"建设合格人才的一项系统工程。它直接关系到学校的安定团结，关系到正常秩序的建立，关系到能否教育学生抵制错误思潮和不良风气，以建立良好的校风学风，促进学生健康发展，自觉成才。

高等学校学生应当具有坚定正确的政治方向，热爱社会主义祖国，拥护中国共产党的领导，积极参加社会实践，走与工农相结合的道路；应当具有为国家富强和人民富裕而艰苦奋斗的献身精神；应当遵守法律、法规、校规、校纪，有良好的道德品质和文明风尚；应当勤奋学习，努力掌握现代科学文化知识。这体现了社会主义大学生管理的本质，适应了社会主义政治、经济对大学生管理工作的要求。

然而，学生管理的社会主义方向能否坚持，管理目标能否实现，直接起决定作用的是管理干部。由于大学生管理是以人的集合为主的系统，其管理工作充满着教育的特点，因此，管理干部在学生从入学到毕业的在校阶段的学习、生活、行为的全过程中，发挥着不可替代的组织、领导、督促检查、控制、协调、指导帮助和激励、惩罚等方面的决定性作用。可以说，在学校这个培养人才的系统中，无论从诸因素的相互关系去分析，还是从各个工作环节去分析，作为以教育者为主体的管理干部，始终处于主导地位，涉及学生成长的一切工作是通过他们进行的，学校工作的成果，培养人才质量的好坏，归根到底也有依赖于他们。当前，随着改革开放不断深入，各种文化思想、新旧观念的冲突，造成了部分学生思想的不稳定，因此，加强科学管理尤为重要。而管理干部，特别是领导干部在体现大学生管理的本质和职能上起着决定性的作用。

2. 在学校人才培养目标的实现和各种教育要素的构成上，管理队伍起着骨干作用。学校工作应以培养人才、促使青年学生健康成长为中心。大学生管理的目的也在于全面实现高等教育的目标，概括来讲，就是提高管理水平，促进人才素质的提高，使大学毕业生能主动适应社会主义现代化建设需要。

　　大学生管理的基本要素有四个：一是管理对象；二是管理队伍；三是管理内容；四是管理手段。在四个要素中，虽然管理对象是管理活动的主体，但是开展管理活动的主力却是管理队伍。管理对象要靠管理队伍教育培养，管理内容要靠管理者去制定，管理手段要靠管理队伍去运用和改革。任何先进的管理手段，都只能作为辅助工具，不能代替管理队伍。

　　换言之，学校的一切工作，包括正常的教学、生活秩序的建立和维护，学生良好行为习惯的养成，严谨、科学、优良作风的培养，德、智、体诸方面的全面发展，都需要管理队伍去精心决策、计划、组织、指挥和控制。而且，随着国家建设的需要，高等学校培养人才的任务日益繁重，可以说是以往任何时期不能比拟的。而改革过程中新旧体制胶着对峙的状态导致不同社会利益矛盾大量存在，有的还趋于表面化，最突出的问题是形成了议论多的难点、热点。这些改革动态过程中出现的问题，无一不在社会的晴雨表——大学生身上反映出来，国内国外各种势力也都把自己的希望集结在大学生身上。所有这些都增加了大学生管理工作的复杂性和困难性，因此，时代对大学生管理队伍的要求也越来越高，大学生管理队伍在学校人才培养目标的完成上的作用也越来越重要。

　　3.在大学生管理规律的掌握和管理原则的贯彻上，管理队伍发挥着主导作用。管理队伍对管理的本质和职能的决定作用，以及完成管理任务时的骨干作用，都是管理队伍在大学生管理工作中的主导作用的体现，而发挥管理队伍在培养人才工作中的主导作用，又是管理过程中掌握管理规律和贯彻管理原则的需要。

　　管理过程是学生在管理工作者指导下认识客观世界的一种特殊的认识过程。在此过程中，存有多层次多方面的关系、矛盾、规律，而管理队伍与学生两方面的活动乃是管理过程中最主要的活动，发挥管理工作者的主导作用和调动学生自我管理的主动性和积极性乃是主要矛盾和主要规律。尽管管理过程中还有其他各种关系，诸如，思想管理、行为管理、智育管理、体育管理、美育管理方面的关系，管物与管人的关系，学生管理与教师管理的关系，管理者的素养与管理效果的关系，管理效果与管理者对大学生心理特点、思想特点认识程度的关系，以及宏观方面的学校教育和学生管理与外部世界的关系等，但是，这些关系、规律都是从属于管理过程的总规律的。为了正确地反映和掌握这些规律，实现一定的管理目的，管理工作者经过长期的探索，提出了一系列管理原则：诸如，为社会主义现代化培养合格人才的原则，实事求是、一切从学生实际出发的原则，系统综合管理原则，管理与教育相结合原则，民主管理原则等。

在这些原则中，发挥管理工作者的主导作用和启发学生的主动意识，与培养学生自我管理能力相结合应成为中心环节，而在管理工作者与学生这对主要矛盾中，管理工作者又是矛盾的主要方面，因为这些原则的贯彻归根到底还要靠管理工作者去发挥主导作用，还要靠管理工作者全面掌握和运用，进行创造性劳动，去启发学生配合管理，积极主动地按照德、智、体全面发展的人才标准进行努力。

4. 在改革开放时期，大学生管理队伍发挥着特殊作用。高等教育的培养对象不同于普通教育，大学生的生理特点和心理特点不同于中学生，他们的心理特点和思想特点是由他们所处的社会环境和他们的地位的变化、学习活动的变化以及生理变化所决定的，社会政治、经济乃至社会舆论和社会生活方式对大学生的影响是很直接、很密切的。

社会主义新时期的大学生管理工作已不是一般地培养良好思想、良好行为习惯，而且还担负着系统地向学生进行马克思主义教育，特别是辩证唯物主义和历史唯物主义教育，坚持正确的导向，不断提高学生的政治免疫力，努力创造良好的内部环境的重任。在加强对学生思想教育的同时，要严格大学生管理工作，使学生不断增强历史责任感。显然，在社会主义新时期的大学生管理工作中，管理工作者不仅在提高教育质量方面发挥着普遍作用，而且还日益显示出在学生成才导向方面的特殊作用。所有这些都充分说明建设一支各方面素质良好、战斗力强的学生管理队伍，是办好社会主义大学的一个重要措施。

二、高职学生管理队伍组织建设

目前，在我国高职中直接从事大学生管理工作的队伍主要由年级辅导员和班主任组成。年级辅导员大都由青年教师或少量高年级学生、研究生来担任，其中包括一部分专职从事思想政治工作的青年干部，班主任则全部由教师担任。另外，在校、系两级还分别有一部分干部专职从事大学生的学籍管理、行政人事管理和思想管理工作，他们分别在大学生管理机构中担任一定的职务或是作为具体的工作人员。

整体来看，从事大学生管理工作的这支队伍，熟悉业务、熟悉学校环境、熟悉整个大学生管理工作规律，熟悉学生生理、心理等方面的特点，而且有干劲、有热情，能积极开展学生管理工作的研究，在学校管理工作科学化、规范化、现代化等方面不断跨出新步伐，取得新成果。但是，从目前实际的学生管理情况和新时期国家对大学生管理工作的要求来看，这支队伍仍明显不适应需要。

高职的学生管理工作，除专职的学生管理工作者外，广大的业务课教师以及学校行政、教辅人员，也应是此项工作的承担者。不管教师或教辅、行政人员本人是否认识、是否承认，"教书"以及学校的其他管理工作都在起着"育人"的作用，都对学生思想品德、言行情操起某种规范、导向作用，这是不以人的主观意志为转移的客观规律。但由于各种原因，高职专业课教师中，能比较经常、比较自觉地管理教导的人还是少数，大部分人除了上课，其他管理、教育工作都推给了学生管理干部。由于高职学生管理工作队伍的力量是如此，也就不难理解高职学生管理工作为什么容易出现某种程度的宏观失控、微观紊乱的局面，也就不难理解大学生管理工作为什么多年来成为牵动全局的大问题。

加强专职学生管理队伍的建设，并不是简单地追求数量的增加。正确的方针应该是在保证相当数量基础上的少而精，使学生管理干部向这方面的专家方向发展。因此，要纠正过去那种认为学生管理干部只要能领学生劳动、打扫卫生就行的错误思想，要纠正把学生管理干部当成"万金油"的错误倾向，有必要对高职现有的专职管理队伍进行适当的调整充实，对一些政治上、思想上不合格以及部分能力偏低、难以胜任工作的人另行安排工作，把那些有事业心、有组织能力，政治觉悟高、业务好的同志充实到学生管理工作岗位上来。

同时，要积极从高职的学生管理专业、第二学士学位班中培养专职学生管理干部，从优秀的毕业生或研究生中选留有志于学生管理工作的同志充实管理队伍。加强专职学生管理队伍的建设还要求建立独立于专业教师外的专业技术职务晋升体系，大胆果断地破格提拔他们当中的优秀分子，放到工作第一线的关键位置上去锻炼，使他们从亲身的工作中体验到成长和进步，一旦这样的机制形成后，这支队伍就会越来越精，越来越强。

建立一支专职的学生管理队伍，能保证大学生管理工作的连续性、稳定性。但是，学生管理工作是多因素、多序列、多层次结构的综合体，与过去相比，管理的内容和形式都发生了很大的变化。可以说，一个学校，只要有学生，就有管理工作。无论从时间角度，还是从空间范围而言，学生管理工作无处不在、无时不有。显然，学生管理任务单靠少数专职管理人员是很难完成的，因此，必须建设一支宏大的兼职学生管理工作队伍。

所谓兼职学生管理工作队伍，主要是指由专业教师或其他职工兼任的年级辅导员、班主任、学生导师，一般做法是从本校教师中，也可从研究生或本科高年级学生中以及学校其他政工干部或管理干部中选拔聘任。教师兼职从事学生管理工作，不但是因为他们与学生有天然的师承关系，对学生有较大影响力，而且他们在与学生的接触中，能及时准确地掌握学生的思想、情感、个性等方面的变量，可以从管理的角度给学生指点方向。因此，把学生的教育管理工作渗透于业务教学之中是完全可行的。

高等学校职工，尤其直接接触学生部门的职工，在某种意义上都是大学生的管理者。这些职工若都能配合学校的管理目标，从各自的工作实际出发，协助做有关的学生管理工作，那就会使管理队伍在更广阔的领域得到延伸，使其成为学生管理工作的新"能源"。

现在关键的问题在于，高职必须用政策去调动广大专业教师和其他职工兼职从事学生管理工作的积极性，调动他们教书育人、管理育人的工作热情。因此，高职必须在具体工作中，真正体现出在工作的评估、职务的聘用上，把是否兼职从事学生管理工作，以及是否教书育人、管理育人作为一个硬性指标，既有定性的评估，又有量化的考核，以此激励广大教职工积极投身到学生管理工作中去。

加强大学生管理队伍的组织建设，还意味着要加强有着浓厚学术性的学生管理、咨询、研究力量的配备工作。这些工作既要面对学生中涉及的政治、历史、人生观、价值观和精神卫生、行为规范的问题，又要为学校领导做好调研工作，起到某种智囊团的作用，即通过他们自觉地用党的方针政策、用教育理论和教育科学衡量学生管理工作，促使学生管理工作科学化，并经常研究学生管理工作的周期性、规律性，促使学生管理程序规范化，以取得最佳管理效果的方法来改进管理过程。这一方面的力量主要应来自有相当理论基础的教师和有丰富学生管理经验的专任干部。

三、高职学生管理队伍制度建设

高职学生管理队伍制度要求为大学生管理工作的高效、高质开展提供了人员、队伍方面的保证,可以说,它完成了大学生管理队伍建设方面的"硬件"建设。但是,一支优质的大学生管理队伍,还要靠不断提出新的要求,制定工作规划,进行组织培养,才能不断提高管理队伍的思想水平、管理能力和学术水平。因此,必须加强大学生管理队伍建设方面的"软件"制度建设。

长期以来,许多地方和学校对大学生管理队伍的制度建设并未给予足够重视,认为有没有制度都可以工作。因此,在学校里普遍存在大学生管理干部定编紧、补缺难、提升慢、待遇差的状况。而且,大学生管理工作缺乏明确的工作目标和职责范围,人们往往把任何与学生沾边的工作都推给大学生管理干部承担,结果造成工作任务分配不均衡。学生管理干部整天忙于应付各种差事,很难集中主要精力研究如何改进、提高学生管理工作。

为适应新形势对大学生管理工作的要求,必须确立大学生管理队伍的职责范围,建立有关规章制度,使大学生管理队伍建设规范化和科学化,使大学生管理工作在最有效的、最可靠的、最佳的状态下进行。

大学生管理队伍的制度建设包括的内容有:大学生管理干部工作岗位责任制度、大学生管理干部工作评价监督制度、大学生管理干部的晋升考核制度、大学生管理干部的培养进修制度、大学生管理干部的淘汰制度等。这些制度中,工作岗位责任制度和评价监督制度必须首先明确。

（一）高职学生管理队伍的岗位责任制度

大学生管理队伍的工作岗位责任制度就是把学生管理工作的有关规定、要求、注意事项具体落实到每个管理者的一种责任制度,它使得每个管理工作者都有明确的分工和职责,并可为评价每个管理工作者的成绩提供依据。

各层次的大学生管理队伍的工作岗位责任可大致划分以下几项,具体内容如下。

校学生工作管理委员会主任肩负着统一指导和协调全校学生管理工作的重任,他要根据学校党委和行政学期工作计划,制订全校学生工作的学期计划,同时在学期内根据不同年级的不同特点,对阶段性的学生管理工作进行组织、安排和实施；定期分析学生思想动态，为党委和校长对学生管理工作的决策提供准确的材料；安排全校学生管理干部培训，并与人事处一起组织和落实学生管理干部的专业职务评定工作；根据全校学生管理工作的总体要求，协调全校各部门学生的思想教育、后勤服务、学籍管理等工作。

校学生工作委员会办公室（或学生处）主任在学工委领导下主管全校学生行政管理和思想教育工作。根据学工委的决定协调有关管理机构的学生管理工作，并积极配合、组织和检查基层学生管理工作；负责奖学金、贷学金的管理、评定、调整和发放；主管招生和分配工作；协助教务处进行学籍管理，办理退学、休学、复学和转学手续；检查和维护教学、生活秩序和纪律；统一处理学生来信及来访工作；掌握全校的学生统计工作。

系学生工作组组长在系党总支和系主任领导下，组织实施学生的学习活动和学生管理；认真组织和安排好政治学习和形势教育任务；抓好学生中党团的思想建设和组织建设；指导和支持年级辅导员、班主任开展工作；协助班主任做好学生操行评定、"三好"评比工作和毕业生分配工作，并努力掌握学生思想特点和发展变化规律，探索学生管理工作的经验。

年级辅导员负责统筹本年级或本专业学生日常思想政治教育和有关的学生管理工作，在系党总支领导下，组织好年级学生的政治形势教育、新生入学教育，以及学生在劳动、实习、军训、毕业分配中的思想政治教育工作；负责协调安排本年级学生的社会实践及课外公益等活动；根据本年级具体情况，制订学期工作计划，指导、检查班级计划实施情况；对学生的升留级、休学、复学、退学、奖惩、奖贷、品德评定、综合测评、毕业分配等工作提出具体意见；开展对工作对象、任务、方法等课题及理论的科学研究工作。

班主任是学校委派到班级指导学生学习，负责学生管理工作，并配合党团组织和年级辅导员开展学生思想教育和管理工作的教师。班主任要坚持四项基本原则，用爱国主义和共产主义思想教育学生；引导和督促学生、指导班级开展各种学习活动，帮助学生改进学习方法，不断提高学习效率，并起好教与学之间的桥梁作用；全面了解和掌握学生情况，做好本班学生的品德评定、德、智、体综合测评，评定奖学金、贷学金、困难补助、年度鉴定及毕业生鉴定等工作，做好班干部的选拔、培养和指导工作；指导学生的课余生活，加强学生的集体观念，培养团结向上的好班风。

导师由忠诚于人民教育事业、责任心强、品德高尚、教学经验较丰富、学术水平较高的讲师以上教师担任。导师工作侧重于学生专业学习的指导和学术思想的熏陶，兼顾思想政治教育工作，努力把思想政治工作深入专业学习的全过程，在对学生专业学习启发指导的同时，进行思想政治上的疏导；发现和推荐优秀学生，并向系提出破格培养的建议；全面关心学生，每年对所指导的学生进行考核，写出评语。

在建立具体的岗位责任制度时，应详细说明某一职位的大学生管理干部在任期内必须开展的工作有哪几方面，每一项工作要达到什么程度。而且，这些内容必须是有实践基础的，必须切合实际。

（二）高职学生管理干部的评价监督制度

开展大学生管理干部的评价监督具有多方面的作用：首先，确定大学生管理工作的质量标准，建立科学的评价指标体系；其次，评价监督制度能使大学生管理干部找出差距、增强自我调节的机能，在优化整个大学生管理工作的同时，发挥自己的特长和优势，努力创造出管理工作的新水平；再次，它能调动大学生管理干部的工作热情，促进职能部门之间的竞争，有力地调动大学生管理干部的积极性；最后，实行评价监督制度能够为决策机关在决定管理工作者的职务晋升、薪金（包括奖金）调整、人事调动时提供科学合理的依据，避免凭个人印象决定、论资排辈依次轮流等不合理做法，从而提高大学生管理干部的工作积极性。因此，无论从加强管理队伍建设方面，还是从强化管理工作者的素质、能力和工作责任感方面，都必须积极开展管理队伍的评价监督工作。

开展大学生管理干部的评价监督工作，最关键的是建立有量和质概念的管理工作评价监督体系。一般而言，建立该体系应遵循以下几条原则：

1. 方向性的原则。评价干部的目的在于促进大学生管理工作的规范化、科学化，引导大学生管理干部立足现象，顾及长远，为培养社会主义建设所需的专门人才这一总目标高速、高效、高质地工作，力争大学生管理工作的最优化。

2. 可比性的原则。即评价的对象及其评价项目的确定必须有可比性，使评价项目有着基本相同的基础和条件，使各人之间可以按评价项目进行量和质的比较；同时，评价指标本身要尽可能量化，以期在更细的程度上求得同质和可比。对难以量化的指标则进行定性评议，使定量评价和定性评价有机结合起来，从而尽可能真实地反映出一个人的工作状况。

3.科学性原则。评价指标体系应能客观、真实、准确地反映各管理干部工作现状、成绩和水平。各级管理干部的管理工作相对独立而复杂，如年级辅导员，其工作范围非常广泛，建立指标项目不可能面面俱到，只能抓辅导员职责范围中的主要工作和集中反映辅导员工作成绩和水平的重要环节。

4.可行性原则。大学生管理干部工作评价指标体系应在不妨碍评价结果的必要精确度和可能性前提下，尽可能做到简要明白，简便易行，从而便于评价人员掌握和运用。

根据上述几条原则即可制定出一份与大学生管理干部岗位责任制相符的、定性定量相结合的、侧重于定量的评价指标体系，并要求各层次干部按其职责和评价目标开展工作，尽职尽责地把工作做好，这是开展评价活动的出发点和最终目的。

第三节　高职学生管理工作者的素质研究

一个学校，能否把学生培养成为充满朝气的，有开拓和创新精神，德、智、体、美、劳全面发展的人才，在很大程度上取决于各级学生管理干部的素质。高职需要那些能够遵循教育规律，按照党的方针政策办事，熟悉大学的教育、教学活动和学生思想状况，具有一定马列主义素养，掌握一定的专业知识、管理知识、教育管理知识，作风正派，处事民主，事业心和责任感强，大公无私，富有创造精神、科学精神和自我牺牲精神的德才兼备的管理工作者来进行管理。因此，必须大力加强学生管理队伍的素质培养，努力建设一支思想过硬、作风扎实的科学化、高效率的学生管理队伍。

一、大学生管理工作者素质修养的重要性

随着社会政治经济环境的不断变化，不仅引起了人们经济生活的重大变化，而且也引起人们生活方式、思维方式和精神状态的重大变化。这些变化促使高职学生管理系统中两个活跃因素——管理干部和青年学生空前地活跃起来，形成了管理活动中最有生机而又不甚稳定的因素。

随着现代科学技术文化的迅速发展，诸如，网络等社会传播媒介的作

用不断加强，高职学生管理活动也将受到越来越大的冲击。在这种形势面前，若只用传统的管理思想、管理方法、管理手段去进行经验管理，势必会遇到不可克服的矛盾。因此，高职学生管理工作者必须加强素质修养，完善自己的知识结构，更新工作理念，改进工作方法，以提高管理效果。

1.大学生管理工作是培育人的工作，必然要求管理工作者首先具有较高的素质修养。高职的根本任务就是为社会主义建设培养大量德、智、体、美、劳全面发展的人才，毕业生将成为社会主义建设各条战线上的骨干力量，他们的政治思想素质、精神状态将决定国家和民族的未来。大学生管理工作者和教学工作者一样都肩负着重要的使命，广大管理工作者必须善于研究学生思想和行为的活动规律，既要善于掌握学生共有的思想活动规律，又要了解不同学生不同的思想活动规律；既要了解学生共有的心理活动，又必须了解不同学生千变万化的心理活动，并根据学生思想和心理活动的共性和特性，有的放矢地开展管理、教育工作。

显然，大学生管理工作比一般管理工作复杂得多，也困难得多，它必然要求学生管理干部有较高层次的素质修养。如果他们的水平跟不上实际需要，他们在学生中的威信就不会高，工作也将难以开展。任何管理工作都需要特殊本领，有的人可以当一个最有能力的革命家，却完全不适合做一个管理人员。要管理就要内行，就要精通生产的一切条件，就要懂得现代高度的生产技术，就要有一定的科学修养。一个好的业务教师不一定是个好的管理干部，而一个好的管理干部必须是一个好的教师。因此，管理工作者一方面要进一步提高对管理工作的认识，下决心选拔品学兼优的毕业生和业务教师来充实管理队伍；另一方面管理工作者要加强素质修养，努力学习掌握自己所从事工作必需的科学知识和业务知识，并逐步精通、掌握其客观规律，成为学生管理工作的专家。

2.学生管理是个"言传""身带"的过程，必然要求管理工作者全面加强素质修养。在学生管理工作中，"言传"是很重要的，如果没有马克思主义的基本理论和党的教育方针，以及有关大学生管理制度、规定的宣传、教育，就不可能有学生的自觉的规范行为。

但是，大学生管理系统作为"人—人"管理系统，与"人—机"系统的根本区别在于，它的工作对象是一个个有思想、有个性的朝气蓬勃的青年人，青年人的特点是都愿意获得教益，"身教"重于"言教"。如果没有管理工作者的率先垂范，身体力行，"言教"就成为"说教"，就不可能有多大的效果。

因此，学生管理工作者不仅要具有较高的思想理论素养，而且还要有良好的作风和品德修养，在这些综合素养基础上形成自己的人格魅力，来吸引学生、教育学生，真正使自己既是教育者又是实践者，从而达到良好的管理效果。

由此可见，一个十分注意自己的思想意识和道德品质修养，注意理论学习和吸收新的知识，不断地改造自我主观世界，不断完善自我知识结构，不断改善管理工作方法的人，必然是一个深受广大学生欢迎的、卓有成效的管理工作者。

3. 新形势、新环境下的学生管理工作，必然要求管理工作者的素质修养具有时代精神。应当承认，在改革的时代，许多新的管理内容、管理形式和管理方法，在还没完全学会的时候，实际生活又为我们提出了许许多多新的理论、新的问题需要去探索。管理者的管理对象也在发生变化，现代的大学生较以前年代的学生来说，他们的政治素质、文化水平、专业知识正在不断地变化和提高，他们对社会生活的介入越来越深，他们的思想、观点及成果同社会进步、国家兴衰有着至关重要的联系。因此，这种情况给大学生管理工作带来了一定的难度，需要他们进一步加强管理的预见性、警觉性、原则性、示范性，需要更新观念，跟上时代，增加知识，提高本领。

目前，党和国家要求大学生管理工作要联系实际，要渗透到专业教学中去，使行为规范化成为学生的自觉行为，要和思想教育紧密结合，要努力创造一个和谐、健康、向上的育人环境，要有处理突发事件的能力等，所有这些，都使大学生管理工作具有很大的开拓性。毫无疑问，这对大学生管理工作者的素质修养提出了更高的要求。

应当说，大多数学生管理工作者是具有良好的素质修养的。但是，即使是对马克思主义理论已经了解比较多的，无产阶级立场比较坚定的人，也必须要再学习，要接受新事物，要研究新问题。提高素质修养是永无止境的，大学生管理工作者要以一个日益发展的现代世界为坐标来看待人们素质修养的提高，要及时调整工作姿态和知识结构，及时而科学地吸收人类创造的精神文明，使自己具备自我调节、变革自身的能力，不断地进行素质结构的新陈代谢，具有强烈的时代精神，在提高学生的思想、政治、文化素质方面积极地发挥应有的潜能作用。

二、大学生管理工作者提高素质的基本途径

加强学生管理工作者的基本素质培养，不仅是个人修养问题，而且还直接关系到这支队伍的管理效果和威信。因此，提高学生管理工作者的素质修养，是高等学校的一项长期任务，也是加强学生管理工作，更好地培养"四有"人才的当务之急。

要提高学生管理工作者的素质，使学生管理工作提高科学化水平，除了需要管理工作者本人勤于读书，勇于实践，善于总结，不断追求素质的自我完善外，更需要各学校从战略高度认清提高学生管理工作者素质修养的意义，积极探索能达到目的的有效途径。

（一）开展全员培训

学生管理工作涉及因素很多，是一个复杂的大系统。要完成这种具有强烈的科学性和探索性的学生管理任务，学生管理工作者的素质从总体上说，就不能仅仅具有文化知识和一般的管理经验，还应具有相当高的管理科学、教育科学以及有关学科的理论素养，具有一定的科学研究的实践锻炼，具有一定的调查研究、系统分析、理论研究的能力。

要想提高大学生管理工作者的素质，必须通过全员培训的途径，对在学校中从事学生管理工作的干部，不论何种学历、职务、年龄、职别，不论在何种岗位，都要无一例外地进行管理素质的培养、提高。首先，全员培训包括上岗前的基础培训，这是为取得学生管理岗位资格服务的；其次，经过一段管理实践之后进行人员的培训，以便从广度和深度两方面增加管理业务知识，进一步提高管理水平；最后，是研讨性的培训，主要用以解决知识和理论的更新问题，通过研究讨论，促进学生管理工作者素质的提高。

（二）应用理论学习与研究实践相结合的方法

理论学习与研究实践相结合的方法，要求学校一方面能提出学生管理工作中需要探索研究的课题，鼓励广大学生管理工作者踊跃选择课题，组织立项研究，并对立项研究的课题提供必要的理论书籍、文献资料，为学习有关理论创造必要的条件；另一方面，制定学生管理改革的研究立项和研究成

果的评审、奖励制度，在评定优秀成果时，要审查其立论的理论依据以及理论飞跃的科学性，以此激发广大学生管理工作者有针对性地学习有关科学理论的积极性。另外，还可经常开展理论咨询、讨论等多种活动，组织学生管理工作者分析学生管理过程中出现的实际问题，总结实践经验，进行理性概括。这样，就有可能通过研究实际问题提高学生管理工作者的理论修养和各方面的素质水平。

（三）加强考核制度，实施奖励政策

对学生管理干部要定期考核其管理知识和相应的专业知识，考核其管理工作的技能和管理实践能力，形成其不断提高自身素质修养和管理水平的外在压力。对于一些在学生管理岗位上进行学生管理研究并取得成果，同时在管理实践中做出成绩的同志，授予相应的技术职务。对干部晋升，不仅依据其已有的工作成绩，而且还要有高水平的综合素质修养要求，并以此来测定和推断其对新的重任所可能承担的最大系数。对在学生管理领域的研究工作中取得显著成绩和优秀成果的管理工作者，应与取得其他科研成果的工作者同等对待，给予相应的表彰和奖励。

三、大学生管理工作者的素质要求

（一）具备思想政治素质

这是高职学生管理工作者应该具备的最基本的素质，具体包括以下几个方面：

1.立场问题

所谓立场就是一个人在观察和处理问题时所处的地位和所抱的态度。学生管理工作者所从事的大学生管理工作是培养人才的工作，是一项政治性很强的工作。因此，学生管理工作者必须坚定地站在无产阶级立场上，忠诚党的教育事业，全心全意为人民服务；必须在思想上和政治上与党中央保持一致，做好学生的教育和管理工作。

2.思想观点

它与立场是统一的，一定的立场决定一定的观点。只有确立坚定的立场，才能更好地去观察、研究和解决问题。这就要求其必须树立正确的思想观点，坚持全心全意为人民服务，以党的群众路线为基本观点，这是做好学生管理工作的可靠的思想前提。

3. 政治品质

其主要表现是：忠于党和人民，在任何情况下，坚持革命原则，对人对事不带个人成见，不以个人好恶为转移，襟怀坦白，光明磊落。有没有高尚的政治品质对于学生管理工作者来说不仅涉及个人的组织性修养，也直接关系到能否按党的政策，把广大学生的好思多学的积极性引导到正确的轨道及团结到党的周围。

4. 政策水平

主要指认识党的政策、理解党的政策、执行党的政策的水平，就是能够按照党的政策结合学生实际情况正确区分和处理不同性质的矛盾，正确区分政治问题、思想意识问题、认识问题和一般学术问题的界限，有效地做好学生管理工作。

（二）具备知识素质

学生管理工作既有理论性又有实践性，管理的对象又是具有较高文化素质和丰富知识的青年学生，因此，大学生管理工作者在总体上必须有相当高的知识水平。具体来说，学生管理工作者的知识素质包括以下四个方面：

①马克思主义的理论基础。高等学校是各种政治思想、学术观点集中反映的地方，当代大学生往往又具有思想活跃、勤于思考等特点，他们愿意接受真理，但服理不服压，他们涉猎的知识面比较宽，但由于受社会阅历等限制，政策水平、理论修养、判别能力较低。

因此，学生管理工作者只有努力学习马克思主义基本理论，"不惟明字句，而且得精神"，自觉而牢固地以马克思主义的立场、观点、方法去指导管理工作，才能在各种思想观点面前目光敏锐，明辨是非，站稳立场，也才能引导青年学生坚持四项基本原则、坚持社会主义的改革方向。

②学生管理方面的知识。要掌握一些管理的科学与艺术，掌握管理的技术和方法；要了解教育学、心理学、社会学等学科的知识，使自己具有决策、计划、组织、指挥等实际管理能力；强调管理方面的专业知识，就是要求"行管理"。

学生管理工作者应努力学习，提高自己管理专业知识方面的基本素质，提高自己的管理才能，逐渐使自己成为合格的管理者。

③尽可能地了解与学生专业有关的基础知识，掌握教学规律。有条件

的还可兼任一些教学工作，如"两课"的教学或专业课的教学，从而有利于学生管理与业务学习有机地结合起来，并建立威信。

④与学生兴趣、爱好有关的知识，如文学、史学、艺术、体育等学科知识。当代大学生喜欢从一些人物传记、格言和文学艺术作品中找到自己的影子和楷模，学生管理干部运用这些东西可帮助学生加深对问题的理解，也能与学生有更多的共同语言，使管理工作更有成效。

（三）具备能力素质

这是指以马克思主义为指导，运用各种知识，独立地从事管理工作，开拓前进，解决现实问题的本领。对大学生管理工作者来说，他们的能力素质，最集中地体现在管理能力上。在复杂的环境下，这种管理能力在两方面表现得十分突出，具体如下：

一是综合能力。管理工作者面对的是为数众多、情况各异的大学生。这些大学生由于家庭环境、个人阅历、政治面貌、品质性格、志趣爱好以及年龄上的差异，他们对社会、学校、家庭等各种事物的反映也就不同，从而构成了千差万别的思想，并在学习、生活等方面反映出来。

二是分析研究能力，包括调查研究能力和理论研究能力。调查研究能力主要指深入学生之中，掌握第一手材料，经过分析和综合研究，全面掌握大学生情况的能力。理论研究能力主要是指结合实际工作独立进行分析研究，并使之上升到理论的能力。通过研究，找出管理工作的规律性东西，以推动学科的发展，指导管理工作。

（四）具备道德素质和性格修养

大学生管理工作者具备高尚的道德素质和良好的性格修养，不仅对做好管理工作本身大有益处，而且能够对青年学生产生教育作用，且其意义更为重大。学生管理工作者必须能为人师表，要谦虚谨慎，勤勉好学，实事求是，作风正派，办事公正，吃苦在前，享受在后，待人热诚，举止文明，从他们的言行中，广大青年学生就能汲取良好道德品质的营养。

高职学生理论水平较高，认识能力较强，他们对管理者的工作有相当的评价能力，从这种意义上说，学生管理工作者经常处于被彻底剖析、被严格监督的地位，经常会听到严肃的批评意见，有时也会产生歪曲的评价，因此，管理工作者只有胸怀坦荡，宽容虚心，才能增强管理工作能力。

第四章 高职学生管理的制度

第一节 高职学生社区化管理与宿舍管理

一、高职学生社区的内涵及社区化管理产生的背景

（一）高职学生社区的概念

随着我国高职改革的进一步深入，以寝室为单位的学生社区的地位日益突出。学生社区是社区概念在学校管理中的反映，学生社区是大学生在校学习、生活、休息的基本活动场所。社会学研究表明，社区首先是一种地域上的存在；其次，它的实质是人的聚居与互动，就第一层意思而言，社区的特点是居民的共同居住；第二层意思则表明社区具有文化功能。学生社区也是一个社区，就一所高职而言，它指这所高职的所有寝室和周边环境（学生公寓）以及这种环境所能达到的最大的育人功能。

（二）高职学生社区的内涵

与社区概念相对应，这一概念也包含两个内容，一是指区域环境；二是指文化功能。区域环境即是指：一方面，学生社区是校园的区域组成之一，是校园内的地理分区，是学生的居住区；另一方面，学生社区也是学校的一个重要管理区，就社会组成结构来讲它，是组成学校管理的结构之一，学校与学区存在某种程度上的隶属关系。不过，在完全学分制实施的背景下，学生群体间专业、班级甚至年级的界限日益模糊，作为学生的居住区其地位也应随之上升，以满足学生以居民身份与学校以及相关社会机构进行实质性对话的要求。文化功能更多地表现为社区人文环境与居民生活的相生相融，成为社区居民接受文化教育的主要阵地；学生社区在文化功能上还要承担更多的责任，要确保"文化为了教育，教育为了学生"，它具有更加鲜明的目

标和内容指向，高职学生社区的主要功能，就是要使学区成为高职德育工作的一个有效的有机环节。它承担的主要任务是为未来社会培养合格的社会公民，从社区角度出发，即要培养适应社区生活，与社区和谐相处的居民。一个社会的现代化归根结底是人的现代化，是人的意识和人的才能的现代化社区作为社会构成的单元部分，它的现代化更离不开其居民即社区成员意识的现代化。因此培养具有社会意识的现代人必然成为现代教育的任务之一。学生社区作为社区的特殊形态，同样要求其居民（学生为主体）以社区理念处理社区事务，从这一角度讲，学生社区承担向居住其间的不同年龄、不同性别、不同生源、不同专业的学生灌输现代社区意识，将其培养成为积极参与社区事务、能适应并完善未来居住环境的合格居民的任务。因此，学生社区更像一个准社区，就如同学校向各行业输送人才一样，它负责向未来的社区输送高层次的居民。

由此可见，区别于城市一般社区和农村社区，学生社区是附属于学校的，由定期流动的学生和相关管理人员组成的，在具备相应的物质功能同时，还应形成其相应的育人功能的一类特殊形态的社区。它不但有显而易见的区域含义，同时也具有育人的功能，即通过整个学生社区成员（主要指学生）的积极参与和依靠学生社区的创新精神来完成其育人功能，同社区一样，"学生社区"一词也有一种温暖的劝说性的意味，它是一种情感力量，让学生具有对物质环境的归属感。在同一学区里，不同学生的关系建立在相互依存和互惠的基础之上，这种互惠和相互依存是自愿的、理性的，是通过自主参与实现的，学生参与是学区存在的反映，只有通过学生参加，才能使学生的多样性以及他们归属学区的不同方式具体表现出来。

（三）高职学生社区化管理产生的背景

第一，中国高等教育现代化和国际化发展趋势需要一种符合高职学生教育管理的新模式。为了克服高职持续扩招带来的后勤设施不足，中、高职借助西方国家高职后勤社会化的管理体制，或引进社会资金，或集资联建，或贷款与集资相结合，大力兴建学生公寓，并推行了后勤社会化管理，较稳定快速地解决了学生的住宿、餐饮、娱乐等一系列学习、生活、文化活动设施存在的经费短缺的问题。但后勤社会化却带来高职管理的"二元化"问题，即对学生的学习实行的是与西方高职不同的传统教学行政管理，而对大学生的生活却推行了类似西方大学的社会化管理，在教学计划行政管理与社会化管理事实上存在着"两个体系"。高职学生工作面临的挑战是：怎样将"行政管理"与"社会化管理"两个体系合二为一，从而达到对学生人格的教育的统一。在这种新情况下，高职院校实行社区化管理势在必行。

第二，中国高等教育改革和发展不断深化需要改革传统管理模式。面对高等教育的改革和发展的现实情况，尤其高职学分制改革的逐步深化，传统的班级概念趋于淡化，以班级作为思想政治教育基本组织形式和主要工作渠道的情况正在改变，社区越来越成为大学生学习、生活的重要场所。

同时，随着高职后勤服务社会化步伐加快，学生社区的环境氛围、社区的文化设施和社区管理服务的质量如何，以及社区管理模式怎样，这些对传统的高职学生工作提出了新的问题。因此，高职社区化管理被提上了议事日程。高职学生社区化管理是适应高等教育改革与发展的时代要求。

第三，适应学生群体特征，加强和深化高职思想政治工作，需要一种更切合实际、具有实效的教育管理新模式。高职学生思想政治工作者，必须根据变化了的情况，及时调整工作思路，做出应对之策。面对高等教育的日趋现代化和国际化，特别是教育教学改革的不断深化，高职改革向纵深发展的新形势，高职学生社区管理如何坚持社会主义办学方向，如何坚持姓"教"的宗旨不动摇，是一个值得认真研究和探索的重大实践课题。近年来，很多高职在开展党建与思想政治工作以及日常教育管理工作方面，与时俱进，不断创新，探索出了一条符合形势发展要求和高职院校实际的学生教育管理新路子，即高职学生社区化管理。高职学生社区化管理是加强和深化新时代高职学生思想政治工作的需要。

二、高职学生社区化管理取得的成效

实践表明，实施学生社区化管理不但可以较好地应对高职后勤社会化改革与教育教学改革给高职学生教育管理带来的新机遇、新挑战、新任务和新问题，而且使学生党建与思想政治工作的着力点更明确、体系更完善、育人机制更健全，对学生的教育管理成效也更明显。其主要作用表现在：

（一）能够增进各学校、各级组织与学生之间的交流和情感联系

近几年不断出现的学生与学校间的法律纠纷一度成为整个社会关心的热点问题，专家指出发生这些问题的一个很重要的原因是学生与学校之间缺

乏必要的平等的交流与沟通，因此引发出学生、家长、社会与学校之间的诸多矛盾。而社区化管理改变了师生以前对社区化管理改革的消极认识及评价，通过政工人员和学生社区中的党团组织机构与心理咨询机构的工作，缩短了学生与组织间的空间距离和心理距离，进一步体现出思想政治教育应具备亲和力和感染力的特点，师生之间、学生与组织之间、学生与学校间的关系也更加自然和谐。

（二）服务和成才育人环境将更加优化

在以社区党总支为核心的管理体系中，综合利用好各种服务机构，加强统一指导，能为学生的成才提供一个更加完整、科学、有序的体系和空间，使社区的管理和服务更加快捷、完备。社区化管理可以科学整合各种资源，增强教育管理合力，在社区管理体制下诞生各种健全、富有活力的社团组织，为社区创造了丰富多彩的科技文化氛围，为学生素质的拓展提供了更加立体的空间，对学生个体知识结构的完善、个性的培养和素质的拓展发挥了积极作用。从管理和经营角度提出社区的统一管理思想和教育理念，为学生的成才和教育机构的育人提供了更加优化的内外环境，能够有效保证高职连续扩招后教育管理质量和学生素质的稳步提高。

（三）更加有利于贯彻"以人为本"的管理理念，更加优化育人效果

社区化管理营造出了以人文素质、健康成才教育等为主要内容的德育氛围。在这个氛围中，学生真正成了学校服务的对象和主体，自始至终坚持把学生的成才放在第一位。如果要在整个教育过程中真正地贯穿这一主旨，就必须为学生的成长与发展提供良好的物质条件，在此基础上创造良好的"求知、求真"的学术氛围，营造出一种以人文素质、健康成才教育等为主要内容的道德文化育人氛围，给予学生一种积极的引导，使学生在良性的德育氛围的感染熏陶下主动去锻炼、提高自己，最终培养学生良好的生存适应能力。

三、高职学生社区化管理的理性思考

（一）高职学生社区化管理面临着机遇和挑战

全面实施学生社区化管理已经迈出了我国高职学生思想政治工作中具有代表意义的一步，在国内各高职先后进行的各种形式的理论研讨和实践探索，解决了部分理论和操作问题。但是全国高职地域分布广，地域和办学特

色不一，教育环境和教育条件参差不齐等因素决定了任何一种管理模式的完善都要经历一定的过程。社区化管理在实践探索过程中仍存在许多具体挑战，表现在以下几个方面：

第一，内部机构关系和运作方式尚欠科学和完善，构建并处理好教育、教学、招生就业三大平台之间的关系，需要进一步处理好教学管理与教育管理、社会化服务管理与教育教学管理之间的关系，科学分析和分配学生教育管理平台内部机构间的权重等。

第二，对实施学生社区化管理的后继问题重视程度和研究不够，前瞻性理论探索较少。例如，随着改革的进一步深化，政治、经济、社会、文化、教育等诸多方面将会出现许多新的变化，学生社区的管理如何适应这些变化？对这样的问题就缺乏研究。

第三，急需提升学生社区的价值，即使学生社区在学校机构设置、运行体制、社会效益、育人过程中体现出更大的效度和影响力。

第四，在跨省（市）大学城和同省（市）多所大学集聚的大学城，存在着学生社区管理不统一的问题。由此可能导致一些不稳定因素从管理的薄弱环节滋生，有可能酝酿成影响全局稳定的因素。

（二）优化高职学生社区化管理的对策

高职学生社区化管理无论是作为高职适应社会发展还是内部区域管理，抑或对学生进行方向性教育的过程之一，都有着十分重要的现实意义，应如何在现有的基础之上展开这方面的建设呢？

第一，借鉴国内外高职学生教育管理模式，不断加强实践探索和理论创新。传统的学生工作观念一直轻视寝室的育人功能，将寝室当作完全的物化性存在，因而在实际工作中只重视学生对生活环境的维护与保持，没有自觉地发挥学生寝室作为学校育人工作环境之一的应有作用。同时，由于工作视角单纯停留于单个寝室，而未能将以寝室为单位组成的学生社区纳入视野，我们也很少注意学生社区育人功能的发挥。再者，如前文所说，学生社区不仅有区域概念，同时也具有育人功能，然而由于这一功能的隐性特征，我们未能加以准确地把握。以上种种观念观点误区导致我们未能认真地思考学生社区的作用，自然不会进一步去考虑如何建设好学生社区了。

在高职院校，学生的专业教育一般由各个教学系（院）来完成，学生的思想政治工作则由学校和学院具体的学生工作机构来完成，学生的物质生活需求由后勤部门来满足，而对学生进行未来生活训练，培养其成为遵守社区规范，具备相应社区意识的文明公民的教育任务却没有一个成型的组织来承担。这无疑是大学教育的一个疏漏，从这个角度讲，建立大学生社区，完善学生社区管理是完善高职育人职能，优化高职育人环境的必要举措，是当前高职学生工作迫切需要解决的问题之一。只有意识到了这一点，自觉地将学生社区建设纳入学生管理工作中去，并给予其应有的地位，学生社区培养社区现代公民的育人功能才有实现的可能。因此，要加强理论建设和创新一定要贯彻开放办教育的理念，不断增强学习意识与开放观念，不断加强理论建设。高职学生社区化管理需要改革者的开放观念和博大胸怀，通过不断比较发现差距，促使在社区化管理的过程中自觉主动地探索理论，积极准备改革所需的条件，应提倡各高职院校之间的交流与合作，互促互进，在实践中不断积累宝贵经验，应夯实理论基础，加强理论建设创新，为高职学生社区化管理向纵深发展而共同努力。

　　第二，完善运行体系、解决机制问题是社区化管理的关键所在。机制是不可或缺的软件，建设好学生社区需完善三大机制，即学生社区运行机制、学生社区志愿者参与机制和学生社区的内部激励机制。

　　学生社区的运行机制是学生社区得以正常运转的前提。运用学生社区公共设施和相关权力，以满足服务需求为目标，不断提高服务质量，保持服务的功能成本，长期维持服务的再生产，这种周期性的进程状态即是学生社区的运行机制。这一机制本身说明学生社区组织的非营利性，或者说非营利性是学生社区行为的特征之一，是学生社区自我服务、自我调节功能的体现。不断地实现这一机制良性运转的关键是服务质量，服务质量同样也是确立学生社区形象的基础，是学生社区存在必要性的证明。

　　学生社区的志愿者参与机制是培育学生社区人文生态环境的深层次社会文化问题。在西方国家，社区的志愿行为是社区存在的基石。在学生社区中建立一支具备一定数量和质量的志愿者队伍不仅是一种管理现象，更是一种文化现象。事实上志愿者本身即是社区意识的内在有机组成部分，是社区成员积极参与社区事务的显性表现。在学生社区，志愿者的行为是建立一个"以人为本"、文明互助、共同参与的和谐学生社区的重要途径。

学生社区的内部激励机制是学生社区凝聚人心、发挥作用的保证，学生社区的非营利性能否像企业一样产生关注效率的动力呢？这是一个复杂的问题。其一，非营利性组织的动力主要在于获得居民的满意和社会的认可，这是一种深层次的心理需求。市场经济导致人们为利而动，在这种情况下，为他人和社区努力工作的人尤其会得到他人和社会的尊重。其二，个人运用社区职能通过解决社区矛盾进而解决个人问题，是个弥补个体力量薄弱无法对抗集团侵害的有效途径。一个发育良好的学生社区环境通过事务公开化、透明化，将工作者的各种努力、困难、成绩和失误显现出来，靠来自外部的反应去推动自己努力改进工作，从他人眼中看到自己的状态从而调整自己的行为，进而完善自我，即学区的内部激励机制。

第三，教育管理结构和"管""教"关系的调整和平衡。学生社区建设育和管理的职责权关系。首先必须结合高职实际对原有学生工作进行结构性调整，并建立健全相应的规章制度，要从根本上解决这些问题，还需要处理好管理载体、教育平台、育人方式等全方位的问题，头绪纷繁芜杂，加之无成型的经验可借鉴，面临的问题和难度都还较大。但以结构调整作为切入点，是一个比较可行的思路。要处理好以下几个关系：

1. 各级学生社区与社区总管理委员会之间的纵向关系

各学生社区管理委员会在人事安排上是一致的，都是根据三大职能安排负责人。学生社区总管理委员会由专职政工组成，负责相关政策制定、处理学生社区与校内外各社会机构关系、领导学生社区等工作。各分委的工作重点落实在学院一级，它依托学生专业而保持相互之间的独立性，同时与总管委保持一致性。各支委是学区管理的基层组织，它直接与楼层和寝室发生联系，同时也可在力所能及的范围内与相关单位交涉学区事务，因此也应具备相对的独立自主能力。

2. 校学工部门、团委与学生社区总管委的关系

学生社区总管委是校学工部的职能部门之一，是学生社区管理中最具有实权的管理层次，尤其在实现学生社区的维权功能方面，其作用更加明显，学生社区主要通过总管委实现与相关部门的平等对话，解决实际问题。团委介入学区管理，主要体现在对学区成员的思想教育与严格管理方面。各学院的学生工作办公室的主要负责人一般也是学院的团总支书记，因此共青团这

条线的介入有利于加速形成一支由各院（系）团总支专职干部、各学生辅导员组成的宿舍思想教育、纪律管理、寝室内务管理队伍，有利于各项活动的协调，保证宿舍后勤管理的顺利开展。同时，团委是学生思想政治工作与校园文化工作的主角之一，团组织又直接指导各级学生会组织，有利于将寝室文化活动纳入整个校园文化建设中去综合考虑，从而引导寝室文化向高层次发展。

3. 校学工部门与社区的关系

对于单一高职组成的学生社区而言，这层关系可以体现某种专业特色。以专业安排学生寝室的高职，可使整片宿舍区基本上也成为一片专业区，很多基层工作需要这一层面来组织和解决。高职学生工作部可以通过本校学生会来协调与支委的关系，这其实也是将基层学生工作重心由班级向寝室转移的一种方式，从而使学区成为校园内各项学生活动展开的活跃区域之一。对于多所高职组成的大学城而言，这种关系还必须增加一层关系，即各学校学院部门与大学城管委会之间的协调关系，各类管理工作与活动除了考虑本校的相关特色外，还应与大学城管委会协调，通过管委会与大学城内其他高职协调，使其活动或管理产生更大的规模效应。

4. 根据学生社区职能，设立相应的管理机构

从人事角度处理，在大学城管理总委、分委、支委上各自安排人员以执行这三大职能。学生社区管理支委设学生社区区长一名，副区长一名，志愿者队长一名，也可根据实际情况适当增加管理人员数量，从而形成学生社区区长、志愿者队长、楼长、寝室长为主的学生社区管理基层机构。校院级学生社区管理机构可在原有学生寝室管理机构（如寝管会）的基础上合理增加或加强学生社区的相应职能（如学生权利维护等）。这种管理方式并未对原有的学生管理结构做大幅度的调整，从而使其更具有现实的可行性。学校、学院、楼层（或公寓）三级管理有助于发挥三者的不同优势，校学工部、院学工办和院学生会的介入使学区工作顺利地纳入原有学生工作轨迹，从而保证原有学生工作的连续性，方便学校相关部门对学区工作进行帮扶指导。当然这种管理布局也不是适合所有院校，对于学分制下学生打破专业界线随机生成寝室成员的高职院校，这种方式便不适用了。对此，还有一种更加彻底的解决办法，即在学生会组织直接设立在各个学区之上，由校学区管理委员

会和校团委直接指导各个学生社区的工作。

5. 制度和机构设置要同步

为了学生社区工作的顺利开展，制定诸如《学生社区居民公约》《学生寝室管理条例》《学生社区安全保卫制度》《干部教师联系学生社区制度》等相关制度是必须的。但从目前学生工作的状态来看，能否保障学生社区管理委员会具有相应的学区管理权力，能否保障学生作为学区居民与学校、后勤等部门具有平等对话的权利以及能否保障学生通过民主渠道参与学区乃至学校相关事务是影响学区生命力的决定性因素。

6. 细化管理规章，解决管理的薄弱环节

这对于多所学校组成的大学城管理尤为重要。一定要通过管理规章的细化与统一，解决不同学校在管理上的疏漏，杜绝那种利用不同学校管理体制上的疏漏而达到使某种不合理现象得以生存发展以致酿成大事故的现象发生。

现阶段，各地的学生社区建设面临许多新问题：学生社区规划问题，党的组织问题，学生社团活动如何与学区管理结合，学区矛盾与纠纷是否应用法律手段解决等，这些问题都会现实地摆在我们面前。但无疑实行学区管理是符合高职院校教育规律的，它体现了思想政治教育与规律工作相结合，融于学生具体生活实践的德育原则，提高了学生工作的规律层次，有利于学生自立、自主、自强意识的培养，有利于为社会培养具有现代人文意识、现代生活观念的社会主义新型公民。

第二节 高职学生社会实践规范化管理

一、大学生社会实践的重要意义

（一）大学生社会实践的含义

高等学校对人才的培养途径是多种多样的，正确引导学生参加社会实践就是其中重要的一种。在早期的大学里，人才的培养主要是通过在课堂上系统地传授理论知识来达到的。随着社会生产力的不断提高和发展，对教育和人才培养也提出了新的目标，这种仅仅靠传授理论知识的方式已渐渐显得不适应。因为现代化的生产过程不仅要求人才掌握大量的理论知识，而且还应该具有较强的动手和创造能力，具有科学的社会观和责任感，具有较高的道德素质和心理素质，这些方面仅仅靠课堂教学是难以完成的。所以，现代工业产生后，社会实践就作为一种重要的教育方式被引进大学的教育过程，其重要作用日益引起人们尤其教育工作者的重视。

大学生社会实践是一种以实践的方式实现高等教育目标的教育形式，是高等学校学生有目的、有计划地深入现实社会，参与具体的生产劳动和社会生活，以了解社会、增长知识技能、养成正确的社会意识和人生观的活动过程。大学生社会实践是高等学校教育活动的重要环节，它与课堂教育相辅相成，共同完成高职的人才培养任务，实现学生的全面发展。

（二）大学生社会实践的重要意义

1. 是大学生树立科学世界观的需要

世界观是人们对世界的一般看法和根本观点。任何正常的人在其生活的过程中都会形成自己的世界观，但由于个人生活环境、所受的教育和影响不同，人的世界观也有很大差异。总的来说，世界观有正确和错误之分，而将正确的世界观理论化、系统化就成为科学的世界观。怎样保证大学生形成正确的世界观并使之科学化呢？主要靠两个方面的努力：一是大学生要经常与社会接触，不断突破事物的表面现象，深入事物的本质，从而不断校正原来从现象上获得的肤浅的或错误的认识，使自己的认识符合事物的本质及规律；二是要对大学生进行系统的思维训练，通过学习前人正确的世界观理论，了解人们在世界观上容易走上歧途的种种可能，让大学生对自己的世界观进行经常的反思，并不断地充实新的科学的内容。因而社会实践对大学生建立科学世界观很有必要。

（1）参加社会实践活动是大学生确立唯物主义历史观的需要

大学生正处于青年时代，可塑性很强，是世界观、社会历史观形成的关键阶段。大学生系统的专业知识学习和思维训练，对于形成唯物主义历史观固然是大有帮助的，但就目前情况看，在校大学生年龄普遍较小，接触社会的机会不多，社会经验不足，大部分同学对社会的看法简单化、片面化和理想化，这对大学生形成正确的历史观十分不利。克服这一不利的根本途径就是让大学生走出校门，深入社会生活，在社会实践中了解社会，实践中发现真理，在实践中发展真理。这样，才能使他们的历史观与现实生活相符合。

当然，社会实践中接触的都是具体的社会事物，不可能通过一两次实践就改变了对社会历史的看法。不过，处在形成过程中的大学生的历史观是容易发生变化的，一旦接触了较多的社会事物，加之正确的引导，就会使他们的历史观发生转变。我们知道，只从政治理论课上学习历史唯物论只能学到"知识"，而要使知识转化为信念，使所学的理论真正转化为学生的历史观，必须通过社会实践。

（2）参加社会实践活动是建立科学的人生价值观的需要

通过开展大学生社会实践活动，我们发现社会实践活动对大学生形成科学人生观至少有如下的作用：首先，它可以帮助大学生摒除理想中不符合实际的因素，使他们正确对待个人与社会的关系，培养踏踏实实的工作作风；其次，它可以帮助大学生树立坚强的意志，培养无私奉献的精神；最后，它可以帮助大学生接近群众，深入群众，为走与群众相结合的道路打下良好的基础。

（3）参加社会实践活动是培养社会主义信仰的需要

大学生在不久的将来，就会踏上工作岗位，成为祖国的栋梁之材，肩负起全面建成小康社会和实现中华民族伟大复兴的历史使命。因此，在当今西方敌对势力对我国加紧实施"和平演变"的新形势下，培养大学生的社会主义信仰是大学生思想政治教育的首要任务。而对社会主义的感情仅靠读书是得不到的，必须通过对社会主义给中国带来的巨大变化、给广大人民带来的实惠中亲身感受和体验。

2. 是提高大学生能力的需要

当代大学生在一定程度上存在着眼高手低、忽视社会实践、脱离群众、动手能力弱等不足，而积极踊跃地参加社会实践活动，有利于弥补大学生的这些不足。当代大学生绝大多数是在学校的围墙中长大的，而且越来越"小龄化"，大都走的是从小学到中学再跨入大学的升学之路，从而造成他们的社会阅历浅，社会经验少，实践经验匮乏等弱点。受片面追求升学率的思想影响，许多学生只注意书本，不注意社会实践，"高分低能"的状况比较严重。这严重影响了他们在各项建设事业中发挥作用，延缓了他们成才的进程。怎样才能缩短这一距离呢？实践是唯一桥梁。只有通过实践活动，才能使书本知识与实践操作合二为一。事实证明，通过开展社会调查、科技咨询、信息服务、义务劳动等社会实践活动，不仅可以使学生的智力资源得到直接的、有效的开发，达到分数与能力的统一，书本知识与实践的结合，还可以使个性不同的学生通过实践活动各获所求，各取所需，"缺什么，补什么"，从而有效地完善了现行的教学方法，弥补了大学生自身的弱点和不足。

3. 是知识分子与工农群众相结合的需要

回顾历史，凡是有所作为，有所创造的青年和知识分子无不投入到轰轰烈烈的社会实践中。许许多多的政治家、经济学家、教育家、军事家、文学家等都是在社会实践活动中茁壮成长起来的。他们在实践中身体力行，为我们提供了光辉的典范。所以，只有广泛、深入地参加社会实践活动，和广大工农群众相结合，才是大学生健康成长之路。

4. 是全面建成小康社会、实现社会主义现代化建设的需要

大学生参加社会实践，可以在社会主义物质文明、精神文明、政治文明建设中大显身手，在专业知识社会实践和树文明新风的社会实践中促进经济、政治、文化的平衡发展，从而为全面建成小康社会起到积极的推动作用。

5. 是大学生社会化的需要

社会化是指个人与社会生活不断调适，使个人由"自然人"发展为"社会人"的过程。大学生正处于社会化的最后阶段，显然，在许多方面已趋向成熟，但为了适应社会生活，仍需进一步学习。社会实践可以增强大学生的社会责任感。很多高职组织学生到基层开展社会实践活动，使同学们提高了对改革的复杂性、艰巨性的认识，增强了他们的社会责任感。在社会实践中，越来越多的大学生认识到，社会需要的不是冷漠的旁观者，也不是抱同情心的捧场者，而需要的是热情的、直接参加这项伟大建设工程的人。通过社会实践，许多大学生克服了原来自视清高的习气，自觉并充满激情地投入到学习、生活和工作中。社会实践可以推进大学生实现社会角色转变。社会实践活动能够帮助大学生找到自己和社会要求之间的差距，看到自身知识和素质上的缺陷，启发学生对自己进行重新认识和正确估价，促使学生从过去的"唯我独尊"的幻想回到现实，重新确立自我价值实现的基点，在纷繁复杂的社会中找到个人和社会的最佳结合点。社会实践可以促使大学生与长辈们沟通代际关系。由于当前一些大学生图安逸怕吃苦，自视清高；反过来，却认为他们的父辈过于保守、正统。两代人之间形成了一层无形的隔膜，究

其原因，主要在于有些大学生缺少对他们父辈的了解，他们看不起父辈们那种思维方法和生活方式。在社会实践中，大学生以普通劳动者的身份，直接参加社会财富的创造活动，培养了他们尊重劳动成果、尊重父辈们的思想感情。总之，在社会实践中，两代人之间可以相互沟通和相互理解，彼此消除对对方的偏见，进而有效地促进两代人之间的有机结合。

二、大学生社会实践的发展趋势

（一）实践活动的社会化

大学生社会实践活动，作为教育活动的主要形式之一，具有三个基本的构成要素，即实践活动组织者、实践活动本体和实践活动主体。因而，实践活动的社会化，也由这三个构成要素的社会化来组成。而这三个构成要素的社会化，则分别有其不同的含义。实践组织者的社会化，是指动员全社会的力量来关心、组织大学生的社会实践活动，这是实践活动社会化的基本条件；实践本体的社会化，是指具体实践活动过程的内容与形式，必须以社会需要和社会所提供的条件为基础，这是实践活动社会化的重要途径；实践主体的社会化，是指通过实践活动，把社会的价值体系内化为实践参加者（大学生）的价值体系，使之成为高度合格的社会成员，这是实践活动社会化的根本目的。由此可见，实践活动的社会化，就是指动员全社会的力量，组织以社会需要和社会所提供的条件为基础的实践活动，达到把大学生培养成为高度合格的社会成员的目的。

1.实践活动组织者的社会化

从近年大学生社会实践的实际情况来看，社会实践活动凡是得到社会各界支持的，一般都取得了较好的成绩。但从发展的角度来看，当前社会实践活动社会化的程度还远远适应不了进一步发展社会实践活动的要求。社会实践活动的深入开展必然会出现人数多、空间广、时间长、效率高、内容实的特征，而这些特征的出现，必然依赖于社会各方更多的支持。

实践活动必须得到党和政府的支持。党和政府对人才的培养具有不可推卸的责任，且在人才培养方面占据重要地位。大学生的社会实践活动，作为国家培养高层次人才的重要环节，必定会受到党和政府的关心和支持。实践活动必须得到高职院校自身的支持。高职院校作为教育培养大学生的责任承担者，具有最直接组织学生社会实践活动的优势，而组织学生社会实践活动，又是高职院校完成人才培养任务的重要手段。因此，高职院校在组织大学生社会实践的过程中，应积极地起到主导作用。实践活动必须取得社会团体和企事业单位的支持。通过社会团体来支持社会实践活动，才能调动更多的人来支持实践活动；企事业单位作为大学生未来的工作场所，具有作为社会实践活动基地的现实意义，而实践活动在企事业单位开展，又必须有企事业单位提供的种种便利条件。

2. 实践活动本体的社会化

实践活动本体是大学生有目的地与外界不断发展的现状发生联系，并相互作用的具体实践过程。这一过程是大学生不断强化自身本质力量，促进自身全方位社会化的重要途径。实践活动本体的社会化，正是指这一过程的内容和形式，必须以社会需要和社会所提供的条件为基础。实践活动本体的社会化，应建立围绕教学实践与其他方面的实践有机结合的理想目标模式。

围绕教学的实践主要包括教学实验和教学实习等。这是一种配合课堂教学而进行的实践活动，它直接与学生所学知识以及自身具备的能力发生联系，是初级阶段运用最多、群众性最强的实践活动，也是学生进行其他方面高层次实验的能力准备环节。我们不应当过分追求其他方面的实践而忽视教学实验和教学实习。其他方面的实践包括社会考察、社会服务、勤工助学等。这是间接地与学生所学知识和自身具备的能力发生联系，也是学生围绕教学进行实践的成果检验。这些方面实践的主要形式有社会调研、参观访问、旅游观光、技术培训、咨询服务、社会宣传、科技开发、挂职锻炼等。由于这些方面的实践和社会联系得更紧密，一般较受学生的欢迎，但必须注意使之在时间、资金、人力上同围绕教学的实践互不干扰，在学校统一布置的基础上使两者达到和谐的统一。

3. 实践活动主体的社会化

实践活动主体的社会化，实际上要完成的是大学生社会化的加速，是要将大学生培养成为高素质的社会成员，是要通过社会实践使大学生更快地在社会中吸取社会能量和获得社会信息，并通过各方面的自我调适，增强自身的能力和素质，完成自身全方位的社会化。而促进实践主体的社会化，必须注意以下几个方面：

第一，实践主体自身系统应具有开放性。开放性系统要求大学生不能在自我封闭的状态下自我满足，而是必须同自身周围的实践环境进行物质、能量和信息的交换，并依靠这种交换保证自身由不稳定向相对稳定过渡。而这种开放性，不仅要求大学生确定"当今天下，舍我其谁"的高度责任感，而且要求大学生必须具备敏锐的对外界事物接收、分析、处理和运用的能力，从而使自己在实践中不断得到发展和提高。

第二，实践主体应不断进行自身角色的调适。我们知道，大学生的实践角色与其社会期望角色之间，总有一定的角色差距。而大学生在实践过程中，由于自身是一个开放系统，就能够认识到这种差距并调整自己的学习和实践，从而使自己的角色得以实现，使自己大学阶段社会实践中的社会化任务得以完成。

第三，实践主体应促成自身个性的形成。个性化是社会化的一个高层次组成部分，社会化中如果没有个性化的存在，就会变成统一化和模式化，就只能造就墨守成规、死读书本的书斋先生，就会使人失去改造社会的生机和活力，失去创造性和开拓性。因此，大学生在社会实践中，应勇于思考、敢于发现、认真锻炼，促进自身个性的形成。

（二）实践制度的规范化

实践制度规范化的目的，是为了使社会实践活动做到有章可循、有据可依，保证社会实践活动持续有效地开展。它的标志，是富有权威、系统全面、切实可行并具有自我发展机制的实践制度体系的建立。

1. 实践制度的规范化是社会实践活动发展的必然趋势

人的思想认识不能代替规章制度，没有完善的、系统的规章制度，不注意实践制度的规范化，只凭各级实践组织者的临时决策组织实践活动，决策正确，则可促进实践成果的取得；决策失误，往往会阻碍实践的深入。因此，要保证社会实践持续稳定的发展，必须改变人治局面，完善实践制度。当前加强实践制度的规范化工作，不仅非常迫切，而且非常必要。首先，加强实践制度的规范化工作，有利于促使全社会的力量来共同关心、组织大学生社会实践活动，形成全社会组织大学生社会实践活动的强大"合力"。其次，加强实践制度的规范化工作，有利于实践组织的科学化。

由于现实的实践基础已经存在，加强实践制度的规范化工作已成为可能。当前，各级党政群团组织、各个高职院校已开始了社会实践工作，不少企业也为实践活动的开展提供了资金、基地和其他各种方便，且近年来已制定了一些关于社会实践活动的规章制度，这些有利因素为强化实践制度的规范化奠定了较为坚实的基础。

2. 实践制度的规范化要求各级实践组织者必须制定出正确的实践制度

实践制度的规范化，绝不是各种实践制度的单独罗列，也不是各种实践制度的简单相加，而是要在各级实践组织者协同的基础上建立科学的实践制度体系。这个体系要求各级实践组织者正确地制定制度，同时要求制定的各种实践制度相互衔接，对于衔接不紧密的地方，应及时加以调整。

党和政府对实践制度的正确制定。在实践制度的制定方面，党和政府必须起到宏观统一管理制度制定的作用。要首先着眼于建立统一机构，实行统一规划，统一决策，统一目标，统一评价，促成社会实践活动的统一性、系统性、整体性、持续性，充分发挥社会各界的力量，保证社会实践发展的正确方向。同时，党和政府作为核心的组织者，要协调各个单位部门之间的关系，激发各个单位部门的责任感与积极性。高职对实践制度的正确制定。在高职院校，大部分社会实践活动是由思想政治工作部门（如学生处、团委、学生会）来组织实施的。由于学校、社会的各种因素的影响，其主要利用假期进行，由于缺乏制度和支援保障，严重制约了大学生社会实践活动的深化。为改变这种状况，就必须加强高职大学生社会实践中的制度化建设。首先，高职应将社会实践活动纳入学校教育、管理工作的体系中去，由相关职能部门组织落实；其次，将学生社会实践活动的表现以及成绩作为全面考核大学生素质的重要内容；最后，要建立相应的制度，保证教师组织参与社会实践的积极性。社会团体和企事业单位对实践制度的正确制定。在众多支持社会实践活动的社会团体（如工会、共青团、青联、学联）中，共青团起着众所周知的主导作用。在制定制度的过程中，团组织要通过量的指标确立各级团组织的组织实践任务，并通过对岗位职责的定期考核和将考核结果作为团组织的工作评价内容，来激发各级团组织和团干部组织实践活动的责任感和积极性。各级实践组织者对实践制度的共同协调。大学生社会实践活动作为系统工程，要求各级实践组织者制定的实践制度必须协调一致，对于不能衔接的地方，应予以调整。各级实践组织者必须首先注意认真学习实践组织核心即党和政府所制定的实践制度，在了解统一规划、统一决策、统一目标的基础上，制定自己的实践制度，同时加强各方的沟通和联系。

3.实践制度规范化的标志是实践制度体系的建立

在各级实践组织者对实践制度正确制定和共同协调的基础上，实践制度必然逐渐趋于规范化，而实践制度达到规范化的标志，是富有权威、系统全面、切实可行并具有自我发展机制的实践制度体系的确立。如果能够建立起具备这样特征的实践制度体系，标志着实践制度已达到了规范化的程度。

第三节　高职学生奖惩制度

奖励与惩处，是管理者实施管理行为、实现管理目标的重要方法和手段之一。奖惩制度是高职学生管理制度体系的重要组成部分，是高职坚持社会主义办学方向、促进学生成长和成才的重要手段之一。高职学生奖惩制度，对大学生在校期间的思想、行为导向有着直接的影响。可以说，高职制定的学生奖惩制度，在很大程度上反映和表明了学校提倡什么、反对什么，具有明确的指向性和导向性。因此，在严格遵循国家法律、法规以及教育行政主管部门要求的前提下，规划、制定、执行好学生奖惩管理制度，对于学生成长、成才，把学生的思想和言行约束在社会、国家、学校以及大学生群体允许的范围之内，具有十分重要的现实意义。

一、高职学生奖惩制度创新的背景

高职学生奖惩制度的创新，是依法治校的必然要求。我国在由计划经济体制向市场经济体制的转变过程中，逐步确立了大学的法律地位，我国高等教育法明确了高职的法人资格，并规定了公立高职实行党委领导下的校长负责制，一方面赋予了高职诸多的办学自主权；另一方面也强化了对高职管理的监督。这种监督体系中，一个重要的方面就是法制监督，要求高职的一切管理制度和管理行为必须在国家法制的框架内制定和实施，不能随意超越国家的法律制度，更不能违背国家的法律规定，提高学校管理的法治化水平，做到有法可依、有章可循。而法治的总体趋势是保障公民权利、限制公共权力、增进公共福利和实现社会公正。因此，高职学生奖惩制度首先要根据这种法治理念，改变过去只重视学校公权使用，忽视学生私权维护的状况，在赋予学校公权与限制学校权力之间寻求平衡点，并把它作为学生奖惩制度设计创新的突破口。高职学生奖惩制度的创新，是当前大学学生管理实务中面临的诸多问题的现实需求。一时间，高职学生管理问题成了热门课题，学者们不断从教育、法律、管理等视角开展研究，就学校和学生的权利与义务、高等学校的法律地位、学校与学生之间的法律关系、学校公权使用与学生私权维护、学生权益救济渠道等问题进行了广泛的讨论，提出了不少建设性观点。这些对于高职学生奖惩制度的创新都不无启发和借鉴意义。

二、正确把握大学生奖惩制度创新的几个基本理论问题

在创新高职学生奖惩制度时，我们必须首先正确把握奖惩的基本概念、奖惩的原则以及奖惩的功能等几个基本理论问题。

（一）奖惩的基本概念

1. 关于奖惩的不同释义

关于奖惩，在不同的背景和用处下有不同的解释。我们认为，"高职学生奖惩制度"所指的"奖惩"，主要包括两个方面的内容：一是奖励；二是惩处。关于"惩"的解释有不同的观点，有学者认为解释为"惩戒"更具人本精神，我们认为，高职学生奖惩制度制定的依据是高等教育法、普通高等院校学生管理规定等一系列法律、法规，它不同于一般意义上的企事业单位根据自身发展需要制定的内部管理规定，"惩戒"作为行政术语，不适合用于解释法律行为。"惩处"作为法律术语，用于解释高职院校依法规制定的管理规定更严谨、更具科学性。

2. 奖励与惩处

奖励，就是通过利用外部诱因，从正面肯定人的思想、行为中的积极因素，以达到调动人的积极性和创造性的目的。惩处，则是从反面否定人的思想、行为中的消极因素，根据不良行为的情节轻重和纪律规定给以教育或处理，以达到明辨是非、纠正错误、促进转化的目的。

3. 奖惩激励

所谓奖惩激励，就是通过奖励和惩处的手段来调动人的积极性或限制其错误行为。从管理学的角度看，奖励与惩处的目的均在于激励被管理者在特定群体、特定组织系统中发挥积极作用，为完成群体所在组织的共同目标做出良好的成绩。通过正激励与负激励，影响人们的内在需要与动机，从而强化、引导或改变人们行为的反复过程。

高职学生奖惩激励，是指通过奖励和惩处这两个外部条件来调节、规范和促进大学生在思想、言论和行为上按照党的教育方针、高职学生管理规定和大学生行为准则等去实践。

4. 奖惩制度

高职学生奖惩制度，是指为实施奖惩激励，由教育管理部门或高等学校通过一定的程序而制定的一系列规章、条例等。从高职学生奖惩制度调节的范畴看，高职学生奖惩制度所调节的是高职这一特定法人与作为受教育者的公民之间的关系。在这个意义上，我们认为，用"惩处"这一法律术语比用"惩戒"这一行政术语来解释"高职学生奖惩制度"中的"惩"更为合适。

（二）高职学生奖惩制度实施的原则

高职学生奖惩制度的实施，应体现公开平等、准确适度、适时适境、管理与教育相结合、民主合法、反馈发展六个基本原则。

1. 公开平等原则

公开平等是公正的前提和基础，也是一切制度化、规范化管理的基本要求。只有公开的，才是广大学生能够参与的；只有平等的，才是绝大多数人能够接受的。公开要求我们在规章制度推出后，要大力宣传并组织全体学生学习讨论，明确奖惩结构与意义，了解具体内容和实施办法，从而使他们既明白自己的权利，也知道应该履行的义务，提高参与意识和热情。奖惩结果要公开布告，便于学生监督，既有利于结果的公正可信，也有利于学生更好地了解比照，达到激励和警示的目的。平等要求我们严格按照条例规定和程序办事，不能因人而异，要体现全体学生的共同利益。

2. 准确适度原则

奖惩不准确会导致群体内部产生不健康的道德关系和社会心理关系。获奖者没威信，不能让人信服；受处分者有人同情叫屈，不能在心理上产生震动。因此，实行奖惩时必须对奖惩对象和事件进行深入、细致、充分的调查了解，掌握第一手材料，以客观事实为依据，以相应的规章制度为准绳，绝不能言过其实、夸大功过。

3. 适时适境原则

在时间方面，要善于正确运用及时性强化和延缓性强化。对于奖励和大多数违纪事件的查处，要迅速及时，奖励能收到"趁热打铁"的良好效果；

处分能控制歪风邪气事件和人数的增加，以免造成"法不责众"的尴尬。对于一些学生因冲动和无意的违纪行为，要尊重学生自尊和正当的心理需求，避免因"热处理"不当而产生差错和负效应。要根据奖惩性质和层次的不同，注意选择、利用和创造合适的环境，以期学生产生最佳的心理效应，增强奖惩教育的感染辐射效果。

4. 管理与教育相结合原则

高职学生管理要贯彻育人为本的原则。在奖惩过程中要坚持把宣传、教育和疏导作为一条贯穿于全过程的主线，对行为主体进行细致准确的教育引导，还要善于举一反三，通过正反两方面典型例子的分析解剖对其他学生进行宣传教育，使学校的规章制度真正在学生身上入耳、入脑，从而能自觉地"见贤思齐""见不贤而内自省"，达到表彰一个带动一片，处理一个教育一批的效果。

5. 民主合法原则

奖惩工作要遵循民主的原则，符合和保护广大学生的根本利益，要把教育者的指导作用和民主平等的双向交流很好地结合起来，使教育对象在心情舒畅、心悦诚服的心境中接受教育和感染，教育者也从中得到有益的启发。随着社会主义法制的不断完善，大学生的法制观念也在不断加强，他们已越来越懂得用法律来保护自己的合法权益，因此，我们在制定、执行各项规章制度时必须符合法律规定，同国家的法律、法规保持一致，不得抵触。

6. 反馈发展原则

奖惩工作的最终目的是在学生中形成比、学、赶、帮、超的积极向上风气。人的品行是一个不断发展、变化和完善的动态过程，从整个思想政治教育的过程来说，一次奖惩结果既是前一段的终点，又是新的教育过程的起点。建立反馈机制，收集反馈信息是落实奖惩效果、提高教育作用水平的重要环节。螺旋式、波浪形前进是学生成长成才的客观规律，我们要用全面发展的眼光看待每一个学生。同时，高等教育改革和发展迅速，高职的合并联合、完全学分制的推出、走读制和后勤管理社会化的实行等都对学生管理工作提出了许多新的问题，需要我们不断深入进行调研分析，不断修改完善学生管理规章制度，以适应社会发展对学校工作的要求。

（三）高职学生奖惩激励的功能

高职学生奖惩的主要功能包括以下四个方面：

1. 导向功能

奖惩系统的一系列条文规章，既是学生在校学习生活的行为规范，又是高职办学指导方针、办学任务目标、人才培养规格要求的具体体现。因此，无论是组织学习和宣传奖惩条例，还是实施奖惩管理的过程，都鲜明地表达了我们鼓励和倡导什么，反对和制约什么，给学生指明了明确的努力目标和方向，提出了应注意克服和避免的薄弱环节，对学生群体的思想观念和行为习惯有重要的导向性作用。

2. 管理功能

奖惩制度作为大学生管理系统的规章制度之一，是对大学生的学习求知、社区生活、文化娱乐、素质发展等进行能动管理的重要依据。奖惩工作能否紧紧围绕育人目标有效开展，直接影响到正常的校园秩序的维护，良好的育人环境氛围的营造，积极向上的校风学风的建设等。

3. 比照功能

大学生虽然年龄相近，有相似的成长经历和思维方式，但由于成长的环境和具体过程不尽相同，从而形成了思想观念、心理状况、人格特征的差异性，兴趣爱好的广泛性，知识水平和言行修养的层次性。"榜样是无声的号角""以人为镜，可明得失"，奖惩工作的开展，树立了正反两方面的典型，因而使每个学生都可以从别人的举止中得到启发，进行自我解剖与对照，扬长避短，在自我比照中日臻完善。

（四）高职学生奖惩激励的心理机制

有效的管理制度离不开被管理者在心理上对制度本身及其实施过程、结果的认知度和认同度。换言之，高职学生奖惩制度效用的发挥离不开与之相适应的奖惩激励心理机制。

1. 学生奖励的心理策略

对学生的奖励要力求及时完成，这样会取得相当好的效果。奖励过程中可采取定期奖励与不定期奖励相结合的方式，奖励必须符合学生的需要。同时，奖励也不能滥用，大学生本可以兴趣盎然地进行某种活动，如果给他们一定的报酬，那么在后来得不到报酬的情况下，他们就会失去对这些活动的浓厚兴趣。过度的奖励会使学生产生对奖励的依赖心理，不必要的奖励会削弱学生的内在学习动力。学生内在的学习兴趣是真正的动力，具有稳定而强烈的作用，是最宝贵的。如果学生没有形成自发的内在学习动力，教师采用外界激励的方式，达到推动学生学习积极性的目的，这种奖励是必要的；如果学习活动本身已经使学生感到很有兴趣，此时再给学生奖励，就会画蛇添足，其结果不仅不能提高学生的学习积极性，反而会使学生原有学习热情降低。

2.学生惩处的心理策略

第一，实施惩处要及时。如果实施惩罚同学生的违禁行为同时进行，则学生的这种违禁行为一开始就同焦虑、恐惧联系，从而使学生为避免焦虑或恐惧就不得不及早终止违禁行为。如果在学生的错误行为发生后进行惩罚，则效果会明显降低，尽管因行为的结果受到惩罚而体验到痛苦，但如果过程是吸引人的，则这种行为下次发生的可能性仍然较大。如果在学生的错误行为发生后很长一段时间内都不对学生的错误行为进行惩罚，则会产生更多的负面影响。第二，实施惩处要适度。一般认为，较轻的惩罚不如较重的惩罚有效，但是实践证明一些较重的惩罚却往往会带来一些不良后果，因此在实施惩罚时要有度，心理学家称之为"阈值"。低于阈值的惩罚，对学生不起作用；高于"阈值"又会使学生的积极性变得脆弱或引起学生的焦虑。第三，实施惩处要准确。对学生进行惩罚的负面影响予以准确的界定，要对学生的错误行为及产生的后果，分类采取合适的惩罚方式，要把握惩罚的准确度，这样才能使学生心服口服，惩罚的效果才会体现出来。第四，实施惩处要一致。对学生的惩罚采用的标准和方式要一致，要具有连贯性和长期性，不能因对象、环境等因素的变化而采用不同的标准和方式。如果随意变化，惩罚就很难维持下去，也丧失其存在的价值。第五，实施惩处要与讲清道理相结合。说理的作用就在于使受罚者进一步体验到认知上的不协调，从而增大态度转变的心理压力。因此，在实施惩罚的同时动之以情，晓之以理，会提高惩罚的有效性。第六，实施惩处时要注意掌握度，不能滥施惩罚。过度惩罚会使学生产生恐惧心理，导致退缩、逃避及说谎行为的发生；会使学生产生压抑心理，从而有碍智力及创造力的健康发展。不当惩罚会降低学生的"内在惩罚"力度，会使学生产生对抗心理，导致师生关系的紧张。

第五章 互联网时代高职学生管理的理念

第一节 融入开放性思想与坚持"以人为本"

一、融入开放性的思想

我国现阶段的高等教育已经从原来的精英教育迅速转化为大众化教育，受教育者的求学情况、知识基础与以往相比发生了很大的改变。政治辅导员和班主任在教学中要融入开放性的思想指导学生正确面对竞争，面对择业，面对压力，引导学生规划人生，培养学生有宽广的胸怀和健全的人格，努力把德育渗透到学生成才、就业的全过程，要主动管理育人，提高工作效率和工作水平，创造更好的育人环境和氛围。

（一）建立优秀的管理团队和制度

如何适应时代的要求，培养社会需要的人才，是从事学生管理工作者的永恒话题，同时对学生管理领导干部提出了更高要求，必须加强队伍建设。学校高层领导应加强对学生管理工作的重要性的认识，挑选一批思想素质高、工作能力强、具有一定学生管理工作经验的工作人员担任学校学生教育管理领导工作，经常性地组织并开展对各分校、教学点学生管理领导干部的专业培训，邀请较高水平的专家进行讲座，全面提升学生管理干部的素质。通过各种方式组织开展校与校之间学生管理工作的交流，请学生管理工作突出的管理人士讲解、传授管理经验，并通过讨论交流，达到共同提高，共同进步。以校本部为载体开辟全校性学生管理工作专项窗口，广泛讨论发表管理体会，创建全校性学生管理专刊，组织系统内投稿，把学生管理工作真正落到实处。

学校应建立导学教师引进、培训、考核、交流的整套制度。完善引进程序，严把入口关，力争把有能力、责任心强的导学老师引进来。建立严格的导学教师培训、考核制度。导学老师应对以现代计算机网络为主的多媒体现代远程教育技术有较深地掌握，能熟练运用计算机网络等媒体技术获取教学资源，并能配合辅导教师进行教学资源的整合，组织和指导学员开展网上答疑、BBS 讨论、双向视频等网上教学活动，利用 QQ 群、微信、E-mail 等与学员进行日常沟通。完善导学老师的流动计划，打破以往导学老师队伍建设的封闭体系，激活用人机制，拓宽导学老师出口，加强导学老师的交流和提拔，解决导学老师的后顾之忧。

解决导学教师流动性较强、流失率较高的问题，必须加强导学教师的专业化建设，其中最主要的就是更新观念，尤其更新领导的观念，全面提高导学老师的综合素质。导学教师在工作了一段时间以后就会积累一定的工作经验，也会认识到自身不足。如果学校能制定一套完整的培训机制，给他们更多的培训学习的机会，不管是对学校还是对导学老师本人来说都是双赢的。另外，还可以加强导学教师之间的沟通与交流，使导学教师的业务能力不断提高，确保导学教师在工作中发挥应有的作用，保证开放教育学生的培养质量。

（二）注重培养优秀的学生干部

好的学生干部不仅自己会给其他同学做出榜样，也会分担导学教师的工作重担，而且在这个过程中锻炼了学生的工作能力，运用在工作实践中。导学教师在选择班干部的过程中要一视同仁，不能因为个别小问题而否定他们的优点，广泛听取同学和任课老师的意见，综合学生的平时表现民主或择优选拔。选出优秀的学生干部，要充分信任和尊重，减少个人干涉，使他们充分发挥个人的工作主动性和能动性。

学生干部队伍应真正发挥先锋模范作用，真正发挥战斗堡垒作用。学校应健全团支部、学生会组织，主动让学生组织成为学校与学生、教师与学生沟通的桥梁，通过民主推荐、个人竞选产生学生干部队伍。结合开放教育类学生的生理和心理特点，通过学生干部开展广泛的思想交流。帮助广大学生树立和培养学习自信心，一方面，肯定他们在以往的学习和工作中取得的成绩和努力，使他们充分看到自己的优点和能力；另一方面，循序渐进一对一式辅导，将他们在当前环境中遇到的问题总结归纳，然后反馈经验。在交流沟通过程中，要注意交流态度，避免出现僵局，挫伤学生的学习积极性；要充分尊重学生，学生的自尊心相对来说更强，并且也更容易受到伤害，老师的教育手段要不断改进，积极与学生磨合，减少代沟的出现。在沟通的同时，鼓励他们学习之后要在自己原有的领域创新和进步，帮助他们做好职业规划和人生规划。在思想教育过程中，应尽量避免用说教的方式，毕竟这些学生都是成年人，多数已经有了比较丰富的社会经验。而强硬的教育态度只能引起学生的逆反心理，不仅不会配合老师的教育工作，甚至会放弃继续学习。对个别问题学生要单独关注，因材施教，明察暗访，找出学生学习欠缺的根源和影响因素，和周围同学、同事努力解决问题，最大限度地激发他们的学习主动性。

（三）通过加强校园文化氛围引导学生的学习和发展

现在的大学生大多都是独生子女，生活环境使当代大学生有着强烈的孤独感，他们渴望交流，希望有丰富的校园生活，感受来自众多同学的支持与友谊。针对此情况，学校应主动提供学生情感交流、培养兴趣和寻求帮助的平台，能够促进学生之间交流沟通，传承成长经验，解答学生疑惑，碰撞智慧思想，传递情感关怀，培养同学友谊，消除学习孤独感，增强学生对开放大学的身份认同感、归属感和凝聚力，营造积极向上的校园文化氛围，促进学生的管理、学习和发展。经常性地开展校区、班级之间各种比赛活动，增进学生之间的友谊，根据不同学生原来从事行业的不同，有针对性地聘请相关行业的专家学者到学校进行讲座，吸引学生的积极参与和交流。并用各种比赛的形式加强同行的良性竞争，使同学之间互相帮助，共同进步。对学生的学习积极性教师应合理引导，帮助其树立明确的学习目标，使其学生既有针对性还能自我检测和反馈。

二、坚持"以人为本"的理念

随着现代教育的发展和教育改革的深入，"以人为本"的学生管理将最终取代传统的学生管理，这是学生管理改革和发展的必然趋势。人是管理中的首要要素，因而提高人的素质、调动人的积极性、促进人的全面发展是提高管理效果的关键。科学发展观的本质和核心是坚持"以人为本"。坚持"以人为本"，不仅在人类思想发展史上具有重要的理论价值，更应成为当今高职院校新的办学理念。

（一）什么是"以人为本"的管理

"以人为本"的管理模式就是以人为中心，在确立学生主体地位的基础上，围绕调动学生的主动性、积极性和创造性来开展一切管理活动，这种管理模式是高职学生管理模式发展的必然走向。"以人为本"的学生管理工作理念，就是要以人为出发点，充分尊重学生作为人的价值和尊严，充分尊重学生的人格、个性、利益、需要、知识兴趣、爱好，力促学生全面发展，健康成才，并能可持续发展。这意味着要从那种把对人的投资视为"经济性投资"的立场转变为"全面发展性投资"的立场。"以人为本"的管理在处理人与组织的关系时，并不否定和排斥组织的目标，而是把人的自我发展和自我完善作为组织目标的组成部分。高职学生管理中坚持以人为本的管理思想，就是指高职学生管理工作必须以调动学生的积极性、做好学生的工作为根本。具体而言，就是要在高职学生管理过程中坚持把教育和管理的对象——所有学生作为全心全意为之服务的主体。树立"以人为本"的高职学生管理理念，营造良好的服务氛围，对学生能起到潜移默化的作用。高职从教学到行政管理，从学生学习到后勤服务，都要不断深化教育改革，转变教育观念，转变过去以学校为主体、以教育者为核心的工作思路和工作方式，变管理为服务，树立一切工作都是为了学生的健康成长的管理理念。"以人为本"的高职学生管理就是以学生的发展为高职院校工作的出发点和落脚点，一切为了学生，使大学生全面发展。具体而言，就是要理解学生，尊重学生，服务学生，信任学生。

（二）实现"以人为本"的管理模式的必然性

高职院校是培养和输送人才的重要阵地，始终担负着为社会培养高素质的建设者和接班人的神圣使命。在现行的高职学生管理中，管理目标的抽象化和格式化也是高职学生管理的一大弊病。高职学生管理工作与学校的其他工作目标是一致的，都是为社会培养人才。

人性化管理是以情服人提高管理效率的，人性化管理风格的实质就在于充分尊重被管理者的自由和创造才能，从而使被管理者愿意以满足的心态或以最佳的精神状态全身心地投入学习和工作中，进而直接提高管理效率。人性的管理是情、理、法并重的管理，而不是放任管理，也就是我们提倡的教育人性化。对高职学生实行以人为本的管理模式抓住了学生管理中最核心的因素，因为学生管理就是人的管理。人的需求、人的属性、人的心理、人的情绪、人的信念、人的素质、人的价值等一系列与人有关的问题均成为管理者悉心关注的重要问题。这是高职学生管理的出发点和落脚点。

高职院校的基本职能之一就是为社会发展教育和培养人才，大学生已经具有了成为国家栋梁的基本潜质和条件，在教育和培养的过程中，要充分调动大学生的主动性、积极性和创造性，为他们提供能激发创造性和自主创新性的氛围。要实现这一目标，高职院校教育管理就必须是人性化管理，实施"以人为本"的管理模式。首先，要转变教育管理观念，树立科学的人才观。切不可用一种人才模式苛求学生，限制学生个性的发展。教育管理工作者要有着眼于未来的宽广眼光和不拘一格育人的胆略。其次，要着重提高教师的综合素质，强化管理者的人格魅力。在新形势下，主观上学生群体已经不接受传统的高职院校教育管理模式，客观上高职管理所面临的形势也不能使这种模式维持下去。招生规模的扩大，贫困生数量的增加，个性培养和创新教育日益被高职院校所重视等，这些因素都要求高职学生教育管理必须抓住"学生"这一根本，转变管理理念，提高教师的综合素质，强化管理者的人格魅力。进行人本化管理，其实是对教师尤其是教育管理者提出了更高的要求。"以人为本"，促进高职院校教育管理和谐发展是时代的发展适应大学生全面发展和个性发展的必然要求。构建和谐社会和谐校园，新时期学生的思想特点等使"以人为本"的管理模式成为必然的选择。

（三）构建"以人为本"的教育管理模式

1. 加深对学生的本质认识

高职院校教育管理，无论是计划和任务的确定，还是内容和形式的选择，都源于对学生的认识和把握，以及对学生发展中各种矛盾的深刻洞察。实际上，任何个体都有其自身具体、独特、不可替代的需求。不同个体的需求在整个群体中又都不是孤立存在的，它们之间是相互联系和作用的。就高职院校教育管理而言，学生对自身所处管理环境的感受，对自己在学校中的地位，对学习、恋爱、人际关系、就业等个人发展需要得以满足的程度，都是影响管理效果的重要因素。

离开了对这些因素的认识、洞察和把握，高职院校教育管理就成了无源之水、无本之木。因此，我们只有全面考虑学生的个体情况，重视个人需要在管理中的地位和作用，并把它们看作运动的、变化的，高职院校教育管理才能有的放矢，提高管理效率，收到预期的效果。

2. 营造"以人为本"的校园文化环境

环境是人们赖以生存和发展的自然条件和社会条件的总和。校园文化环境，是指与校园文化的形成与发展密切相关的外部条件。校园文化环境包括校园的物质环境和校园的精神环境两部分。校园的物质环境是以布局成型的姿态出现的物质环境，主要是指校容，如建筑物的布局，室外的绿化、美化，室内的整洁、美观、大方等。校园的精神环境主要是学校的传统习俗，校风、人际关系、心理氛围、文化品位及活动构成的气氛等。人的发展及才能的养成，是遗传、教育、环境共同作用的结果。人不仅受他们所处的环境的影响，也在不断地改变环境。环境又进一步地影响他人和自己。就学校而言，这种对人的发展以及才能的养成产生影响的环境，就是校园文化环境，校园文化环境对学校的教育工作及师生员工的生活有着不可低估的作用。开展丰富多样、多元化的学生集体活动能够培养学生崇高的理想和高尚的道德情操，能够使学生的兴趣爱好和特长得到良好的培养和充分的发挥。在一个健全的集体中，学生的不良习惯及意识比较容易克服，因为集体的影响、优良作风的熏陶对学生思想品德的形成和发展能起到巨大的促进作用。要充分调动学生的积极性、创造性，设法激发学生的思维兴奋点，组织开展丰富多彩的集体活动，在集体活动中教育、培养每个成员的集体主义精神。通过各项活动，积极发挥和发展学生的才干及特长，使活动和教育融为一体。

3. 构建以学生为中心的管理模式，实现学生自我管理

贯彻"以人为本"的教育理念，构建人性化的教育管理模式，其中最基本的有以下两条：一是确保学生在教育中的主体地位，充分尊重学生的人格与自主权利；二是要对所有学生负责，为学生的全面发展提供应有的服务。

作为教育工作的重要方面，在管理工作中确保学生的主体地位，尊重和维护学生自主学习的权利，就要保证教育主体的主观能动性得到充分发挥，使他们的个性得到充分的张扬，使学生的潜力和发展的潜质得到充分的挖掘。积极实践学生的"自我管理、自我教育、自我约束、自我服务、自我发展"等，不断培养和提高学生独立思考问题、分析问题、解决问题的能力，

这不仅是改进学生工作，为学生的自主发展提供更大空间的需要，也是这些年来在教育管理工作中的成功经验。学生的"自我管理"，就是一种民主的、开放的、人性化的管理，它更加有利于实现学生成才的目标。

（四）管理过程中出现的偏差

虽然我们的理念是正确的，但是在实施的过程中同样会出现问题。在教育学生的过程中，我们有时会忽略学生的位置，教学过程中缺乏互动性，我们需要调动学生的主动性，使其主动学习。

要注重启发引导，避免单一的知识灌输。教师有时候是采用灌输式的教育方式，将知识单纯地传授给学生，没有给学生思考的时间，没有培养学生的自我思维意识，学生只是被动地接受，根本没有转化成为自己的知识，学到的也只是书本表面的知识。有句话说得好，等大学生毕业后忘记书本的知识，剩下的就是他在学校所学到的。然而，当学生毕业后剩下的知识还有多少？他们学到的知识如果没有被内化而转为自己思维构成中的一部分，笔者相信这一部分知识是没有学到的。学生的主观能动性被忽略，失去了理解、互动、判断的内化过程。这样的大学生就失去了独立思维判断的能力，等他们步入社会以后可能会茫然不知所措，不知道自己以后的道路该怎么走，不知道怎样适应这个社会。在教师教育的这个课堂上学生除了认真地学习课堂知识外，课堂外也需要加强自身学习。如只是掌握课堂上的知识，没有课堂外的动手能力的培养，这样的大学生也是不合格的大学生。优秀合格的大学生不光是看成绩单，还需要各方面综合素质的培养，必须具有科学知识和动手能力的双重培养。学生在校期间除了学习课本知识以外，还要提高交往能力、动手能力，才能更好地适应未来社会对他们的要求。

（五）学生在管理中的问题

高职学生通常叛逆心理较强，不希望被控制，希望自由，不喜欢被约束，不喜欢规章制度，喜欢自由自在。针对高职学生的这一特点，我们可以调动学生的主观能动性，使学生转换观点，不要让学生觉得自己被约束，让他们觉得自己是自由的。从"要我学"变成"我要学"，可以多让学生参加课外活动，多参加社团、学生会，使学生通过管理学会自我调节和自我管理。同时，我们需要有更多的激励方式调动学生的积极性，从而更好地自我管理。对于在教育管理方面表现出色的学生应该予以必要的精神鼓励和物质鼓励，这样学生才能够更好地自我管理，进一步推进管理模式，形成良好的管理习惯。

（六）加强"以人为本"管理

做好教育管理工作，需要大家不断地努力，通过多和学生沟通，了解学生，从而更好地做好教育管理工作，立足于学生所需、学生所想，实实在在地为学生做好服务。在管理方面，教师应该更多地阅读教育学方面的书籍，更好地了解现阶段学生的心理状态，知道怎样处理出现的问题。同时，做教育管理工作的老师需要有满腔的工作热情和无私奉献的精神，这是一名管理者应该具备的，时时刻刻关心学生，了解学生的需要，从更人性的方面出发。老师也需要合理的晋升培训机制，更好地鼓励管理工作做得好的老师，只有这样教师才能更有动力地做好管理工作。

高职管理工作是一项责任重大的工作，高职管理工作要围绕学生的基础需要，立足于学生的发展，更多的是做一个好的引导者，让学生朝着更好的方向发展。这才是我们管理者在以后的工作中需要加强的。

（七）提高教育管理工作者的素质

"以人为本"的管理理念体现出管理的自主性、民主性、灵活性和发展性等特征，这对教育管理工作者提出了更高的要求。所谓"教书育人"就是通过"教书"这一手段和过程达到"育人"的目的。高职院校各门课程都具有育人功能，所有教师都有育人职责。学校道德教育的成效很大程度上是由教师的道德素养所决定的。教师及各类管理人员要从不同的方面对学生的行为产生影响和作用，确立全员育人和全程育人的观念。学生工作者要深刻认识并准确把握经济社会形势和发展趋势，面对这些变化所带来的影响，能够因势利导做好学生的教育引导工作。

建设一支高素质的学生工作队伍：一方面，高职院校要按照要求认真做好建设规划，做到与师资队伍和其他管理人员队伍的建设统一规划、统一实施；要明确条件、坚持标准，切实做好人员选配工作；要周密计划、合理安排，扎实推进人员培训工作；要提出目标、严格要求，不断增强学生工作者的责任感；领导和有关部门要对学生工作者思想上重视、工作上支持、生活上关心、政治上爱护，使学生工作者都能够随着形势的发展和工作的进行不断提高素质和水平，以满足事业发展的需要。另一方面，要求学生工作者加强自身修养，明确神圣职责，增强责任观念，树立服务意识，努力学习，积极实践，深入思考，大胆创新，不断探索新形势下学生工作的新路子、新方法，不断总结适应新形势、新情况下的学生工作的新经验、新成果，在全面服务学生成长成才的过程中发展自己，实现自身的价值。

"以人为本"的教育管理要追求以新奇制胜，以巧妙攻心，关注学生的日常生活和学习生活中行为表现的细枝末节，把为学生服务放在重要位置，创造性地进行管理。只有坚持"以人为本，和谐发展"的管理理念，适应新时期科学发展观的要求，倡导积极向上的学习观、人生观、价值观，实现教育管理模式的改革与创新，才能真正促进学生全面发展、和谐发展和持续发展。

第二节 提升教育服务意识与创新管理方式

一、提升教育服务意识

现代教育以促进人的现代化和主体的全面发展为中心。主体性、发展性是现代教育的本质规定。基于此，现代教育倡导"教育是一种服务"的教育管理理念。它强调教育者（教师）以满足受教育者（学生）个性发展，为受教育者创造全面发展和主体生成的情境和条件。它概括了当今教育的经营态度和思维方式。在如何开展教育管理和教育活动问题上，相对于传统的教育管理理念，它具有自身的特点：一是教育服务理念体现了现代教育"以人为本"的精神，突出了主体、主体的生成和主体性发展；以培养现代主体人格为根本。它直接着眼于人，着眼于人的发展。二是教育服务理念下的教育管理活动是教育者与受教育者互为主客体、主体间的对象性活动，是在教育者的组织领导下，教育者与受教育者共同参与的活动；是教育者的启发、引导、指导与受教育者的认知、体验、践行的互动；是教育者的价值导向与受教育者自主构建的统一的活动；是教育者与受教育者的相互教育与自我教育、教学相长的活动。三是教育服务是现代教育管理的整体特征，它不是教育活动的某个阶段或某个部分、某个方面的特征。作为现代教育的根本指导思想，它贯穿于教育管理活动的始终和教育管理活动的各个方面的。

教育服务的管理理念对于高职的改革、建设和发展有以下几方面的作用。

（一）教育服务理念为改革高职院校教育管理提供内部驱动力

我们的教育理念是培养人、改造人、塑造人，这具有合理性和教育价值。但是，长期以来，人们一直将学生作为工作对象进行加工，将教育完全观念化，以至于我们不能正确理解教育与社会，教育与个人发展之间的关系，使许多教育政策与决策缺乏科学的基础。

树立高等教育服务理念，能够促使高职院校树立责任意识、市场意识和竞争意识，促使他们关注社会与受教育者的个人教育服务需求，推动高职院校自觉自主地进行改革，把握市场动向，完善服务体系，增强效益意识，提高服务质量，来自管理者自己对这种改革的需求和认同是改革高职院校教育管理最主要的动力。可以说，没有管理者对这种改革的深刻理解，没有管理者对教育管理的热情参与，没有管理者对学生管理的积极投入，教育管理理念要转变就十分困难。要求高职院校教育管理者树立教育服务管理理念，就是期望在形成教育服务理念的同时，一方面，使管理者意识到自己与服务，服务与学生的密切关系，从而尝试改变对学生的态度，尝试用全新的视角看待学生；另一方面，也让管理者从根本上认识到传统管理的问题所在。服务理念是将服务对象当成自己一切服务工作的对象和焦点，将学生满意不满意作为衡量管理业绩的重要指标，在客观上，迫使管理者反思原来的管理理念，并努力接受新理念、新方法。这样，能形成一种内在动力推动他们进行改革。

（二）教育服务理念为引导高职院校教育管理提出新的目标

传统教育理念培养人一般只要求听话、驯服，而不注重独立思考能力。教师培养学生追求"齐步走""整齐划一"，对学生个体之间的差异和个体特征重视不够，因而培养出来的学生往往缺乏创新思维，很难适应时代发展的需要。

学生是共性和个性的统一。共性是指学生的群体属性，个性则指学生的个体属性。处于同一年龄阶段的学生，由于他们生命过程和生活经历的相似性，他们的身心发展在同一规律支配下，表现出某些相同或相似的属性和特征，即共性。但这些共性只是相对而言的，由于个体间遗传因子、家庭背景、社会环境及教育影响的差异，学生的身心发展无论是在内容上还是在水平上都是千差万别的，学生的性格、兴趣、爱好、智力、能力不完全相同，即具有个别差异。这种个别差异是绝对的，是不以人的意志为转移的。这是教育管理必须面对的事实。

树立高等教育服务理念，不仅能够让我们意识到学生共性和个性的差异，还能够让我们意识到："高等教育服务的生产者是教育工作者，他们通过消耗智力和体力，而生产出适合不同教育对象需求的，具有多方面性能的教育服务，处在生产领域。学生则是高等教育的消费者，处在消费领域。"这种理念为高职院校教育管理实践提出了新的目标。作为提供教育服务的教育者，在教育管理中应以学生为本，尽量满足学生（作为消费者）的需要。不同的学生有不同的需要，同一学生不同时期的需求层次也不尽相同，需求的多样化就决定了教师工作的复杂程度。在提供教育服务时，教师不再是以前高高在上的管理者，而成了"弯下腰去"为学生提供服务的教育服务生产者。要生产出优质教育服务，以满足不同人的所有合理需求，教师就要自觉地树立"以人为本"的服务理念，"弯下腰去"掌握学生的思想动态，了解他们需要什么，喜欢什么，想些什么，关心什么，拥护什么，反对什么，兴趣何在，更要了解不同年龄学生身心发育的规律和特征。要深入到课堂，深入到食堂，深入到学生宿舍中，深入到学生活动的各个方面，只有这样，才能从学生的角度制定出符合他们身心发展需要的管理规章，才能努力完善他们的个性，充分发挥他们蕴藏在主体内部的创造潜能，才能受到更多学生的欢迎和喜爱。要生产优质服务，教师还要了解学生需求的变化。社会在变，时代在变，生活环境在变，学生的思想观念也会随之发生变化。这就要求教师要不断调整教育方式，随时了解以前的规章是否符合发展了的实际，以前的教育方式、教育手段是不是学生愿意接受的。

（三）教育服务理念为高职院校教育管理创造新型师生关系

传统的教育理念认为，学生是教育的客体，教师是教育的主体。受这种教育理念的影响，在教育管理中，教师和学生之间是管理者与被管理者的、等级式的、指挥与服从的关系，学生是绝对的弱势方，学校是绝对的强势方，教育者总是凌驾于学生之上，对学生指手画脚，发号施令，有时甚至采取"训斥"和"惩罚"的手段进行压服，甚至制伏学生。这种管理方法虽然可以暂时维护教育者的尊严和权威，也会取得一定的管理效果，但它付出了扼杀学生主体性、自主性和主观能动性的最大代价。

树立高等教育服务理念，要求教育者重新审视以前的师生关系，树立起新型的师生关系；从高等学校教师方面看，在教育服务生产过程的师生关系中，学生作为教育服务消费者，在教育过程中拥有重要地位，教师必须予以尊重，教师作为教育服务生产者，不能不认真考虑作为教育服务消费者学生的意见要求。这意味着教师必须改变角色意识，树立服务理念，从提高服务质量、保证消费者满意的角度出发考虑一切，才能做到因材施教；从学生方面看，意识到接受高等教育是对高等教育的消费，意味着他们必须树立独立意识和自主观念，他们必须对自己的选择和行为负责，不能完全依赖学校和老师。这种新型的师生关系有利于教育管理中师生平等地、朋友式地、相互尊重地交流对话。管理者也只有从观念上意识到对学生进行管理就是对学生的一种服务，认识到尊重学生就是在尊重自己，放弃学生就是在放弃自己，学生的失败就是自己的失败，失去了学生就是失去了自己，教师才可能真诚地去爱，真诚地付出，新型的师生关系才可能得以建立。在这种新型的师生关系中，教育管理倡导以"爱"为核心的情感管理。爱是一切教育的起点，是开启学生心灵的一把金钥匙，也是教育引导和管理学生的一种精神动力。只有爱学生，管理学生才能做到十分耐心，了解学生才能非常细心，为学生服务才会一片热心。而爱学生的最有效途径就是和学生交朋友，成为学生的良师益友。这样，一方面，可以唤起教育管理者的友爱之心，使教育管理者乐于并善于与学生交友；另一方面，可以使学生把教育管理者看成最值得信赖的人，向管理者敞开心扉，吐露心声，心悦诚服地、愉快地接受管理。

（四）教育服务理念为高职院校教育管理的评价提供新的依据

无论什么条件下，任何一所学校的教育管理都有获得良好效果的预期。不同时期，人们衡量教育管理质量的依据不尽相同。传统的教育理念从管理者的角度出发，管理质量意味着管理特征对组织的规定与要求的符合程度。这一视角使组织更关注效率，即用最小的成本获得最大的收益，而看不到不同的被管理者对同样的管理感知不到同样的质量水平。

树立高等教育服务理念，衡量教育质量的标准主要是服务对象的满意度。这一视角更关注服务对象需要的满足。与传统理念相比，这一理念已经意识到了不同的服务对象会对同一产品感知到不同的质量水平。当学生或家长感知到满意的服务时，也就是他们对所有服务特征的期望都得到满足或超额满足时，他们把整体服务感知为优质，并因此对学校和教师保持忠诚，从而对学校产生归属感。用满意度衡量教育管理，传统的强迫式的管理方法必然失去效力，这就促使教育管理者转变理念，认真研究学生，了解学生身心特点，了解学生需求，创新教育方法，满足学生需要，从而为高职院校教育管理提供了新的衡量依据。

用满意度衡量教育管理具体表现在要符合学校教育质量的以下几个特征：一是有效性，也就是能有效地发挥教育服务产品的功能和作用，满足学生学习的欲望，促进学生的发展。二是经济性，是顾客为了得到教育服务所承担的费用是否合理，优质与廉价对顾客是同等重要的。三是安全性，是学校保证服务过程中学生的生命不受危害，健康和精神不受伤害，人格不受歧视，合法权益受到尊重和维护。四是时间性，顾客对服务的时间上有需求，他们需要及时、准时和省时。五是舒适性，需要舒适的学习环境，以及令他们感到舒适的服务态度。六是文明性，顾客需要学校有一个自由、亲切、受尊重、友好、自然和善意的、理解的氛围，希望教师有较高的知识修养、文化品位和优雅的举止谈吐。

用满意度衡量教育管理要以服务对象为衡量主体。学校应给予学生充分的评估权；学校应制定教育服务质量标准，并使服务者了解标准；研制学生满意度问卷调查，用以作为衡量教育管理的主要标准。用满意度衡量教育管理并不意味着对传统衡量标准的彻底抛弃。为了对高职院校教育管理做出更科学的评价，我们认为，可以建立起高职院校教育管理满意体系。这种体系除了学生满意以外还包括管理者自己满意体系，包括上级对下级的满意、下级对上级的满意以及家长满意、社会满意等。这种系统化的满意体系有利于学生的健康成长，有利于学校的管理，使师生之间建立起共同学习、共同进步的良性循环。

（五）在教育管理工作中树立服务意识的几点要求

1.思想观念要转变

长期以来，传统的教育管理工作是以管理者为中心开展的，管理者对学生拥有绝对的权威，管理者与学生的关系是"管"和"被管"的关系，管理的内容主要表现为要求被管理者"做……""不做……""如果……就……"，管理的基本方式是"要求""批评（甚至是训斥、吓唬）"和"处分"。这样的管理方式在特定的历史时期，对矫正学生的不良行为习惯是起到积极作用的。但在这样的管理理念下培养出来的学生缺乏独立思考的能力，缺乏创新精神，依赖性强。伴随着社会主义市场经济的不断发展，社会竞争日益激烈，社会对大学生素质、能力的要求不断提高，传统的管理模式已经不再适合当前的高职院校教育管理工作，我们就应该结合新情况，用发展的思维改进它，完善它。在管理中融合服务的思想，体现"以人为本"的管理理念就是适应新形势的有效方法，我们应意识到它的重要性，切实贯彻到管理工作的各个方面和环节中。

2. 工作态度要转变

学生是整个教育过程的主体，在教育管理工作中要充分尊重学生的个性和人格，转变以前高高在上的管理者的姿态，带着管理就是服务的理念，不断提升自身工作对学生的吸引力和亲和力，主动深入学生群体，经常倾听学生的意见和建议，及时对工作不足之处加以整改，贴近学生生活，贴近学生实际，视学生为朋友，宽厚待人，主动尊重、理解、关心和帮助他们，引导他们以主人翁的姿态投入学习、工作和生活，促进他们道德自觉自律意识的养成，最大限度地发挥他们的创造潜能。

3. 工作作风要转变

说得好不如做得好，树立落实服务意识，关键还是在工作作风上的转变。要把解决学生的思想问题和实际问题结合起来，主动观察学生关心关注的热点、焦点问题，及时高效、公平、公正地做好学生的评优评奖，党员的发展，贫困生精神和物质的帮扶，就业推荐和指导等工作，让学生感受到实实在在的服务效果。特别是在对待学习后进生和个别违纪同学的管理中，要学会感动他们，通过各种有效的帮助教育途径，如指导学习方法、多表扬他们的优点等，使他们觉得老师的工作是为他们着想，是为了实现、发展和维护他们的利益，从而自觉地学好表现好，促进整个群体管理的顺利开展。

4. 服务意识的树立要与坚持制度相结合

在教育管理中，制度是工作的保障，服务是工作的理念，稳定和谐是工作的目的。强调树立服务意识不是抛弃制度的约束，而是增加制度落实的人性化，没有制度依靠的服务是无力和软弱的。对于个别纪律观念薄弱、思想觉悟低、道德品质差、屡次违反纪律的学生就是应该按照规章制度给以相应的处分和处理，这样才能维护绝大多数同学的权益，赢得绝大多数同学的支持。同时，规章制度的坚持与落实需要服务意识的体现，只有怀着服务好学生的思想，才能赢得学生的理解与配合，才会将外在的规定转化为他们内在的自我要求，教育管理才会具有实效性和持久性。

（六）在教育管理工作中树立服务意识的建议

1. 建立一套科学、规范、完善的学生工作制度

高职院校应按照国家有关法律规定，依据本校实际情况制定完整的、可操作性强的程序、步骤和规章制度，并以此规范学生的行为，行使有效的管理。完善学校的规章制度，第一，应确定制定主体，不仅学校领导参与，管理者参与，作为被管理者的学生也要参与，这样才能充分体现学生的利益，实现"以人为本"。第二，学生管理制度应当完善，不仅要注重实体内容，还应当注意到程序内容。比如，学生处分制度，应当列明学生在哪些情况下会受到处分，还应有学生辩护机制和申诉机制。在所有的程序都进行完之后，再由决策机构认定处分该不该执行。第三，学校应有快速的反应机制，对国家一项新的教育管理政策或者法规出台以后，学校应快速的反应并制定出相应的实施意见。第四，除了这些强制性的规定，还应当有一系列的自律性的规定，使学生明确集体生活中行为自律的重要性而自觉规范自己的行为。

2. 发挥学生主体能动性，变被动管理为自我管理

在工作中要注意调动好学生自身参与管理的积极性，让学生积极参与学生管理工作，改变学生在教育管理工作中从属和被动的地位，不单纯地把学生看作教育管理的客体，以利于消除大学生对于被管理的逆反心理，实现大学生的自我管理。教育管理中宜推行以学生工作处指导下的，以辅导员、学生干部为调节的，以学生自律委员会为中心的相对的、教育管理方式。既能锻炼学生的能力，同时又达到了管理的目的。

3. 完善对教育管理者的选拔模式和培训机制

提高教育管理工作者的待遇，建立一支专业稳定的教育管理队伍。一是学生管理者的选拔模式要创新。如今的教育管理工作者的选拔制度存在一定的缺陷，有的是毕业生为了留校做老师而将从事教育管理工作，作为以后成为任课教师的跳板；有的则是通过种种关系安排进来。因此，在这样的情况下，教育管理工作者很难保持高度的热情，管理水平也不一定很高。而新的选择模式是要面向全社会，以完善的选拔机制完成对教育管理工作者的选

拔，这样能招募到各类人才，使学生管理队伍进一步扩大并提高一定的质量。在选拔人才的时候尤其要注意他们在教育学、心理学、管理学方面的知识。在国外做家政服务都必须具备心理学、教育学相关证件，持证上岗。作为教育管理者的选拔就更应注重教育、心理、管理方面的知识，最好是应具备这方面的学历。二是教育管理者培训机制要创新。教育管理工作是一项灵活多变的工作，需要管理者有足够的经验和专业知识处理各种突发事件，因此，对管理队伍的专业培训显得尤为重要。在新型教育管理模式下，任课老师是一个了解学生情况和反馈情况的角色，宿舍管理者也是一个重要的角色，因此，原来这种专业性的培训机制针对的主要是校、院、班三级的教育。管理工作者要改变，应面向专业课教师、学生辅导员和宿舍管理员，对学生辅导员、宿舍管理员要注重教育学、心理学、管理学方面知识的更新与培训，以及他们对突发事件的应急能力，让他们将"学会管理"与"学会学习"结合起来，使教育管理工作者能不断超越自我，从而培养出一支专业稳定的教育管理队伍。注重专业课教师对学生工作相关知识的了解程度的培训，使他们从被动到主动关心学生的成长，关心学生工作，从而在各高职院校树立全员育人的思想。三是关注教育管理者的待遇。教育管理工作需要管理者保持极大的耐心和工作热情，管理工作相当烦琐，使很多管理者不能维持工作的长期性，而管理者的经常变动则影响教育管理工作的开展和完善，因此，提高学生管理工作者的待遇，使其能稳定地从事这一工作是必要的。

4. 加强学生的德育教育和心理健康教育

当今高职院校教育中的人才培养，不只是要使其获得专业知识和技能，也要培养其道德修养和心理素质。而大学生面临来自学业和就业等多方面的压力，独生子女的心理弊端便显露出来，承受能力差，易造成一些消极的后果。高等学校是培养主流意识形态的重要阵地，对构筑大学生良好的精神世界发挥重要作用。高职学生教育管理者应通过各种渠道和方式，帮助大学生树立正确的世界观、人生观、价值观，形成高尚的道德情操和坚强的心理素质。因此，高职院校教育管理工作中的重要内容就是加强学生的德育教育和心理健康教育。这一点很多高职院校已经认识到并正在改进，特别要注意结合大学生实际，广泛深入开展谈心活动，有针对性地帮助大学生处理好学习成才、择业交友、健康生活等方面的具体问题，提高思想认识和精神境界。

要制订大学生心理健康教育计划，确定相应的教育内容、教育方法。积极开展大学生心理健康教育和心理咨询辅导，引导大学生健康成长。

"以人为本"的管理模式是顺应当今形势行之有效的模式。教育管理者要结合实际情况积极运用这种模式，在管理中树立服务意识，充分调动学生自我管理的积极性和能动性，实现管理者和被管理者的有机融合，实现教育管理的时效性和持久性。

二、创新管理方式

创新是高职院校教育管理的灵魂，也是高职院校发展的关键。高职院校只有大力进行管理的创新，摒弃陈旧、落后的管理方式和方法，创建一种与时代发展相适应的新的管理机制，才能真正提高高职院校的管理水平，从而实现高职院校提高办学质量和办学效益，培养大批优秀创新人才的现实目标。尽管全面创新管理是针对企业的创新提出的，但对高职院校也同样适用。

（一）当前高职院校教育管理工作的主要问题

1. 管理体制落后

传统的高等教育管理体制受单一计划经济体制的影响，其在管理观念和教育手段上极大地落后于当今的社会和经济环境，市场经济的灵活多变是传统教育和管理体制无法适应的。以往固定的学制和课程也变得相对灵活，曾经的毕业分配政策也由大学生自主择业代替。大学生作为知识分子群体，世界观和价值观更能紧跟潮流，不断前进和变化着。随着改革开放的深化，经济政策和体制，社会物质和文化生活都在发生着翻天覆地的变化，大学生更加追求个性，思想更具独立性，传统的计划经济体制下的教育管理体系已经无法适应高职学生的管理工作。

2. 教育管理人才缺乏

要建设高水平高等教育学校，必须在教育管理人才的引进上给予足够的重视，绝对不可以认为，人才的重点应当在科研和教育上。目前，我国高职院校教育管理队伍人员参差不齐，数量多，但整体素质不高，无法适应高等教育的改革和发展。因此，新时期的教育管理急需一支专业过硬、素质较高的教育管理人才队伍，强调其经验丰富，专业知识扎实，思想坚定，勇于创新。

（二）高职院校教育管理工作创新的必要性

今日高职院校的功能已由单一走向多元，从简单趋向复杂，高职院校与社会的关系日益紧密。21世纪，人类社会正进入一个以智力资源为主要依托的全球化知识经济时代，伴随知识经济社会的到来，高等教育将在社会中发挥空前重要的作用。高职院校作为法人实体，必须有全面创新思维，否则将落后于历史前进的步伐。全面创新管理特别是其根据环境的变化突破了原有的时空界域和局限于教学管理部门和教师创新的框架，突出强调了新形势下全时创新、全球化创新和全员创新的重要性，使创新的主体、要素与时空范围大大扩展。

1. 管理创新是培养高素质人才的需要

当前，科技飞速发展，新技术不断涌现，要培养大批高素质人才以适应新时期的生产建设，必须不断推进教育创新，这不仅包括教育观念、教育制度的创新，在人才培养模式和教育管理工作上也必须探索出一条新的道路，才能提高人才的素质和能力。教育管理工作是高职院校育人的重要手段，其本身并不仅是一个简单的政策、制度、规章所能涵盖，它是一整套理论体系和系统工程的反映。教育管理工作的创新过程必须不断与外界思想、政策、环境相比较，适应时代的潮流和社会的发展，这样才不会被时代所淘汰。

2. 管理工作创新是高等教育大众化的需要

自高职院校扩招以来，招生规模的不断扩大，学生人数的不断升高，以前的所谓“精英教育”渐渐被大众化的教育模式所取代，大学生的整体素质和层次也在发生着巨大的变化，这对高职院校教育管理工作是一个不小的挑战。高职院校教育管理工作只有积极创新，不断探索，才能适应高等教育大众化发展的要求。

3. 管理工作创新是服务学生的需要

我国当前正处于社会转型期，社会生活方式逐渐多样化，大学生的思想观念、价值观念、生活方式都在发生着巨大的变化。网络技术快速发展，大学生对于新知识、新技术的接受和学习更快，这使他们被网络深深地影响着。从教育管理的层面看，互联网的确带来了新的技术和方法，但互联网也冲击着传统的管理方法和体制。网络信息良莠不齐，不少学生难以判断、抵御不良信息的侵袭，其思想受到这些虚假、反动信息的毒害，导致部分学生沉溺于网络游戏等，甚至走上违法犯罪的道路。因此，必须对管理模式进行创新，这是加强学生工作的需要，也是提高高等教育质量的需要。

（三）全要素创新在高职院校教育管理中的应用

1. 高职院校创新发展战略的制定为全面创新指明了方向

高职院校在战略措施的制定上，要找准切入点，突出特色，坚持特色办校，将有限资源用于战略性、关键性的发展领域，使之发挥最大的效用。高职院校的优势来源于管理者将内部所具有的专业特色优势、人才优势、学术科研成果、管理经验、资源和知识的积累、整体创新能力等多种因素整合。只有建立在现有优势基础上的战略，才会引导高职院校获取或保持持久的战略优势。推进特色办校战略，不仅在某一学科或专业上有特色，而且尽可能在某一领域上有特色。

2. 创新文化的建设是实现高职院校全面创新的源泉

各种创新活动都离不开高职院校创新氛围的基础，如果高职院校中人们的思想僵化，思路不清、机械、呆板，满足现状，不思进取，缺乏创新欲望、动机，对创新举动不予理睬甚至百般阻挠，就不可能形成强烈的创新氛围。据研究，国内外的一些著名高等学校，其保持长盛不衰的活力之源就是独特校风的延续和更新机制的存在。

3. 技术创新是实现高职院校全面创新的手段

现代信息技术对教师的学科知识结构以及掌握现代化教育技术的程度也提出了更高的要求，教学方法和手段的现代化及课程内容的更新，影响教学过程和人才培养的过程，对大学生的思维方式、行为模式、价值观念、政治倾向等都产生了深刻影响。

4. 创新制度设计是高职院校实现全面创新的保障

任何一个制度和政策设计的终极目标，都是要最大限度地激发人的积极性。高职必须承认个人在知识发展中的独特性，建立"以人为本"的有利于学生创新思维、创新能力培养的管理制度，既有利于充分发挥学生的学习积极性，又有利于充分发挥教师的教学积极性。

5. 学习型组织是高职院校实施全面创新的必然选择

随着我国高等教育向大众化阶段的迈进，高职院校办学规模不断扩大，管理幅度和管理层次也相应增加，高职院校实际上已经成为一个复杂的组织系统，传统的金字塔式的组织结构已很难适应知识经济的要求。因此，应改变组织结构，建立一种有机的、高度柔性的、扁平的、符合人性的、能持续发展的、充分发挥员工的创造性思维能力的组织。

6. 全时空创新在高职院校教育管理中的应用

全时空创新是指每时每刻都在创新，使创新成为涉及学校各个部门和师生员工的必备能力，而不是偶然发生的事件。这就要求在课程体系中增加创新能力的训练和综合实践课程，提高学生在亲身实践中发现问题、解决问题的能力，进而激发灵感。

教师要更新教育观，转变教育思想，改变常规教学方法，把知识的最新成果以及学术界正在争论的问题随时融进教学中，身体力行站在创新的最前沿。况且，在全球经济一体化和网络化的背景下，高职院校应该考虑如何有效利用创新空间，在全球范围内有效整合创新资源为己所用，实现创新的全球化，即处处创新。

7. 全员创新在高职院校教育管理中的应用

全员创新要求师生员工必须学习、学习、再学习，不仅要系统学习掌握基础的现代科学文化知识，而且要钻研某一专业方面的前沿领域，做到博与专，基础与特长的和谐统一。加强当前的阶段性学习，更要强调终身学习，不断增加新知识、新技能，保持良好的知识结构。高职院校教育管理人员再也不能像以往那样用传统的组织手段指挥一群富有知识、渴望创造的教育工作者，必须不断探索高职院校教育管理中的新规律、新问题，研究现代化高职院校教育管理的新的方法论，寻求新形势下行之有效的管理方法，努力增强高职院校教育管理的科学性和艺术性，不断提高管理成效，用信息化管理方式取代传统管理方式，更要学习借鉴国内外先进的高职学生管理经验。

8. 全面协同在高职院校教育管理中的应用

正常的教学秩序需要稳定的教师队伍和部门间的协同管理创新。目前，高职规模的不断扩大使高职院校教育管理创新呈现出纵向的多层次和横向的多部门性，并且相互依存。无论从高职院校教育和教学管理的主体还是从客体看，都不可避免地出现利益和要求的多元化局面。高职院校教育管理中的协同创新行为是高职多个部门创新的组合过程，必须让所有参与协同的部门了解当前高职组织创新的实际情况，这不仅有利于单个部门的创新，而且在创新的过程中能进一步增进相互理解和信任，利用部门间相互协同创新，增强高职的凝聚力，提高高职的管理效率和创新能力，最终实现解决矛盾，缓解纠纷，消除内耗，达到整体创新的目的。

（四）高职院校教育管理工作创新的建议

1. 完善教育管理制度

高职院校教育管理制度是在全校范围内具有普遍约束力的各种规章、条例、制度等，是高职院校依据国家有关法律法规制定的行之有效的管理办法。然而，我国高职院校的学生管理制度大多沿用老一套的管理办法，已经跟不上时代的发展。因此，必须尽快制定出与时代和社会现状相符合的管理制度，完善管理上的不足。

2. 思想政治教育的地位不可磨灭

高等教育的根本目的是为我国的社会主义事业培养人才，为生产建设和经济发展提供人才保障。因此，社会主义思想政治教育一直是我国高等教育体系的重要组成部分。管理工作的创新也要充分利用思想政治教育这一强大武器，将马克思主义贯彻到大学生的生活、学习、工作中，为他们确立正确的世界观、人生观、价值观提供坚实的理论依据，使其能够自觉抵御各种不良信息和消极思想的冲击，将个人的成长与国家发展、社会进步有机结合，促使大学生不断努力，不断前进。

3. 教育管理队伍专业化

努力培养和造就一支学生工作的专家队伍是当前教育管理工作创新的当务之急。一支专业过硬、素质较高的教育管理人才队伍，不仅能够管好学生，更能服务学生，培养学生，提升学校的综合实力。

高职院校全面创新管理体系的建立是一项复杂而艰巨的工程，不仅需要对全面创新管理中的要素理解掌握，还应采取如下策略：在宏观上，政府要明确在高职院校科技工作上的职能定位，加强对高职院校科技工作的战略规划，对高职院校实行分类指导，引领科研方向；在中观上，加强校内、校外，国内、国际的科技交流与合作，建立和完善科教经互动的合作创新体制，构建开放的人才培养体系和多元化、多渠道的科技创新投入体系；在微观上，各高职院校要实施高职院校科技管理体制创新工程，建设科技资源共享的创新基础平台，实施科技创新人才选培工程，培育科技创新文化，提高投入资金的使用效率。

第三节 有效利用网络

互联网已成为高职院校教育管理工作中不可或缺的一部分，给高职院校教育管理工作带来机遇的同时也带来了挑战。如何充分发挥其独特优势，消除具体工作实践中的局限性，创新管理模式，将是新时代下高职院校教育管理工作取得成功的关键。

一、网络化平台概念

网络化平台指的是在对计算机网络进行应用的前提下，处理各方面的工作。本书研究的主要是处理学校中的一些事项，主要包括硬件和软件两种设施。在各个区域网的基础之上提供所有的支持服务系统，通过系统将工作内容的开发工具提供出来，可以导入多种类型的文件，将连接和有机整合的功能提供出来，对各项工作进行全面、系统的管理。在很多领域内都能作为管理的工具，可以快速地添加、赋予和删除不同的权限，并且是一种高效的交流工具，对各种功能都能够很好地予以满足。

二、现阶段网络在学生思想教育中的应用现状

为了能够使网络信息技术很好地被学生所应用，并且将高水平的网络化平台构建起来，我国很多院校对校园内的网络平台进行了不断地完善。特别是近几年，网络化开始在校园中大面积普及。作为最先进的传播手段，网络的开放性、综合性、全球性、多互性的特征使更多的交流机会和畅道的渠道在不同文化与事物之间相互传播，给社会的发展带来巨大的推动作用，给人类的发展也带来促进作用。网上的信息相对复杂，虽然有很多有益、健康的信息，但也不乏一些不健康的信息。不健康信息对于未步入社会大门的学生来说，势必会带来一定的负面影响，对学生的思想道德与行为习惯都会造成负面的影响。因此，构建校园绿色的网络平台就显得非常必要。

（一）网络化有助于掌握学生的思想道德状态

思想政治工作人员或者班主任教师能够利用这项技术更为真实迅速地对学生进行了解与掌握，在提升学生思想政治工作的过程中能够更加有针对性，尤其能够引起学生普遍关注的社会和校园热点问题。随着信息时代的到

来，学生都喜欢将自己的思想行为以电子数据的形式反映在网络上，互相之间进行讨论与交流。因此，教师可以利用网络平台第一时间获得学生思想上的真实的资料。教师可以利用对学生网站的搜索、整理及分析，找出有效的方式，及时发现学生的思想波动与误区，对学生的思想政治方面给予正当的引导。

（二）网络化有助于改进思想道德教育模式

传统的教育方式只是通过教师在课上或课下的口头引导，或是凭空举出一些例子进行教育。这种教学模式存在很大的弊端：一是没有认识到思想教育在学生发展中的作用；二是学生虽然明白老师是在激励自己，但是由于教师的讲解缺乏生动性，使学生心理上很难接受。面对这样的情况，在利用网络化平台对学生进行思想教育的过程中，能够将大量的信息呈现出来，为学生提供丰富多样的素材。这些极具感染力的素材使学生不再感到枯燥无味，从而积极地接受。另外，在对学生进行思想教育的过程中，网络平台中网络传递的及时性可以更加快速地将信息传递出来，使学生感到思想教育工作无处不在。

（三）网络化有助于净化思想道德素质内容

随着网络时代的到来，更多的网络技术与信息被广大学生所认知和应用，但是由于学生的自控能力普遍较差，很少将其用在合理的方面，因此，学生容易受到网络上不健康信息的污染，影响自身的思想道德的培养。在此背景下，学校网络平台的搭建很好地解决了这方面的问题。首先，学校网络的安全系数比较高，在对学生进行思想教育的过程中，会大力宣传绿色教育，强力抵制那些不健康的信息，这在一定程度上会转变学生的思想观念。通过学校网络的思想教育，学生在课余时也会自觉抵制不健康因素，明确自身思想发展的方向。

（四）网络化有助于拓宽思想道德教育的事业视野

现阶段，随着网络技术的不断发展，已经实现了在第一时间收集世界上的全部信息，不受空间和时间的限制，对于传统信息沟通方式不能解决的问题进行有效的解决。因此，学校网络平台的建立，能够给思想教育提供更加宽广的平台。同时，学校网络平台在对学生进行思想政治教育的过程中，对学生需要的信息能够进行及时下载，对学生的思想发展情况进行详细的存储，将更多的教育时间提供给非教育者和受教育者。强化学生的思想道德观念，将思想教育和引导提供给学生，解决了传统思想教育的时间、空间至梏，给学生提供开放性、全社会的教育空间，利用网络的特性对学生进行思想政治教育。相关人员在对学生的心理进行分析时发现，在教学时，通过听觉与视觉相互结合，能够将学生认识事物的能力提升 65%。因此，利用网络进行教学可以对学生的思想进行准确、快捷的了解，对网络信息的优势进行充分的应用，将思想政治教育的渠道和空间进行不断地扩展，将更为适合青少年、更为有效、更为新颖的思想教育方式提供给学生，拓宽学生思想政治教育的视野，丰富学生的思想。

三、网络对高职院校教育管理工作的影响

随着信息技术的发展，互联网作为一种新媒介已成为大学生工作、学习与生活不可缺少的一部分，在高职院校已经很难找到从不上网的学生，网络行为越来越成为大学生的一种生活习惯。而作为网络的主要使用者，大学生的意识形态及行为方式也深受网络的影响，他们逐渐倾向于在网上发表自己的各种看法、愿望和意见等，并开始通过网络行为表达与自己息息相关的教育管理工作的关注和诉求。在实践中，网络技术也不断地被运用到高职院校教育管理工作中，给我们的工作带来了机遇，但也伴随着挑战：一方面，网络技术的应用使教育管理工作变得高效、便利且人性化；另一方面，由于网络自身虚拟化等特征，也使我们的教育管理环境变得复杂化，对高职院校教育管理人员提出了新的要求。如何运用好网络这把"双刃剑"，充分发挥其独特优势为育人管理服务，将是高职院校教育管理工作能否取得新突破的关键。

四、利用网络平台强化对学生的管理

在对学生进行管理的过程中，网络平台的构建对于学生的管理二作强化方面会带来巨大的帮助，主要应用在以下层面。

（一）强化了学生思想管理工作

思想能够影响一个人的行为，尤其对于学生来说，他们的思想还存在着一些不成熟的方面。学校利用网络平台，可以将社会上最新的消息传递给学生，使学生第一时间接受最为先进的思想引导。例如，可以利用最大的中

文网站《人民日报》进行消息的传递，自从该网站建立之后，每天都会被浏览八万次左右，有一亿多字会被读者进行提取，可见其功能之强大，其也从另一层面映射出网络的重要性。此外，学生因为在学习过程中会经常遇到种种的困难，思想波动的情况会时常发生，这样教育人员利用网络将学生反映出来的情况及时地进行汇总，将合理的方案制定出来，实时关注学生的思想变化情况，随时关注学生思想上的波动。

（二）强化了学生心理健康教育

不管是哪一阶段的学生，都会容易出现心理上的波动，这样，对于学生的身心健康的发展都会带来严重的负面影响。加之网络技术的出现，虽然丰富了学生的视野，但也有很多学生迷恋网络而迷失了方向，心理上也蒙上了一层黑雾一时难以散去。面对这样的情况，学校利用网络平台对学生的这种不健康的心理进行正确引导，用健康的网络代替那些肮脏的网络信息，通过网络信息对学生的心理特点和思想脉搏进行有效掌握。

（三）强化了对学生学习上的管理

学习是学生的本职。随着教育改革的不断深入，传统的教学方式已经很难适应社会的发展，为了丰富学生的视野，学校的网络平台在其中发挥了极大作用。网络平台被各个学校运用之后，可以为学生提供更为活跃的课堂氛围。利用网络平台将学生的个人信息和学习情况输入到网络当中，这样，教育者可以对学生的学习情况及时地予以掌握。如果学生某个知识点没有理解，可以通过网络及时地到老师那里寻求帮助，老师会第一时间为学生们进行解答。从某种程度上讲，网络平台的搭建为老师管理学生的学习，学生及时地寻求老师帮助之间架起了一座桥梁。

（四）增强学生的凝聚力

在现阶段的一些班级当中，很多学生都是独生子女，他们以自我为中心的理念非常强烈，缺乏团结友爱的精神。因此，在面对这样的学生时，班级管理者便显得有些力不从心，管理起来会非常吃力。如此一来，班级就会如同一盘散沙，对学生各个方面的发展都会带来严重影响。随着网络平台在学校中的应用，教师可以通过学生的网络信息及时了解他们的真实情况，对于出现的问题，可以有针对性地进行解决。并且，教师可以根据网络平台，构建起团体性的活动，使学生能够经常融合到一起，不断地通过网络上的集体活动，增进同学之间的友谊，这样，学生的凝聚力就会慢慢地被培养起来。

五、网络时代下高职院校教育管理工作的新举措

（一）开拓网上思想政治教育阵地，加强对学生网络民意的疏导

网络具有开放性，它完全打破了原有国家、社会之间的限制，将世界各国都紧密联系起来，不同意识形态之间的思想碰撞和文化冲突达到前所未有的程度。一些别有用心的西方国家借此机会通过网络平台对我国进行意识形态的渗透，大肆宣扬西方的文化理念、政治制度等，散布影响社会稳定的言论和信息，以此削弱我们对马列主义等主流思潮的信仰，淡化我们的民族意识。部分思想和三观尚未成熟的大学生在如此强烈的多元文化碰撞下逐渐迷失了自我，对原有的主流理想信念产生怀疑，造成他们政治观念的淡漠、价值观念的偏离，出现极端个人主义、拜金主义等问题。作为高职院校教育管理人员，必须抢占网络高地，通过网络平台创建"红色网站"，在校园网上建立理论专区，构建思想政治教育阵地。一方面，高职院校教育管理人员应高度重视大学生网络民意的表现，密切掌握大学生的思想动态，对三大学生所关注的热点、难点问题在网上给予及时回应，做好疏导工作。我们应该想办法深入到学生喜欢参与交流和讨论的网上社区、网站和聊天室等，积极与学生互动交流，及时了解大学生的网络情绪。特别针对一些学生关注的重大政治、意识形态等敏感问题要及时在网上进行旗帜鲜明的正面引导，在引导过程中要注意坚持柔和的交流态度，言之有理，言辞恳切，力求把一些尖锐的矛盾化解在萌芽状态。同时，要尽可能地团结好网络中的骨干活跃人员，在网上敏感话题的争论中，网络上的骨干活跃人员的行为对普通网民有巨大的影响力，要积极发挥他们的正面影响力，教育和带动更多的网友理性、成熟地思考问题。另一方面，要建立网络舆论突发事件应急机制。突发事件发生后，通过网络广泛、迅速、覆盖面大的信息平台将真实情况直接发送给每一位同学，提高组织传播的效率，减少信息在多层传输过程中的人为减损，防止学生被不实信息误导煽动而引发更大的混乱。

（二）增强学生网络法制意识，加大网络文明建设力度

目前，我国关于网络的相关法律法规并不完善，高职院校对大学生网络法制意识与网络文明的宣传教育力度不足，加上对大学生的网络行为缺乏正确、有效的引导，导致大学生普遍的网络法制与网络文明意识不强，从而

造成大学生网络行为规范的缺失。高职院校作为大学生网络法制与文明建设的主要场所，并未有效占领网络法制文明系统建设的前沿阵地，未能形成良好的校园网络文化氛围。

针对这一现象，首先，国家要根据网络发展的新情况和新问题，及时制定和出台一系列能适应网络环境快速发展的新法律法规，不断提高打击网络犯罪与网络不文明行为的能力。高职院校教育管理人员要加大对学生开展网络普法教育、网络安全教育和文明上网教育的力度，积极引导学生以遵纪守法为荣，对有关网络法律问题进行主动思考，如利用社会上的一些典型案例教育学生触犯网络法律所应承担的法律责任，以示警醒；同时，可在学校相关网站或 BBS 社区上开辟寓教于乐的法制教育网页，设立在线互动答疑等栏目，发动学生积极参与对网络违法现象与不文明行为的深入探讨，在潜移默化中提升大学生的网络法制与网络文明意识。其次，必须坚持他律与自律有机结合，倡导在学生群体中形成互相监督，合法文明使用网络的氛围。杜绝学生对网络违法与不文明行为的互相包庇与谅解，使学生分散的网络文明行为凝聚成有组织的共建网络文明的行动。在这一过程中，应充分发挥学生党员的模范带头作用，培养一支政治立场坚定、作风正派、网络技术过硬的学生党员队伍，充当网络文明使者，利用他们来自学生中便于与学生沟通、易于被学生接受认可的优势，引导好大学生的主流价值观，使他们肩负起宣传网络法律法规、倡导网络文明的重任。

（三）建立一支具有网络时代意识与过硬网络技能的学工队伍

高职院校教育管理面临的环境发生了变化，网络信息技术的快速发展向传统的高职院校教育管理理念与方式提出了新的要求，这是新时期高职院校教育管理工作必须正视的现实环境。教育管理人员要想有足够的能力解决在新的教育管理环境中出现的新问题，必须强化自身的信息素质，提高现代网络技术应用的能力，才能充分利用网络资源优势，拓宽高职院校教育管理工作的空间，增强教育管理工作的针对性和实效性。

作为高职院校教育管理者，要抢占网络高地，建立属于自己的网络构架。注意网络社团、BBS 社区、微博、QQ 等网络媒介在工作中的运用，努力实现班级管理网络化，提高工作效率，使大学生表达的意见更有机会直接接近管理中心，从而改变以往信息不畅，具体管理工作、措施与现实脱节的被动局面，增强学生管理工作的针对性和科学性。此外，基于传统的教育理念，学生对老师既敬又畏，在老师面前难以敞开心扉，真实地表达自己的所思所想。而网络隐秘性与虚拟性的特征使网络交流少了现实中面对面交流的尴尬和顾忌，现在大部分学生都热衷于通过网络平台表达自我，很多时候都会把自身的心情、心态或者对事件的观点即时通过网络宣泄。这样的情况导致管理者对学生的思想难掌握、问题难发现，久而久之师生关系也由此而渐行渐远。多关注学生在网络上发表的信息，可以及时掌握学生的思想动态，从而对症下药，将一些不良的思想遏制于萌芽状态。相对于以往传统、低效的育人管理环境，当前高职院校教育管理工作成败的关键，在于管理人员是否能够在第一时间准确地获取高质量的信息，只有在知己知彼的情况下才能做出正确有效的决策。

（四）充分利用网络资源，加强对学生的服务工作

在现阶段的实践中，网络技术与资源在高职院校教育管理工作中的应用还处于初始阶段，很多都是停留在"面子工程"的形式上，没有落到实处。要切实在网络上开展教育管理工作，必须坚持管理与服务相结合的原则。一方面，要加大校园网络的信息量，在校园网络平台上，除了能查询到学校的各种方针政策、规章制度和通知等常规信息外，还应包含各种大学生常用的学术、生活社交网络资源，努力把校园网络建设成为一个便于大学生学习、生活的综合性平台。另一方面，多拓展针对学生的网上服务空间，如于展网上心理咨询、网上就业信息咨询、勤工俭学信息、网上社团活动等，努力利用网络自身具备的优势特征消除某些管理工作或服务在现实操作中的局限性，开创高职学生工作的新局面。例如，大部分心理有问题的学生都不太善于交流和沟通，而网络可以为了解学生心理动态和进行心理咨询提供一个全新的平台。通过网上心理咨询服务，可以消除面对面的尴尬，避免现实交流带来的障碍，可以慢慢地深入问题学生的心里，使其敞开心扉地宣泄内心的情绪问题，从而使教育管理者对症下药，准确地引导学生的行为，为更顺利地开展学生心理工作提供良好条件。

（五）注重"网上管理"与"网下管理"的结合

作为一个高职院校教育管理工作人员，无论信息技术发展如何迅猛，网络技术与高职院校教育管理工作结合得如何紧密，我们必须明确：教育管

理工作不是在做"虚拟世界"的工作，而是在做"虚拟世界"背后的学生主体的工作。利用网络平台开展高职院校教育管理工作要做到网上管理和网下管理相结合，做到以情感人，以理服人。同时，加强校园现实的软件和硬件建设，增强现实空间对学生的吸引力。很多大学生沉迷于网络的虚拟空间，主要也是由于在现实世界中，他们的很多想法和诉求都得不到满足，只能在虚拟世界里寻求慰藉。为改变这一局面，学校要多开展受学生欢迎，易于学生接受的校园文体活动，尽可能地使所有学生的心理诉求能在现实中得以满足，让他们有平台与机会能各尽其能，从而增强现实校园对学生的吸引力，增强学生的幸福体验。

综上所述，随着信息时代的到来，在人们生活或学习的各个领域中都能看到互联网的影子，在各个层面和领域中都有所渗透。互联网用其多种功能不断地丰富着人们的生活和阅历，将各种思想和信息有效地进行传播。因此，学校在学生的思想教育和管理工作中必将发挥着不可代替的作用。现阶段的很多学校，鉴于学生不断增长的网络需求以及互联网极强的功能，网络平台在学校中逐渐地建立起来，在以上提及的两项工作中发挥了不可代替的作用，使工作的效率逐渐地得到提升。

第六章 互联网时代高职学生管理模式的创新与发展

第一节 互联网时代高职学生管理模式的创新

一、管理层面

（一）管理者提高自身的综合素质

随着我国高等教育的逐步普及以及与国际接轨，各高职院校面临着激烈的竞争，高职院校管理者也面临着新的任务和挑战。高职院校教育管理者除要承担教师应尽的责任之外，还因其管理者的身份，承担着更多特殊责任，这就要求必须全面提升自身的综合素质。

一所高职院校的成败很大程度上取决于这所高职院校领导者的水平，高职院校教育管理者的能力素质对高职院校的发展和大学生的成长成才有着至关重要的影响。然而，近年来在从事高职院校教育管理的这个群体中，有些管理者存在着责任感不强的现象，影响了学校的发展和大学生的健康成长成才。具体体现在：部分高职院校教育管理者对大学生的管理缺乏科学性，不注重调查研究工作，不注重大学生的成才规律和大学生的个性发展规律，在工作中缺乏社会责任感，缺乏持久性和稳定性，工作不得法，影响了大学生的健康成才。为了对所处的时代和所肩负的责任有一个具体深入的认知，高职院校教育管理者要注重自身管理能力的提高，不断地吸收新的信息，不断地实践和总结，培养良好的执行力和良好的沟通协调能力。管理能力的提高是一个学习和训练的过程，过去的知识和能力固然重要，但并不等于说我们就可以用过去的知识和能力应对现在和未来，要用发展的眼光培养自我的责任意识。高职院校教育管理者要注重高职院校教育管理方法的研究，增强自身科研素质，明确管理的目的，为管理素质的提高奠定基础。高职院校教育管理者如将科研作为管理过程的先导，管理就能深入下去，就能在教育管理中不断发现问题，不断完善管理方法，不断探索新问题的发生过程，使高职院校教育管理活动沿着科学化、规范化的轨道进行研究实践。因此，高职院校教育管理者素质的提升是培养创新人才的保障。高职院校教育管理者责任体现必须围绕着高职建设发展、大学生成长成才的需要。

1. 促进高职院校教育发展的责任

目前，高职院校教育管理者基本上都接受了系统的高等教育，掌握着先进的科学技术和管理方法，是高职院校发展中一支朝气蓬勃、出类拔萃的队伍，应该努力用自己的聪明才智为高职院校的发展尽一份力量，为大学生成长成才服务，这是历史赋予高职院校教育管理者不可推卸的责任。在科技进步突飞猛进、知识经济已见端倪的今天，民族科技正面临着一种咄咄逼人的挑战。高职院校教育管理者接受了正规而严格的治学熏陶，领略着各门学科的无限风光，探求着自然与社会的最新宝藏，因此有能力、更有责任和义务，促进中国教育的发展，在高职竞争的舞台上一显身手，推动高职院校的进步。高职院校教育管理者要对祖国的教育和人才的培养有着高度的关注和思考，对建设有中国特色的社会主义教育、办好人民满意的大学有着比较深刻的理解，积极投身于高职院校的建设，为不断推进高职院校的发展而努力。

2. 推动大学生成长成才的责任

当前，高职院校部分大学生至今仍存在科学思想缺乏、故步自封等"国民的弱点"。对高职院校教育管理者而言，不仅要注重自我的发展，更重要的是要挑起高职院校教书育人的重担。高职院校教育管理者要勇于冲破旧势力的束缚，清除各种历史的和现实的陈腐观念，在办人民满意大学的道路上实现自身的发展和完善，并以此促进高职院校教育的发展和大学生的健康成才。责任感的重要性是不言而喻的，责任感的培养和增强既需要高职院校教育管理者本身的努力，也需要社会外界条件的帮助来共同完成。引导高职院校教育管理者通过实践来体现责任，积极拓宽高职院校教育管理者与社会沟通的渠道，提供各种各样的锻炼机会，使其能够真正接触社会，以成熟的观点认识社会现象，宣传倡导良好的社会风尚，坚决批判和抵制不良社会风气和社会现象，从而培养自身判别是非、应对复杂局面的能力，只有这样才能帮助大学生明辨是非，树立正确的政治观、人生观、价值观。

（二）高职院校教育管理者的素质优化——全方位、多角度相结合

1.注重知识更新，加强责任引导

高职院校教育管理者要在意识到自己责任的同时，把它升华为一种自觉的内心信念，升华为义务感，形成强烈的社会责任感。培养自我管理能力，要把高职院校教育管理者所具备的政治素质、业务能力、增加工作经验等作为能力管理的主要内容，根据高职院校教育管理者的具体情况和需求，有针对性地加强学习与培训，保证获得急需的工作技能和方法，促使高职院校教育管理者运用自己的理论优势帮助大学生成才，促进学校教育的发展。高职院校教育管理者作为教书育人的责任主体，具有公民的权利和意识，也必须具有办人民满意大学的责任意识，从而引导高职院校教育管理者正确认识个人与社会的关系，认清承担社会责任是实现自我价值的必由之路和强化构建和谐学院的思想基础。个人与社会之间既有区别又有联系，是共生共存、辩证统一的。发挥好高职院校教育管理者的主观能动性和创造性，使他们善于运用科学理性的思维去分析问题、解决问题，充分发挥高职院校教育管理者自身的优势，鼓励自我，勇于创新。青年高职院校教育管理者接受新鲜事物快，上手能力强，勇于创新，可以通过以老带新、亲力亲为拓展渠道，根据"求新""求异"的特点，加强对其社会责任感的有效引导，帮助青年高职院校教育管理者用理性的思维处理各种纷繁复杂的事物与矛盾，在实践中提高青年高职院校教育管理者的责任感和事业心。只有这样，高等学校才能培养出服务社会的人才，自身价值也才会得到充分体现。

2.注重能力管理，拓展创新载体

高职院校教育管理者要培养健康的心理素质，锻炼坚强的品质并增强抗挫折能力。高职院校教育管理者在教育管理工作中常常会遇到不顺心的事情，会感到委屈、郁闷，这种心情会在很大程度上影响工作的效率和准确度，甚至使面临的情况愈加困窘，所以要注重培养自己的心理素质。高职院校教育管理者要有坚定的职业精神，只有对自己的本职工作付出热情和心血，才能真正把事情做好。在繁重而枯燥的工作中，高职院校教育管理者只有选择耐心与认真，才能不折不扣地完成教书育人的任务。如果每一个高职院校教育管理者都能经常对自己的表现进行反思，不断克服自己的惰性和私心，那么高职的教育管理水平就能日益提高。高职院校教育管理者面对学生工作

中"繁、急、难、重"的工作，要创新载体，注重能力管理，要不断去探索新方法，找出新程序，不断提高管理质量，打破因循守旧的观念，树立大胆创新的观念，注重教育的实效性，从而实现个人价值与社会价值的统一。高职院校教育管理者最终的目的是为学院发展服务，为社会培养优秀合格的人才。高职院校教育管理者只有具备社会责任感，才能培养出社会需要的人才。

（三）切实落实高职院校教育管理工作

在高职院校教育管理工作中，辅导员扮演着重要角色，不仅要管理学生，还要教育学生，对学生的学习和日常生活进行正确引导，帮助学生树立正确的世界观、人生观和价值观。对高职院校教育管理工作中辅导员的角色分析，能促进辅导员更好地对大学生开展教育和管理工作。

1. 辅导员在高职院校中的地位及作用

高职院校辅导员在教育学生、管理学生、服务学生方面肩负着重要责任，同时是高职院校对大学生开展思想政治教育工作的骨干力量，负责组织大学生接受思想政治教育，切实落实高职院校思想政治教育工作，指导管理学生的日常生活。

（1）管理协调

高职院校辅导员要对学生进行无微不至的关怀，做到事无巨细，让学生感到温暖。比如，指导学生如何管理日常事务、如何管理班级规章制度、如何组织班级活动、如何动员和促进学风建设等，高职院校辅导员在班级管理工作中要付出足够多的汗水和心血。高职院校辅导员被高职师生们公认为"学生工作管理员"，其在工作过程中要协调校内各部门与学生之间的关系，做到对校内各个环节进行有效衔接，充分发挥高职院校的管理育人力量。

（2）桥梁连接

通过辅导员可以架起高职院校与学生之间沟通的桥梁，辅导员要负责收集掌握和处理学生的意见和要求，贯彻落实学校政策法规、规章制度，组织学生开展各种校园活动。由此可见，高职院校辅导员加强了学校与学生之间的思想沟通，能够为高职院校的育人工作创设和谐稳定氛围，促进高职院校管理工作高效稳定运行。

（3）教育疏导

高职院校辅导员采取近吸式教育模式对大学生进行教育，教育工作涵盖大学生的各个方面，不只停留在思想教育层面，进行的重点工作是帮助大学生进行职业生涯规划，促使大学生树立远大理想，形成正确的世界观、人生观和价值观，使大学生在学习、生活和工作方面端正态度，为高职培养高素质人才提供保障。

（4）成才导师

辅导员会影响到学生的方方面面，如思想观念、价值取向、处事态度、行为方式以及学习成绩等，优秀的辅导员可以对大学生产生积极影响。辅导员是大学生进入大学以后面对的第一位导师，其负责大学生四年的学习和日常生活，并且对大学生的学习和生活予以引导，直至四年后大学毕业。大学阶段学生身体发育以及思想成长逐渐成熟，辅导员对大学生能够产生潜移默化地深远影响。

2. 高职院校辅导员工作策略

（1）加强学习，做个"教育通"

辅导员的一项非常重要的工作是针对大学生开展思想政治教育，为学生与学校之间架起沟通的桥梁，因此高职院校辅导员要努力成为"教育通"，积极引导学生参加各种思想教育活动，提高学生的思想政治觉悟。

第一，学校要积极开设思想政治教育课程，或者是进行专题讲座，组织学生在课程或者讲座中积极进行讨论，充分发表自己的见解。之后，辅导员再予以补充，让学生在学习过程中树立正确的世界观、人生观以及价值观。

第二，辅导员要引用一些经典话语对学生进行思想政治教育，做到用事实讲话。

第三，辅导员要提高自己的思想政治境界，教育学生的同时要以身作则，正确对学生进行思想政治教育。辅导员要不断提高自身的思想政治素质，努力树立在学生心目中的良好形象，为学生树立榜样。

第四，为了能够及时了解学生思想动态，辅导员要及时与学生进行交流，针对学生的实际情况采取不同的教学方法。

第五，考虑到学生通过网络渠道获取信息的特点，辅导员要充分运用网络技术对学生进行思想政治教育。

（2）身体力行，做个"好榜样"

第一，与其他课程教师相比，辅导员与学生进行交流的时间更长，所以辅导员很容易在学生心目中树立良好的榜样。学生的素质直接受到辅导员素养水平的影响，因此辅导员要不断提高自身的综合素质，时刻注意自己的言行举止，做到以身作则，为学生树立良好的榜样。

第二，学生中有很多可以作为榜样，教师要积极发现并且要善于利用，使学生能够感受到身边同学的榜样力量，激发学生的学习积极性。辅导员可以选取一些有代表性的学生作为榜样，发挥其带头作用。

第三，辅导员要积极组织学生开展学习榜样活动。比如，学习雷锋榜样活动、鼓励学生到社区做义工、到养老院慰问老人等，充分发挥学生的助人为乐精神。

（3）全面发展，做个"多面手"

第一，辅导员是学生思想上的引路人。以提高学生的思想觉悟作为出发点，辅导员要不断加强自身的思想政治素质，并且积极组织学生开展党团思想教育活动，为学生树立起学习榜样。

第二，辅导员是学生学习上的引导者。辅导员在学生工作方面不仅要发挥管理者职能，也要发挥教育者职能。以教授学生有效学习方法为出发点，辅导员要积极学习并且掌握相关专业知识，通过课程教学和活动教学等方式向学生传授学习方法。

第三，辅导员要做学生的知心朋友，要关爱学生。大学阶段的学生还处于成长阶段，辅导员要给予学生更多的关心和爱护。辅导员要及时了解学生的学习和生活状况，及时帮助学生解决学习和生活过程中遇到的问题，让学生感受到自己带来的温暖，赢得学生的尊重和信任。

第四，辅导员要充当学生的心理疏导者。大学阶段的学生，还没有摆脱青春期带来的烦恼，面对就业压力和升学负担，大学生心理上很容易出现问题。辅导员要积极学习并且掌握相关心理学知识，及时疏导学生心理，帮助学生形成良好的心理状态，促进学生健康成长。

第五，辅导员要对学生的就业进行指导。大学生临近毕业时往往就业方向不明确，辅导员要引导学生设计职业生涯规划，让大学生对自己准确定位，在明确自己就业目标的前提下，制定符合自身实际的职业生涯发展规划，促进自身职业目标的实现。要积极组织学生开展职业生涯评比活动，使学生能够根据自身发展实际制定职业生涯规划。辅导员还要积极引导学生进行社会实践，让学生在社会实践中学习知识，积累经验，帮助学生实现顺利就业。

总之，在法制化社会环境下，辅导员所扮演的角色越来越多，面对思想活动日趋活跃的现代大学生，辅导员要不断学习相关专业知识，不断提高自身修养，提高自身综合素质。辅导员在管理学生过程中要及时了解学生各方面状况，对其予以正确引导，让学生少走弯路，进一步提高学生学习效率和综合竞争力，促进学生全面发展。

（四）掌握高职院校教育管理的关键点

教育管理工作是高职院校整体工作的重要方面。在具体的实践中，学校的教育管理工作者应注意把握其中的几个关键环节，主要包括：入学教育、学生干部选拔、评优评模组织纳新、军政教练员选拔、开学和放假、大学生基本信息管理、就业信息提供等。全面把握高职院校教育管理的关键环节，才有可能使大学生的管理工作走上既规范又科学的轨道。

1. 入学教育环节

高职的招生对象为高中毕业生。高等教育实行的是自我教育、自我管理和自我服务的管理模式，而大多数中学生的自我管理能力和自我约束能力较差。因此，高中毕业生如何实现向大学生的转变和过渡，入学教育是高职院校教育管理工作的第一个关键环节。在入学教育方面，要重点搞好军政训练，从队列、内务、学籍管理规定、日常行为规范、考试制度等方面进行教育和强化训练。同时，对学生还要加强不同专业的专业思想教育，使学生真正明白，科教才能兴国，中华民族要想在世界上永远立于不败之地，首先要振兴教育事业。此外，还要使学生了解本省乃至全国各行各业尤其是本专业的发展现状和前景，使学生尽快树立一种"今天学知识，明天建祖国，现在准备好，将来去奉献"的职业道德观念，使"奉献自己、服务他人、努力打拼、不断创新"的信念成为他们的终身追求。

2. 学生干部选拔环节

学生干部的表率作用和榜样作用是无穷的。目前，由于我国社会仍旧处于转型时期，社会出现了道德失范、拜金主义严重等问题，这对学校也产生了一些不利影响，圣洁的学校目前也不完全是净土一片。一些学生的能力有限，学业成绩一般，在遵守校规校纪方面也没有突出的表现，但他们想通过种种不正常手段，在班委会、团支部、学生会或团委会谋个"一官半职"。

在学生眼里，班干部的经历有助于他们今后的发展，因为当了学生干部，不但荣耀，而且是党组织纳新的优先对象，且学生干部的经历会对他们今后的就业产生积极影响。

"不想当将军的士兵不是好士兵"，这种想法并不能说完全不正确，但这些学生当了学生干部后，因其本身自制力较差，很难做到"以身作则，率先垂范"，同时也给自己的学习造成了很大的压力，给教育管理工作带来了不利影响甚至后患。所以，在选拔学生干部上，必须坚持原则，把那些品学兼优，具备一定组织能力，在学生中威信较高的学生选拔上来，这是至关重要的。在选拔和配备学生干部时，辅导员应当在新生入学前首先审查相关教学班新生的档案信息资料，全面掌握学生的思想政治情况和家庭基本情况，把那些政治上可靠、学业上优秀的新生作为学生干部的备用人选。新生报到后，辅导员可以提名一些优秀的学生担任班委会、团支部临时干部，经过两个月的实践考察，履行民主推荐的程序，分别确定正式班委会和团支部的学生干部人选。

3. 评优、纳新环节

在教育管理方面，评选"优秀团员""三好学生""优秀学生干部""优秀毕业生"以及奖学金的评定、党组织纳新是建立良好的班风、学风和校风的重要激励机制。"优秀团员""三好学生""优秀学生干部"以及奖学金，每学年评定一次，"优秀毕业生"每届学生评定一次，党组织纳新一般每学年进行两次。每次评优、评奖和党组织的纳新工作，高职院校教育管理部门都会印发相关文件和要求，关键是各系部和辅导员要按照文件精神认真抓好落实，认真履行职责，真正把那些政治上可靠、学业上优秀的学生评选上来，把那些拥护中国共产党的领导、积极要求上进的学生早日吸收到党的组织中，把评优和组织纳新的激励作用发挥到最大。

4. 关心爱护和严格要求环节

无论是辅导员，还是专职的教育管理者，如果只注重关心爱护，容易使学生变得自由散漫，如果只注重严格要求，学生容易产生逆反心理，就会对教师敬而远之。关心爱护和严格要求，二者是相辅相成、缺一不可的。所以，当学生遇到生活、学习上的困难时，辅导员和专职管理者及时给予关心爱护和帮助是非常必要的。同时，当学生自由散漫、不尊敬师长、不能遵守校纪时，教育管理工作者应当注意及时对学生进行批评教育。在对学生进行管理时，关心爱护和严格要求二者不可偏废，二者缺一，管理就不能成功。有的学者提倡赏识教育，赏识教育就是进行正面教育，单纯的赏识教育是不全面的教育。在操作上教育管理者应当和学生多交朋友，应当多注意观察，进行阶段性的平等交流和对话，用自己的真情来打动和感召学生。

5. 大学生基本信息管理环节

高职院校中的学生来自五湖四海，来自不同的民族、省份，每个学生的生活习惯、性格、兴趣爱好等都不同。不同的民族更有着不同的民族风俗，家庭经济条件好的学生和家庭经济条件不好的学生有着不同的处世方式，尤其单亲家庭或是家庭有重大变故的学生容易自闭和孤僻，这就需要基层管理者，尤其辅导员掌握每个学生的基本信息，建立每个学生的信息档案，包括姓名、性别、籍贯、民族、家庭成员基本概况、经济条件、联系方式、谈话记录等。经常与学生交流，使来自不同民族、不同地域、不同家庭背景的学生和谐相处，以形成良好的班风。

6. 及时准确地提供就业信息

目前，高职学生的就业形势非常严峻，应教育和引导学生全面客观地看待社会，了解就业形势和国家的就业政策，坦然地面对社会现实，根据自身和家庭的实际情况，正确选择自主创业、协议就业、灵活就业等不同形式的就业。在大学生接近毕业时，辅导员最重要的任务就是给毕业生提供及时、准确的社会各个层面不同行业的用人需求信息，教育大学生提高就业技能。要让学生知道，只有政治上可靠、业务上精良、技能上过硬，并且有良好的心理素质的人，善于与他人合作的人，善于创新的人，善于吃苦耐劳的人，讲诚信的人，才能在当今社会激烈的竞争中站稳脚跟。

7. 反馈效果与实践引导

高职院校教育管理工作效果反馈机制的建立是高职进行教育管理的关键环节，是全面分析学生心理状态、学生学习动机、思想的重要理论依据。通过对教育管理工作反馈效果的分析，把握学生内心的变化状态，建立相适应的反馈机制，充分了解高职学生的个性化需求，尽可能地为学生的健康成长创造便利条件。针对在思想与行为上需要纠正的学生，要做好教育疏导工作，引导学生深思努力学习的重要作用，树立爱国主义，形成与社会主流文化发展相契合的人生观、价值观与世界观。实践工作中要高度重视高职院校教育管理工作与校园总体发展方向的融合，针对不同学生的生活状况与自身基础水平，创建出更加适合本校工作与学生个性化并存的教育管理机制，避免在相关制度实施的过程中出现生硬的现象，达到学校管理更加民主、透明、和谐，更加适应大多数学生的心理，弥补个体存在的差异。高职院校教育管理的过程中还应高度重视学生学习品格的培养，引导学生具备全局观，以社会需要为学习基础，开展一系列的教育宣传活动，把高职学生培养为社会主义市场经济所需要的优秀人才。

二、学生个人层面

（一）发挥学生的主动性

大学生的自我管理，包括大学生对自身的生理、心理、行为等方面的自我认识、自我感受、自我料理、自主学习、自我监督、自我控制、自我完善。具体来说，大学生自我管理就是通过反馈分析服务好自己的三个方面，即了解自我长处、管理自我目标、学会做事和与人相处。

1. 自我管理的入门——了解自我长处

了解自我最重要的就是找到自己的长处，这是大学生首先要做的事情，也许要用整个大学的时光，但越早发现对将来的发展越有利。发现长处不能靠闭门苦想，而要通过实践检验并实施反馈分析。当然，一个人的成长是动态的，特别是对于可塑性强的大学生而言，其具有的长处也是不断发展补充的。长处可以靠挖掘，也可以靠培养。为了更好地生存，人的无限潜能也能帮助自己激发和形成新的长处。因而，寻找长处不是固有的模式和框架，而是不断定期进行反馈分析，把寻找长处、培养长处与发挥长处统一于实践，才能让长处充分发挥作用而真正成为一种竞争的优势。

2. 自我管理的核心——目标管理

第一，设立目标，让生活有明确的方向。不想当将军的士兵不是好士兵，作为一名大学生，首先要志向远大，目标明确。设立目标，要把握三个要点，一是你的目标一定要结合你的优点，围绕你的长处来构思。设立的目标，要能强化你的长处，专注于你的长处，把潜在的优势转化为现实的优势。二是目标必须具体，不能含糊其词，任何人都不可能去实现一个模糊的目标。比如，你打算考某个资格证，打算毕业时考研，并且打算毕业后找一份什么样的职业等，一定要把资格证的名称、考研的专业、职业的性质确定下来。三是目标要适中，既不能眼高手低，也不能妄自菲薄。虽然古人说："取法于上，仅得为中；取法于中，故为其下。"但我们设立的目标如果太超过自己的知识和能力水平，那么目标就会成为空中楼阁。

第二，要分解目标，让你随时充满紧迫感。目标可区分为长期目标、中期目标、短期目标三类。长期目标要瞄准"未来"，要把眼光放到毕业后的人生当中。中期目标是当你设定了长期目标后，将它分为两半的目标。若设定一个 10 年期的长期目标，就把中期目标定为 5 年，5 年比较 10 年，其实现的可能性更大。接着将 5 年再分成两半，直到得到了 1 年期的短期目标时，再按月分下去；短期目标是你应该最为关注的目标，其一般不要超过90 天，这样能取得更好的效果。通过这样分解，你就可以把有限的精力放到当前的目标中去，全力以赴。

3. 自我管理的重要内容——学会做事和与人相处

自我管理最终是要去服务社会，融入他人，而不是一味地管理"自我"，所以自我管理很重要的作用和意义在于它的社会性——学会做事和与人相处。学生经过了大学教育，最终是要进入社会的，所以在大学教育中，在学生自我管理的内容中，重视社会性素质能力的提高是十分关键的。归根结底是要"学会做事做人"。做事，除了做好事，做对事外，还要提高工作效率，以最佳的方式完成。做人，除了做好人，做对人外，还要做个成长快，成功快，受人欢迎和敬佩的人。

4. 学生有我管理在高职管理工作中发挥着重要作用

学生自我管理渐渐成为高职院校教育管理重要的一方面，具有显著的作用。

首先，能够有效地提高大学生的主动性，增强解决实际困难的能力。"自我管理"是以大学生为主的管理模式，大学生扮演管理者和被管理者两重身份，学生主动参与管理，又接受来自自己的管理，充分体现了学生的主体性。

其次，有利于塑造大学生独立性品质，增强社会责任感。"自我管理"实质上是学生的自我约束。在高职规章制度的监督下，增强学生的自我控制能力和独立感，加强学生的主观能动性，使学生在学习生活中，对自己负责，对他人负责，对社会负责。

再次，能够帮助学生认识自我，发展自我。"自我管理"是一种软性的管理，学生在学校制度的约束下，能够充分了解自己的真正需要，在进行自我教育的过程中，有效地弥补自身的不足，实现自我发展。

最后，有助于丰富学生的校园生活，增强学生的实践能力。学生进行自我管理，更能积极地去开展校园活动，丰富文化生活，增强交际能力，社会实践能力也会有所加强。

5.学好做事做人的基础

一是顺应良好的个性习惯。尽管我们说大学新生是站在同一条起跑线上，但他们实际上是带着将近二十年的人生履历进入大学生活的，一般都有自己的习惯。帮助学生区分他们习惯中哪些是好的习惯，哪些是坏的习惯，并设法改掉坏习惯是非常重要的。美国的民主先驱富兰克林的做法是，把坏习惯开列一个清单，按程度排序，下决心一个一个地改掉，每改一个画一个，直至画完为止。对于好习惯，要强化并顺应。比如，在学习方式上，有的人是阅读者——通过读收获最大；有的人是倾听者——通过听收获最大。只要能学到知识，这两种都是好习惯，关键在于你自己属于哪一类。

二是合理利用时间。微软公司创始人比尔·盖茨就把自己的成功归于抓住机会并学会掌控时间。大学生最大的资源就是年轻，充满活力。掌控时间，就是要合理利用学生拥有的时间（青春年少）和精力（充满活力）资源去换取知识和能力。我们要帮助学生学会善于协调两类时间。一是他控时间，如学校安排上课、实验的时间；二是自控时间，即属于自由支配的时间。一个人每天效率最高的时间只有20%，所以要学会用20%的时间做80%的事情。此外，锻炼身体并不是浪费时间。

三是借助他人的力量。一件事情的成功往往是多方面合力的结果，而我们每个人的能力是有限的。因此，要善于利用这些资源和能力来完成共同的任务。所谓聚沙成塔，众人拾柴火焰高！

四是善于沟通。现代社会是一个竞合时代。单枪匹马的孤胆英雄基本没有用武之地了。即使英雄，也要有人支援。大学生生活的圈子小，人际关系相对简单，要学会把所处的环境看成练兵场，培养与人相处的技巧，学习建立良好人际关系的能力。只要生活在社会上，我们就要与人打交道，相互沟通至关重要。了解别人，也让别人了解自己，互通有无，才会有 $1+1 > 2$

的结果。要了解别人，就要学会换位思考，站在他人的立场上来分析问题，以同情的心态接受别人的观点。培养自己迷人的个性、得体的衣着、善意的微笑、诚挚的言谈、积极的进取心，从而让别人了解自己，欣赏自己。通过沟通，建立起牢固的人际关系网，你就有了生产力。

善于做人做事是一个较大的范畴，涵盖很广，市场上也有很多相应书籍和碟片。学校管理做得再好，对于大学生来说只是一种外部的知识灌输和秩序的强制执行。而此时的大学生正在积极发展探索、发现、分析、解决问题的能力，也正处在一个自我分辨、自我抉择的时期。这种积极的、主动的认识自身主体的意识是很重要的。高职院校教育者作为素质导师的最主要的工作其实并不在于把学生管理得多么好，而在于如何给予学生好的观念、方法和建议，为他们创造一个良好的成长环境，让他们更好地自我管理，帮助他们走向成功。

6. 高职学生实行有我管理的实践途径

①改变传统的管理观念，加强对"自我管理"的认识。高等教育不断普及的同时，高职院校教育管理正凸显一些问题。比如，教育管理仍实行一种强制性的管理模式，学生只能遵守学校的各项规章制度，从而限制了学生的自我发展；从事学生管理工作的人员，包括班主任、辅导员整天都在忙于日常事务，或从事自己的工作，没有时间去了解学生的思想动态，不知道学生的真正需要，把握不了教育管理工作的关键所在；学校领导对学生工作不够重视，整天忙于学校大大小小的事务中，把教育管理置之度外；有的高职不断修建新的校区，后续的工作没有跟上，以上的这些情况，在很多高职都很常见。然而，这种传统的管理模式已经不再适应新时期的高职管理，因此学校教育管理者必须转变这种观念，接受新思想，树立以学生为主体的学生自我管理理念。

②创造大学生自我管理的环境，实行有效的自我管理。环境的作用对一个人的发展是有很大影响的。环境包括人和物两方面。大学生是学校的主体，是建设文明校园的主力军。高职只有充分发挥学生的自我管理作用，才能建设文明校园，才能培养出合格的大学生。宿舍是学生主要的生活场所，因此宿舍氛围的营造是一个重要方面。合理良好的宿舍环境对于培养大学生的自我管理能力发挥着巨大作用；教室是学生学习的地方，保持教室的安静

是每个学生必须遵守的首要原则。

③制定大学生自我管理的一些制度，引导大学生进行自我管理。要使大学生进行有效的自我管理，就必须有相应的制度来约束。实行自我管理，并不意味着放任自由，而必须有一些制度作为底线。否则，就难以把握大学生的发展方向，也违背了高职人才培养的初衷。因此，相关制度的建立，对于大学生的自我管理，起着一定的引导和约束作用。

总之，要想有效地实行大学生自我管理，高职全体师生必须意识到自我管理的必要性，在班主任、辅导员或教育管理工作者的指导下和一些相关制度的约束下，充分挖掘学生的潜力，增强学生自我控制能力，使学生在自我管理中全面发展。

（二）改变学生的思想观念

伴随着社会主义市场经济的逐步发育，高职学生的思想观念呈现出多元趋向的若干新特点。

1. 价值观念的多元趋向

其一，价值取向的多向化与功利化共存。高职学生面对经济、政治体制大变革的社会环境，每天都在经受着改革开放的洗礼，感受着来自国内外各种政治、经济、文化思潮的影响，"供需见面""双向选择"也迫使他们去推销自己；社会现象和育人、用人的新模式深深撞击着他们的心灵，使他们的价值取向多向发展。突出表现在就业选择上，他们认识到实现人生价值有多种途径，既可以在国内生根开花，也可以到国外拼搏；既可以到党政机关、国有企业工作，也可以到"三资"企业、私营企业服务或自我创业。其价值取向不愿受羁绊，认为"不能在一棵树上吊死"，也不希望被"服从祖国需要"框住。同时，社会上纷繁复杂的经济生活的"投射"，使他们对个人利益的关注和反思明显增多。在行为中表现出明显的利益要求，外贸、金融、建筑等热门专业成了大学生追逐的目标，不管专业与否，其价值取向往往以功利为轴线向多向辐射。

其二，价值主体的自我化与社会化共存。改革开放以来，高职学生在进取精神得到弘扬开拓的同时，自我意识得到明显增强。他们既赞成个体社会化的道理，又全面重新审视并高度重视自我价值，崇尚价值主体的自我化。他们认为在竞争激烈、优胜劣汰的市场经济社会里，在多元经济成分、多元经济利益、多元经济分配形式共存的社会主义初级阶段，必须凭借自我的主体性、能动性和独立性，才能实现自己的人生价值，进而特别珍视发展自己的个性兴趣，期望在竞争中表现自己的个性。当前，"以自我为主体"的人生价值观在高职学生群体中得到普遍认同，"自我设计""自我成才""自我实现"的意识已充盈其脑海。因而，其思想行为常处在自我化和社会化的矛盾之中，表现出一种身不由己处于社会大潮的无奈，而看问题呈现出从自己的角度出发衡量一切的倾向。其价值取向在一定的程度上是以自我为中心向多向辐射。

其三，价值目标的理想化与短期化共存。每个考入大学的高职学生，对未来都有着美好的愿望。为实现自己的理想，他们对社会政治、经济领域的变革十分关注。但这种关注带有一种重眼前、轻未来的反理想主义的倾向和一种文化近视特征，更多地是追求眼前的社会变革所带来的个人实惠，缺乏长远的战略思考，因而对社会变革和自身的发展都表现出急于求成的心态，总是埋怨进程太慢。在知识侧重上，往往更注重直接应用于生产、经营方面的专业知识，而对见效较迟，但是实现远大理想所必需的基础理论知识则较忽视和冷落。有些人甚至片面地认为社会活动能力、特别是社交能力是一个大学生应具备的首要素质。其价值目标的理想化和短期化两种现象矛盾地共存于一体，心目中追求价值目标的理想化，但在行动中价值取向的短期化行为又显而易见。

2. 是非标准的多元趋向

改革开放以来，高职院校青年学生的是非评价观念发生了重大而深刻的变化，对善与恶、道德与不道德、成功与失败的评价标准不再是过去那么单一、纯正。西方种种思潮的不断涌入，更是起着推波助澜的作用。他们的观察力敏锐但认识较片面，求知欲强但鉴别力较差，对是非标准缺乏辩证统一的把握能力，往往呈现出多元趋向，甚至处于矛盾之中。这种是非标准的多元趋向在另一方面的一个突出表现，是青年大学生头脑中的榜样模式的多元化。传统的先进人物、榜样力量对他们的影响在悄然下降，他们特别容易把与自己的价值取向、理想信念和个性兴趣相同的著名人物作为自己的楷模。

3. 思想情感的多元趋向

高职学生思想情感的多元趋向集中表现为思想情感的多向、多层次状况，这种思想观念的多元趋向，均有其产生的客观经济基础和社会基础。从某种意义上说，大学校园里思想观念的多元现象，正是社会深化改革、新旧体制更替所引起的社会思想深层反响在高职院校的奏鸣曲。存在决定意识，在社会主义初级阶段，多元经济体制、多元经济利益、多元经济分配方式的共存，无疑将使人们的思维方式向多元方向发展。高职学生的价值观念、是非观念和思想情感自然难免呈现出发散型的多元状态。

高职学生思想观念多元趋向的客观效果具有二重性：一方面反映出高职学生的思想观念随着社会主义市场经济的建立得到了极大的启迪和更新，优胜劣汰观念、自主自立观念、效益效率观念、民主与开拓精神在高职学生中得到了确立和张扬，使他们对改革开放和我国的社会主义现代化建设事业更加充满了信心，这无疑是积极的有益的效应。另一方面，思想观念的多元和无序则可能导致高职学生的无所适从。无论是价值观念、是非标准，还是思想情感，在根本上只能是一元而不能是多元。否则，"自我"意识的恶性膨胀将导致个人主义，功利意识的盲目发展会形成功利主义和享乐主义，是非标准的多元和思想情感的多向，会使其政治、道德乃至整个人生的成长与培育失去思想基础和方向目标。

高职学生思想观念的多元现象根植于经济体制多元的社会基础之上，是社会变革、思想跃进的客观结果。但是，客观结果并不等于正常结果。决不能让多元思想观念蔓延、演化成政治上的多元意识；也决不能让高职学生陷在思想观念多元无序状态之中而找不着正确的成才方向。因此，如何用科学的理论武器，使高职学生的思想观念由多元走向归一，即如何加强正面教育和引导，使之明辨是非，已成为当前思想政治教育的当务之急。

三、环境层面

（一）营造健康积极的高职教育管理大环境

随着网络技术的发展，尤其依托数字技术、互联网络技术、移动通信技术等新技术，以手机网络、微博客、即时通信软件等为代表的新媒体技术，对高职网络文化的建设和管理产生了较大影响。同时，互联网的互动、手机与互联网的互动，以及互联网络、手机网络、电视网络"三网融合"等形成的新媒体环境也在对如何构建一个健康、文明的高职网络环境提出了新的挑战。因此，如何加强高职网络文化建设和管理，营造积极、健康的校园文化环境，运用网络新技术在新媒体环境下推动高职新闻网的创新发展，用正确、积极、健康的思想文化占领网络阵地，发挥高职新闻网的优势是亟待解决的问题。本书重点从五个方面讲述了如何加强高职网络文化建设管理，营造积极健康的校园文化环境。

1. 加强学校网络思想政治工作队伍建设

在信息爆炸的电子时代，网络思想政治教育日益显得重要而迫切。当务之急，高职需要建立一支高素质的网络思想政治工作队伍，这支队伍不仅要具有较高的思想政治教育理论水平和丰富的思想政治教育经验，还要掌握计算机网络的基本知识和技能，熟练地利用网络平台开展思想政治工作。网络思想政治教育工作的展开，要以了解和熟悉网络语言、网络文学、网络游戏等网络文化的各种形态为前提，把握大学生的思想动态，关注和参与到他们的网络生活中，及时进行心理辅导和思想引导，使思想政治工作渗透到学生的虚拟生活之中，使网络时代的思想政治工作取得更好的效果，这就要求加强高职网络思想教育工作能力建设。加强校园网络文化队伍建设，还需要合理配套各类专兼职人员，既要有网络专业技术人员，又要有网络管理人员，还要有网络文化研究人员。按照"提高素质、优化结构、相对稳定"的要求，建立统一指导、各方配合、责任明确、优势互补的网络工作队伍。凭借这支队伍，努力实践并着力打造"绿色网络校园"。通过各种途径密切关注网上动态，随时与学生进行平等的沟通与交流，及时回答和解决学生提出的有关学习、生活、就业等方面的问题，增强大学生网民的信息解读能力，引导大学生运用辩证的观点和科学的方法，去分析问题，明辨是非，增强对网络文化的辨别力和抵制不良信息的能力，促使他们健康上网。

2. 提高学生的文化素系、自我调节与管理能力

培养和提高大学生网民对有害信息的自觉抵制意识和能力，对于建设社会主义网络思想阵地具有基础性的意义。首先，要使青年学生学会做自己的心理医生。青年学生的情感丰富而又容易冲动，因此要学会保持健康的情绪，适时宣泄不良情绪，找到合理表达自己诉求的方法，防止过度迷恋网络游戏。其次，要使他们学会计划自己的生活，建立合理的生活秩序。现在的许多大学生尤其是大学新生，生活自理能力较差，有的甚至难以适应大学的集体生活；有些学生不能进行正常的人际交往，建立良好的人际关系，而人

际关系不良也会导致网络游戏依赖和成瘾现象的产生。最后，培养学生的道德自律意识。学生阶段是一个人的人生观和世界观的形成与定型阶段，因此教育他们增强网络伦理道德观念，在网络社会里遵守起码的行为准则，自觉加强修养，树立正确的人生观和世界观，显得非常重要。在这方面，可以开展关于网络游戏道德方面的座谈会，让学生参与进来自由讨论，使他们充分认识到网络道德失范的社会危害性，提高大学生网络自我教育能力。

3. 营造积极健康的校园文化环境

学校应该有意识地组织力量开展网络信息安全方面的科学研究，利用技术的力量对侵入网络的有害信息进行处理，努力净化网络环境，将有害信息拒之校园网外。学校应该加强校园文化建设，丰富学子们的业余文化生活。首先，要以学生为本，积极开展充满时尚和青春活力的文娱活动，想方设法吸引学生们的兴趣和注意力。其次，及时对沉迷网络游戏的学生给予关心和帮助，为他们营造一个积极、健康的学习和生活氛围。最后，学校适度介入网络游戏，最大限度地控制暴力、色情等不健康信息的进入，为学生创造一个积极向上的、健康有序的网络文化环境。

4. 加强网络监管力度，有效管理网络文化

当代大学生，受世界经济浪潮的影响较深，对新鲜事物的探索和尝试较为积极。但是，由于涉世未深，自我控制能力差，一不小心就会做出违反国家法律和社会道德的事情。高职可以发挥思想政治教育的优势，引导大学生明是非，辨美丑，不制作、不传播、不散布有害信息，树立良好的网络道德品质，自觉抵制不良文化的侵蚀。

校园网络文化技术上的监管可从以下三个点切入。

一是校内网站监管。网站留言板和 BBS 均以互动方式进行交流，任何人都可以方便地发布信息，属于校园网络文化监控的重点。现在的留言板和 BBS 在技术上可以做到实时记录发布者的用户名、发布时间、上网计算机 IP 地址，以及上网计算机安装的操作系统和浏览器版本等资料。这样，既可以保证学生发布的信息有据可查，又可以对学生产生自我约束效果。

二是校内上网场所监管。通常，高职校内可以上网的场所有公共计算机房、学生机房、网络实验室、电子阅览室、学生宿舍等地点。公共上网场所的上网计算机可以使用机房管理系统软件进行管理，学生凭学生证实名登

记上网，有条件的高职也可以使用校园 IC 卡刷卡上网。机房管理系统软件具备了记录上网时间、上网计算机 IP 地址的功能。学生宿舍上网管理，简单的可以采取分配固定 IP 地址、用绑网卡 MAC 地址等手段，也可以安装一套宽带认证计费系统软件。上网者通过账号和密码登录上网并接受软件的管理。这样，通过技术上的管理措施，结合网站对信息发布者相关资料的记录，可以按图索骥，较方便地寻找到发布信息的人。

三是校内网络信息监管。要想有效阻挡校外网络不良文化传入校园网内，可以采取在校园网网关处对网络信息进行过滤的方法。

5. 以学生为本，创新高职网络思想政治教育

树立科学发展观，加强大学生网络思想政治教育，就要尊重大学生的主体意识，以学生为本，通过教育目标、教育过程、教育手段、教育方法的设计，凸显大学生的主体地位，增强其网络主体的自主性和创造性，提高大学生对网络的驾驭能力，在知识积累、能力锻炼的同时，提升思想道德水平，促进大学生的全面健康发展。主要做好以下几方面：①网络环境条件下的高职道德教育需要重新定位自己的目标。遵循理解、尊重和信任的原则，以疏导为主要方式，把发展学生的主体性作为最迫切的目标，指导他们学会选择，着力培养和形成学生正确的道德价值观、道德评判力以及道德自制力，以培养具有自主、理性、自律的道德判断和道德实践的个体，使大学生成为网络道德的自觉倡导者和积极实践者。②需要重新设计道德教育的内容。网络既是德育的手段，又是德育的内容。学校网络德育要在原有德育内容基础上突出价值观的教育和注重道德意志力的训练，使学生能够"辨别真伪、追求真理、慎于判断"，增强识别评价和选择道德信息的能力，抵制不良信息的诱惑。③建立思想政治工作专门网站，占领网络"红色"阵地。专门的思想政治工作网站，是思想政治教育科学化、技术化、时代化的迫切需要。建立网络德育信息数据库，通过网上"两课"答疑和辅导，坚持马克思主义在网络文化中的指导地位。

（二）与校园文化建设有机结合

高职校园文化是以高职的校园为空间，主体是高职的学生、教职员工，主要内容是课余活动，基本形态是多学科、多领域的文化，广泛的交流和特有的生活节奏，它是具备了社会时代发展特点的群体文化。它是社会主义精

神文明在高职的具体表现，是一所高职所特有的精神风貌，也是学生政治文明素养、道德品格情操的综合反映。简言之，高职校园文化是以教师为主导，学生为主体的，在特定的校园环境中积淀形成的与社会时代发展密切关联且具备校园自身特色的人文氛围、校园精神和生存环境。

1. 校园文化与教育管理的基本内涵

（1）校园文化的内涵

校园文化是指由全体师生员工在长期的教学实践过程中培育形成的共同遵守的道德标准、价值观念及行为规范。它以学生为主体，以校园为主要空间，以育人为导向，以精神文化、环境文化、行为文化、制度文化建设为主要内容。环境文化是校园文化的基础，主要包括"硬环境"和"软环境"；精神文化是校园文化的灵魂，包括校风、学风、教风、作风等；行为文化具体体现在师生员工的言行举止中，主要包括各类人际关系、道德行为规范等；制度文化是校园文化建设和学校正常运转的保障，具体包括各类规章制度，如校规、班规、宿舍管理规定、社团规章制度等。此外，校园文化具有五个方面的功能，包括导向功能、教育功能、凝聚功能、约束功能、陶冶功能。此五项功能作用于学生学习和生活的全过程，正确地引导学生健康发展。

（2）教育管理的内涵

教育管理是指高职教育管理工作者通过各种手段，对学生在校期间的学习、生活和行为进行管理和规范，旨在维护高职正常的教育教学秩序和学生的生活秩序，保障学生身心健康，促进学生德、智、体、美、劳全面发展。根据 2017 年 9 月 1 日起实施的《普通高等学校学生管理规定》，高职教育管理包括学生的权利与义务、学籍管理、校园秩序与课外活动、奖励与处分、学生申诉等诸多方面。其中，学籍管理包括入学与注册、考核与成绩记载、转专业与转学、休学与复学、退学与毕业、结业和肄业；校园秩序包括学生行为规范、寝室管理、环境卫生维护及其他规章制度；课外活动包括各类社团活动、勤工助学及社会实践等；奖励主要指对在思想品德、学业成绩、科技创造、体育文娱及社会服务等方面表现突出的学生，给予的物质或精神上的奖励或表彰；处分是针对违反学习和生活纪律的学生实施的惩罚，包括警告、严重警告、记过、留校察看、开除学籍。此外，随着高职教育管理工作的不断创新，高等院校也越来越注重对学生的服务，绿色通道、就业服务、心理辅导等工作也成为高职学生管理工作的重要内容。

（3）校园文化对教育管理的重要意义

校园文化与教育管理具有密切的关联性。第一，二者目标一致。校园文化与教育管理都以育人为目的，以为社会培养高素质的综合型人才为目标。第二，二者主体一致。校园文化以学生为主体，学生是校园文化建设的参与者与受益者。教育管理同样以学生为主体，学生是学生管理工作的中心。鉴于校园文化与教育管理在提高学生综合素质、培养复合型人才上的一致性，加强校园文化建设必定可以推动教育管理工作的完善和创新。学生思想和行为内容不断延展，新时期的教育管理离不开"学生本位"的教育思想。充分发挥学生的主观能动性，对于学校和学生的发展以及校园文化的建设大有裨益。因此，"一切为了学生，为了学生的一切""尊重人格，保护天性"等先进的教育理念必须被广大教育管理工作者所接受和运用。"以人为本"的育人环境和氛围离不开校园文化的建设。校园文化作为一种群体性文化，通过长期的沉淀与升华，形成了人们共同遵循的价值标准、行为规范和崇高追求。而校园文化所具备的导向、陶冶等功能，潜移默化地影响着学生的思想和行为。学生在特定的人文环境的熏陶下成长，形成健康的人生信念和价值追求。

2. 构筑良好的校园环境文化，为高职教育管理提供物质保障

教育管理是以服务学生为根本目的的，为学生构筑良好的、有序的校园环境是管理学生的前提。高职校园环境文化，首先是校园物质文化环境，它是指高职为师生员工学习、工作、生活、娱乐等活动提供的物质条件。高职的物质文化环境是高职校园文化的"硬件"，也是高职教育管理工作的基础环境或基础条件，如果没有良好的校园物质文化环境，高职校园文化无法健康地发展，高职教育管理工作也会缺乏相应的物质保障。比如，学校的环境幽雅，景色迷人，我们就可以用其自然美的景观来陶冶学生的性情，塑造学生美的心灵。校园的合理布局、花草树木、名人塑像、橱窗、宣传栏等，可让学生耳濡目染并感受浓郁的校园文化氛围。所有这些景观背后，都示意了包括建筑文化、历史文化、艺术文化、现代科技文化等"亚文化"的独特的内涵所在。而这种"亚文化"和校园总体建筑本身所构成的校园景观，使校园能时时处处洋溢着浓厚的文化气息。学生通过干净、整洁、优美的环境

的陶冶和塑造，既约束了自己的行为，又提高了自身的人文素养，达到促进高职教育管理工作开展的目的。其次是知识学术环境，主要指学术科研、教学管理、学风建设等方面的情况和条件。它是衡量一个高职校园文化建设的好坏、管理水平高低的重要因素，它甚至直接影响育人的质量。最后是人际关系环境，主要是指校园内部的人际关系，如学生之间、师生之间、领导之间、教师之间等多方面的关系，和谐、融洽的人际关系环境能使大家保持良好的心理状态，利于教，利于管理，利于学生的健康成长。

3.营造健康积极的精神文化氛围，为高职教育管理提供精神动力

高职校园精神文化环境建设，首先，应在所有的教学和校园文化活动中坚持正确的政治方向，弘扬民族优秀文化传统，加强对学生进行科学的世界观、人生观、价值观和道德观教育，引导浓厚的舆论氛围，弘扬正气、树立新风、强化理想信念、崇尚奉献精神。这对学生的世界观、道德观、价值观有着树立、锻炼、修正和提高的作用，可以增强学生的民族自信心、自尊心和使命感，激发学生的爱国主义精神，培养学生健全的人格和高尚的道德情操，增强学生抵制错误思潮的能力。其次，要根据高职总体培养目标和学生实际，开展丰富多彩的第二课堂活动，用健康高雅的文化和艺术，引导学生合理支配闲暇时间，并且注意将教育管理工作融汇到生动活泼的各种活动之中，寓教于乐，使学生在活动中展现自己、锻炼自己、发挥自己、实现自我的价值，这对培养学生健全的人格、创新的能力，有着不可替代的作用。由此可见，良好的"精神文化"氛围，是实现高职学生工作科学管理的前提。

4.创建科学的制度文化，促进高校教育管理和谐有序

高职校园文化，是社会整体文化的一部分，必须加以科学引导和规范，因而要创建科学的制度文化。制度文化是校园规范化建设和制度化建设的集中体现，这要求高职教育管理必须在各种制度、规章的约束下进行，规章制度对教师教学行为的约束、对学生行为规范的养成、对校园健康向上氛围的形成有着很大的促进作用，这也将促进高职教育管理和谐有序地开展。高职的制度文化，主要包括道德行为规范、公共生活准则、校规校训、业余及课余活动规则等方面。要根据本校情况制定和完善学校各项规章制度，在校党委和行政的宏观领导下，调动学校所有职能部门的积极性，上下协力，齐抓共管，使校园生活规范化、制度化。

5. 校园文化建设促进教育管理工作的基本途径

（1）加强校园环境文化建设，提升服务学生能力

校园环境文化可称为校园物质文化，与精神文化相对。它是校园文化中的基础系统，是校园文化建设的前提，是精神文化的有效载体和实现途径，也是校园文化的直观体现。

第一，重视校园"硬环境"的建设。所谓"硬环境"又称物质环境，主要包括校园建筑、校园景观、教学设施、体育文娱设施及周边环境等，这些能看得到、摸得着的实体无不反映学校的教育理念和精神风貌，物质环境是开展育人活动不可或缺的基础和物质保障。因此，这就要求学校加大对"硬环境"的投入力度，尽可能地完善校园基础设施，为师生开展丰富多彩的教学活动、文娱活动提供重要的载体，使师生学有其所、乐有其所。在打造校园"硬环境"的过程中，各类建筑和设施应达到美感教育的标准和功能三富化的要求，如校园建筑，包括教学楼、图书馆、宿舍楼、体育馆等，作为学生学习和生活的重要场所，应具备实用与艺术的双重功能，愉悦学生的身心，使学生在不知不觉中受到影响和启迪。同样，校园景观建设也应达到使用与观赏功能的统一。校园的园、林、水、路、石等人文景观有助于陶冶学生情操，塑造学生美好心灵，激发学生进取精神，促进学生身心健康发展。学生在优美的校园环境中成长，有助于激发其爱校热情，有利于教育管理工作的实施。

第二，重视校园"软环境"建设。"软环境"是相对"硬环境"的一个概念，也是一种精神环境，主要包括校园内的人际氛围、舆论氛围等。人际氛围主要指校园内的各类人际关系，包括教师与学生、学生与学生、教师与教师、领导与教师之间多层次的人际关系。每个人都不是孤立存在的个体，高职学生所有的学习和娱乐活动都是在与人交往的过程中实现的，大学是个小社会，社会交往是大学生社会化的根本途径。学生通过社交建立起相对稳定的人际关系，人际关系网对学生的一言一行和身心发展影响重大。和谐的人际关系有利于维护校园秩序，使学生形成正确的是非观念。因此，教师在学生人际关系形成的过程中应发挥主导作用，避免学生发生孤僻、嫉妒、自卑等社会交往问题，正确引导学生坚持平等、相容、理解、信用等交往原则，远离习惯不良、思想扭曲的人，选择道德高尚、心地善良、积极进取的人交往。此外，教师作为学生间的裁判员，应坚持公开、公平、公正的原则化解学生

间的矛盾，解除学生间的误会，做到不偏私、不歧视、不主观。

（2）加强校园精神文化建设，营造和谐育人氛围

第一，重视传统教育。传统文化对于公民形成正确的价值理念、行为规范、理想信念尤为重要。中华优秀传统文化是中华民族的根基和血脉，也是大学生身心成长的指路明灯。高职教育工作者要坚持"取其精华，弃其糟粕""传承与创新相结合"等原则，通过各类教学和文化活动，如实践教学、演讲比赛、征文大赛、文艺会演等活动形式，传播优秀的传统文化，其中包括天人合一的和谐精神、自强不息的进取精神等。同时，深刻挖掘学校的文化底蕴和历史传统，讲清楚学校的历史和文化，使学生感受到学校的魅力所在，从而激发学生的自尊心、自信心以及爱国、爱校情怀。教育管理工作者只有本着与时俱进的原则，融入先进的教育理念，方能不断深化校园精神文化。在优秀传统文化熏陶下的学生，更易于塑造健全的人格、培养高尚的品格，这与学生管理工作的目标相一致。

第二，加强校风建设。校风即学校的风气，是一所学校鲜明的个性特征，它体现在全体师生的精神风貌上。校风是一个多层次、多要素的动态系统结构，涵盖教风、学风、作风、班风、舍风等各类校园风气。良好的校风有利于学生思想品德、道德情操、行为习惯的形成。因此，校风建设是育人的关键环节。教师是人类心灵的工程师，加强师德建设、提高教师的业务素质有利于形成良好的教风。良好的教风对学生汲取知识、培养能力意义重大。班级是学生获取知识和提高素养的主要场所。和谐、向上的班集体对学生的学习兴趣、道德品质、行为习惯和良好学风的形成有着促进作用。为加强班风建设，首先要对班级日常管理进行严格要求，用制度来约束学生言行；其次要营造浓厚的学习氛围，通过互帮互助、嘉奖优秀等方式激发学生的学习动力，培养学生良好的学习习惯，使每个学生都能成为群体的典范。此外，宿舍是学生生活起居的唯一场所。良好的舍风有利于学生养成好的生活习惯，如早起早睡、勤奋上进、锻炼身体、读书看报等。好的生活习惯对于学生进入社会、成家立业有着长远、深刻的影响。为加强舍风建设，需要严格宿舍制度，对于不遵守宿舍制度的学生加以管教和约束。还要发挥学生干部和学生党员的榜样作用，带动普通学生养成健康的生活习惯。

（3）加强校园制度文化建设，建立完善规章体系

第一，完善规章制度体系。校园规章制度是全体师生共同遵守的行为准则。对于学生来说，规章制度犹如一面镜子，时刻提醒学子正其冠、端其行，避免违反纪律、误入歧途；对于学校来说，规章制度是学校文明的标志，学校力求在育人实践中加强"制度化、科学化、规范化"的管理，努力使各项工作有章可循。严格的规章制度能保证教学工作的顺利推进，是学生成才的重要保证。因此，建立和完善科学的规章制度体系尤为重要。随着高职教育改革的不断推进，高职的制度建设也应朝人性化、科学化的方向发展，尊重学生的人格，倾听学生的诉求，使师生关系更加和谐，教育管理工作更容易开展。同时，规章制度的制定应具备科学性、合理性、可操作性等特点。缺陷重重的规章制度不能起到约束、教育的作用，会影响校园文化的整体建设。规章制度自身的完善是规章进入执行程序的前提，是教育管理工作顺利推进的保障。

第二，提高规章制度执行力。教育管理工作以学校各项规章制度为依据，规章制度的执行力影响着教育管理工作的成败。提高规章制度的执行力是保障各项制度落到实处的根本途径。教育管理工作者在执行规章制度的过程中应做到事前防范、事中控制、事后监督。事前防范，可以防止违纪行为的发生，并降低管理成本，减少管理压力；事中控制，可以保证制度的严肃性，使制度在公平、公正的原则下运行，防止事态偏离正常轨道；事后监督，对制度执行者和制度执行情况进行考核，完善制度体系。除此之外，应不断加强学生的思想政治教育工作，使学生认识到遵纪守法的重要性和违法乱纪应付出的沉重代价，积极号召学生自觉遵守规章制度，做到自尊、自爱，使每一个学生都能成为遵纪守法、道德高尚、素质优良的时代典范。

第二节　互联网时代高职学生管理模式的发展

一、互联网媒介素养教育

（一）高职学生网络媒介素养教育的特征

1.教育理念的转变更新

在传统教育模式下，教师在教育教学中处于中心地位，对教学效果起

决定性作用。但在网络时代，学生可以通过多种途径获取资讯，教师逐渐失去了在知识传授过程的主导地位。有观点认为，随着网络媒体的普及，我国已步入"后喻文化"时期。这对传统的师生关系提出了新挑战，需要我们的教育者将教育理念由"教师中心论"向"师生相长型"转变，即立足学生参与互动融合理念，在分析学生诉求和认知行为、研究学生网络媒介使用习惯的基础上，制定出顺应时代发展、具有现实针对性的媒介素养教育培养方案。

2. 教育方法的创新发展

新媒体因其交互性、时效性、多媒体性、多元文化性等特征而受到当代大学生热捧。现阶段，大学生不再将报纸、电视、广播等传统媒体作为获取信息的主要渠道，而倾向于借助 APP 移动应用服务、SNS 社会性网络服务等新媒体平台获取资讯，享受参与和互动的乐趣。这就对教育方法的创新发展提出了更高要求，需要改变原有灌输式、一言堂的教育方法，而更为注重学生与周边环境的融合、自身感受与意见的表达、团队成员的交流互动、多样化的传播形式和交叉性的传播平台等。

3. 评价反馈的机制完善

网络时代对于个人媒介素养的需求，是新媒介发展在技术和内容上对受众能力更高层次的要求，也是受众在新媒介中希望满足自己社交、尊重、自我实现等更高层次需求的结果。为顺应新时代的人才培养需求，我们要进一步完善现有媒介素养教育中的评价反馈机制，将仅仅注重媒介文本阅读理解能力延展至注重对实践参与能力、角色转换表现能力、信息采集再加工能力、监测环境把握事物关键细节能力、了解尊重适应多元文化能力等综合能力的考查。

（二）加强大学生网络媒介素养教育的必要性

虽然部分教育界及学术界人士已经意识到网络媒介素养教育的意义和价值，但总体而言，我国的网络媒介素养教育依然处于初级阶段，具体表现为以下三个方面。

1. 缺乏公共政策的制度保障

大学生网络媒介素养教育作为一项亟待开展的系统工程，需要政府部门牵头制定相关公共政策，对该项工作的技术支持、经费保证、协调推广、具体职责等进行顶层设计和统一规划协调，建立覆盖课堂教育、社会教育、家庭教育的全方位、立体化的教育体系。

2.缺乏课程体系建设和规划

目前，国内大部分高职院校未将大学生网络素养教育误程纳入教学大纲中，未明确要求学生掌握媒介素养基本知识和能力，未开设与媒体传播运作、媒介内容赏析批判、传媒法规与伦理等方面有关的课程。事实上，高职将媒介素养教育纳入高职课程体系建设，要求学生通过修习指定课程掌握有效获取媒介讯息、了解媒体运作功能、批判选择媒体传播内容、制作传播媒体作品等能力，是提高大学生媒介素养和综合素质的重要途径。

3.缺乏科学调研和系统研究

目前，国内对于媒介素养教育的研究主要集中在介绍西方媒介素养教育开展情况、媒介素养基本内涵及认知、媒介素养教育的重要性等方面，缺乏对国内大学生开展网络媒介素养教育的科学调研和系统研究，缺乏符合我国国情和大学生特征的教材和教育宣传片等。

结合我国国情和高等教育发展现状，加强大学生网络媒介素养教育培养，可以从政策制定、课程开发、教师培养、社会实践、科学研究等环节入手，构建具有现实针对性和可行性的网络媒介素养教育体系。

（1）顶层设计

政府管理部门通过相关政策的制定执行，将网络媒介素养教育纳入教育规划体系和公民教育体系，明确网络媒介素养是新时期必备的公民基本素养。媒介素养教育成功的要件包括教师的教学意愿、学校行政的支持配合、培训机构的师资设备、常态持续的培训、专家的支持、充分的教学资源、教师自发性成长团体运作。为保证我国媒介素养教育有效开展，政府管理部门必须发挥顶层设计和统筹协调作用，通过加强宣传教育，净化网络舆论空间，引导公民了解并自觉遵守网络法规和伦理；通过制度保障、经费投入、政策支持等手段，统筹协调高职、研究机构、新闻媒体、民间组织等社会资源，为大学生网络媒介素养教育工作的开展提供必需的政策支持、物质支持、智力支持，促成政府统筹、高职主导、社会参与的网络媒介素养教育体系的构建和完善。

（2）课程配套

高职加强网络媒介教育课程开发管理，将相关课程纳入人才培养规划和课程建设体系。学习借鉴欧洲各国和其他国家和地区的课程设置方式，采用专业课程教学、课程融合、跨学科整合、主题教学等课程模式。

（3）队伍建设

高职应重视高职教师媒介素养能力的提升，将媒介素养纳入教师考核体系。媒介素养不仅是专业课程教师所需具备的基本能力，也是其他专业或学科教师、行政人员所必须具备的基本技能，包括感知理解媒介的能力、选择整合媒介内容的能力、利用媒介创造传播的能力等。提升高职教师媒介素养的根本目的在于使教师通过教学科研活动，将认识、理解、整合、批判媒介的基本素养在潜移默化中传授给学生，提升学生的媒介素养。高职可以通过完善优化现有考核体系，检验教师课堂教学和科研工作中体现出的媒介素养水平，以及授课过程中的媒介使用能力、利用媒介制作传播教学内容的能力、媒介整合和信息选择能力等，并对教师是否注重课堂内外学生的实际参与和互动体验进行重点考核。

（4）课程设计

高职院校将媒介素养教育与第二课堂教育相融合，在社会实践、志愿服务、科研创新等方面加强网络媒介素养教育。这契合了文化育人、实践育人、环境育人的育人理念。例如，引导学生利用网络媒介获取、创作、传播信息，选择网络媒介平台进行项目和实践的宣传，以网络媒介素养为研究对象开展研究，利用网络媒介开展社交，提高团队及项目知名度，在实践中提升并检验自身的媒介素养能力。

（5）实践结合

高职应鼓励扶持关于网络媒介素养教育的科研工作，在课题申报、征文、竞赛中予以重点关注，鼓励高职思想政治工作者、专业教师、行政人员开展网络媒介素养研究，并对具有一定研究价值的项目给予扶持，推动研究成果转化。高职对研究者给予技术、资金、物质等方面支持，提供平台鼓励研究者开展对外交流合作，学习借鉴其他国家或地区的有效经验，推动我国的大学生网络媒介素养教育的开展。

（三）"互联网＋"时代我国大学生媒介素养教育存在的问题

新媒体语境下大学生媒介素养教育存在诸多问题，主要原因就在于我国媒介素养教育的长期缺失。要想除此弊端，我们要完善对新媒体的监督管理体系,更重要的是调动社会、学校、媒体与家庭四方面的联动作用,构建"四位一体"的媒介素养教育体系。

1.高职媒介素养教育的缺失

高职的教育是大学生提高媒介素养最直接有效的途径,但目前我国高职普遍不重视大学生的媒介素养教育,媒介素养教学实践基本处于空白。

在实践中,只有少数大学生能通过有限的校园媒体资源去参与、体验媒介的运作,同时过程中缺乏专业老师的指导和培训,基本处于自发状态。在理论上,除了传媒相关专业学生,学校很少面向其他专业学生举办关于媒介素养教育的相关课程讲座。

2.新媒体中"把关人"作用的缺位

教育并非一定来自课堂,大学生对媒体的接触、实践也是一种间接受教育的方式。新媒体所提供的价值取向,无论是对信息价值的判断还是对事件思考方式的提供,都会潜移默化地影响大学生对于客观世界的认知判断,甚至为他们形成价值观提供参照。在新媒体环境下,传播者、受众的界限模糊,"人人都有麦克风"、人人都是"把关人",但是专业素养的缺乏使得信息的真实性和质量难以保证。值得注意的是,在新媒体中是否进行把关,更多的不是能力问题,而是态度与观念问题。为了获得眼球经济,争取更多的受众,网络媒体的信息筛选加工往往只看市场标准,使得许多虚假、媚俗的信息充斥其中。新媒体公信力的降低和"把关人"的实际缺位,给大学生带来了负面影响。

3.国内媒介素养教育体系建构的不足

在我国,受传统教育模式影响,家庭和高职对青少年的培养带有明显的功利主义色彩,追求实用和速成。而媒介素养教育的成果,是寓于长期、持续的教育之中的。这两者间的矛盾揭示出我国媒介素养教育难以形成规模的社会历史根源。

此外,我国媒介资源有限而人口数量庞大的现状也使媒介素养教育的推行缺乏硬件支持,难以形成一定的规模和体系。同时,媒介素养教育缺少政府部门政策制度的支持和推行媒介素养教育的专门机构,这也是社会各界对媒介素养教育的紧迫性和重要性无法形成正确认识的根本原因所在。

（四）针对新媒体环境下我国大学生媒介素养存在问题的解决措施

为了提升我国大学生的媒介素养，针对新媒体环境下大学生媒介素养存在的问题，吸取外国先进的媒介素养教育成功经验，我们可以尝试从以下几个方面着手。

1. 学校方面

（1）开设媒介素养教育课程，建设高素质媒介素养教育队伍

媒介素养是一个新的课题。到目前为止，我国的媒介素养教育实践经验还未完全找出一条适合本国国情的道路。大学生对于"媒介素养"这一名词既熟悉又陌生，对于媒介素养教育学科的含义也缺乏较为理性的认识。在大学教育中导入媒介素养教育课程，结合各高职的优势力量，是解决大学生媒介素养教育问题最有效、最科学的方法之一。高职在课程的设置上，可以专门开设实践性课程与多元理论性教育课程相结合的模式。同时，学校还可以通过举办相关讲座、辩论会等活动，以不同形式促使大学生树立正确的新媒体观念。

（2）营造媒介教育氛围，进行媒介素养宣传

媒介素养要进入校园，融入大学生的生活中，还要一个大家认识和认可的过程。因此，大学校园应充分利用自身传播知识和文化的优势，加大对媒介素养宣传力度。学校的广播、电视台、报纸、期刊、社团等都是校园媒介素养宣传的舆论阵地，它们作为在校学生的精神环境，对大学生有着不可替代的潜移默化的影响。所以，加强校园媒介素养宣传，就要形成全方位的校园舆论环境，利用各种媒介形式和手段，营造良好的媒介素质教育氛围。

（3）充分利用大学校园资源，增加媒介认知

调查显示，很大一部分的大学生较少参与到媒介信息的制作与发布中，这无疑给媒介素养教育工作蒙上了一层神秘的面纱。传媒作为一种合理存在并蒸蒸日上的事物，它的内容和灵魂在大学生当今的生活中是无孔不入的。大学校园有着各式各样的教育、学习工具。校报、校园广播电台、校园电视台、校园微博等都是大学生可以接触并参与其中的媒介资源。高职应充分鼓励大学生利用校园媒介资源，例如，建立校园校报编辑室，让学生亲自去采集、编辑、制作和发布信息；开设校园微博，建立校园微博管理委员会，让学生参与微博的创建、传播和管理。

2. 媒介方面

（1）媒体和大学校园合作，为大学生提供实践平台

媒介素养教育与媒介实践是双向互动的，大众媒介应与大学校园"联姻"，为大学生提供更多的实践机会。例如，传媒与校园联合发起一次"DV校园新闻制作"大赛，媒介专业人士走进大学为学生提供专业指导，让学生从拍摄—加工—制作全程亲自参与，最后评选出优秀的作品在媒体的某一平台播出，使学生在获得成就感的同时还能收获相应的媒介知识。网页制作大赛、校园新闻制作大赛等无疑都可以成为媒介与校园合作的最好形式。与此同时，学校还可以定期邀请知名主持人、经验丰富的编辑人员、记者等走进高职，与学生们进行面对面的交流互动，增加大学生对于媒介的感性认识，消除大学生对于媒介的陌生感。只有这样才能不让大学生被媒介的形式和内容"牵着鼻子走"，成为媒介的理智消费者而不是单纯地鉴赏、浏览传媒发布的信息或是仅仅热衷于新传媒所带来的新感觉。

（2）媒介发挥"把关人"的作用，提高自身的公信力

媒介在信息生产和信息传播方面应扮演好"把关人"的角色。各式各样的传媒文化给大学生的价值取向带来强烈的冲击，在很大程度上影响着他们的人生观和价值观。面对大千世界芸芸众生中纷繁复杂的各种信息，媒介往往掌握着这些信息能否发布和传播的选择大权。媒介理应帮助大学生认识社会、积累知识，使每一位大学生的素质在媒介所传递的正确价值导向中耳濡目染地得到提高。因此，媒介工作者应做到以下几项：首先，应努力提高理论水平，努力提升自身的采编写基本素质；其次，要坚持正确的舆论导向，以正确的舆论引导大学生，帮助那些辨识能力低的大学生认清信息的真实；最后，媒介从业人员必须具有职业道德，对自己职业行为所产生的社会作用和社会意义承担相应的责任。

二、构建专门的网络平台

（一）高职网络平台构建的有利条件

1. 时代发展的需要

在互联网迅速发展的时代背景下，网络已经与人们的生活息息相关，其用户群数量大、覆盖年龄范围广，影响力正随着时间的推移逐渐凸显，它以其特有的平台特性默默地影响着人们的价值观念和思维方式，以其资源丰

富的特点改变了人们的学习方式，以其高效便利的特点改变了人们的交往方式。高职应牢牢抓住这难得的契机，在学生的教育与管理中融入更加多样、更加吸引人的方式，使教育、管理、服务的功用在网络平台中得到淋漓尽致的发挥。高职在新校区的文化建设及信息化建设方面，可依托社会上已形成的较成熟的网络平台，这些平台经过测试及使用更具有适应性，减少因网络平台硬件问题带来的发展困扰。

2. 发展前景好

校园网络平台因其网络特性，具有活、全、新、快的众多特点和优势，同时也有利于用户的使用和参与。校园网络平台既是传播校园主流文化的新阵地，也是高职文化内涵、办学精神、优势特色的最佳展示窗口。虽然高职网络由于发展时间相对较短，在网络平台的构建上较为滞后，但这反而减少了改革及发展的阻碍，不会因为固化的思维方式限制了前进的脚步，降低了改革引起的阵痛。因而，高职在发展网络平台、积淀校园文化的道路上能走出全新模式。

（二）高职新校区网络平台构建遇到的问题

目前，多数的高职校园网络平台，都是以展示高职基本情况为主，这样的校园网络平台，用户基本没有参与机会，很难引起大学生的兴趣和关注。在内容上，除新闻和通知类的内容更新较快，其他内容长时间不能更新，甚至部分栏目只有名称而无实际内容，这也使得校园网络平台的关注程度下降。在实用功能设计上，校园网络平台未能针对使用者实际情况进行设计，脱离了使用者的实际需求。另外，高职校园网络文化建设的针对性和目的性不明确，未能与高职的大学生教育进行有机结合，缺少引导学生如何正确利用网络资源、如何构建和谐校园网络环境、如何建设健康校园文化等内容。在用户权限设置上，学生用户因权限不够，很难在校园网络平台参与到校园网络文化建设。

1. 启动实施有阻力

新校区由于发展成长时间较短，在现有的建设期内校园文化还没有形成明确的发展方向，且在文化积淀性方面存在不足，利用网络平台开展校园文化建设还处于较空白阶段，建设起点相对较低，加之人力、资源等投入上的不足，新校区在启动实施网络平台建设方面具有不小的压力。

2.形成特色较困难

具有较长发展历史的老校区因其长期的文化积淀，通过实践探索，在网络平台建设方面已初具规模，形成了符合各校特点的校园文化建设途径。而高职新校区成立时间一般较短，且目前国内不论是行业特色高职还是综合性高职，都在寻求新的发展，在这样的背景下高职新校区选择并走出一条特色道路相对艰难。

3.可用资源较匮乏

高职新校区在起步期内专业人员、配套资金、有关信息源等软硬件条件不足，系统的管理不到位，更多的是依靠其他部门提供的各类支持。在人力资源方面，新校区不仅是数量及质量都很匮乏，而且很多学校管理人员对网络认识不全面。

（三）高职网络平台的构建途径

1.打造特色网络品牌

校园网络平台关键性的指标在于内容准确度及更新速度等方面。目前的高职学生大多是随着网络一起成长起来的，若想利用网络吸引他们的视线，需要具有特别的形式、丰富的内容、迅速的更新。因此，高职校园网络平台应该改进原有的形式呆板、内容简单、功能单一、更新迟滞等不足，更好地解决吸引力不足、利用率低等问题。高职应完善校园网络平台的功能，提高用户参与程度，加快、加深与校园文化的融合，更好地促进高职的发展。针对上述情况，高职新校区在打造特色网络品牌时应更好地利用社会上已较成熟的、影响力较大的媒介。

2.优化校园门户网站

校园门户网站是每一所高职在网络中展示的绝佳平台，是发布相关信息的固定渠道。设计优良、布局合理、内容新颖的校园网站不仅能提高社会关注度，更重要的是能吸引更多学生关注校园门户网站，积累学生的荣誉感及归属感。官方微博是网络发声的新媒介，高职、企业、政府等纷纷开通了官方微博，在扩大宣传面的同时，能更加快捷地发布信息，发起交流互动。学生手持手机刷微博已成为一种流行行为，而利用微博的特性，校园官方微博将学生的注意力凝聚起来，通过发布社会热点问题与话题、普及与学生学习生活相关的知识与信息、组织学生参与活动及话题互动等活动，利用微博消息发布及时、传播面广等特性,更好地配合其他校园文化建设活动的开展。

3. 建设其他网络平台

当前,其他网络平台,如贴吧、微信、论坛、QQ空间等也成了新型的交流平台。随着移动终端技术的提升和革新,更多网络用户使用手机或者平板等终端设备参与网络互动。如今大学生使用手机刷微信、逛贴吧、进论坛、写说说、更新空间,已经是普遍现象,此类网络平台已经成为学生闲暇时光抒发个人情感、相互交流的重要平台。高职应当重视此类公开网络平台的开发和应用,利用此类平台用户群庞大的优势,推出有特色的高职网络平台,进行大学生的伦理道德教育引导,促进校园文化多元化良性发展。当然,高职应利用和管控好这类平台,通过这种类型的网络平台进行发起话题、交流讨论、活动宣传等工作,促进校园文化建设。

4. 挖掘潜在资源

网络之所以迅速发展得益于前所未有的更新速度以及良好的参与性、互动性,相较于纸质媒介,电子媒介越来越多地融入人们的交往之中。构建校园网络平台不仅仅是一定的物质投入,更加需要开发校园内所特有的、庞大的潜在资源——学生,动员好、开发好潜在的人力资源既是发挥好学生的主体性作用,更是人本主义理论应用于学校教育中的合理化体现。高职应充分动员专业教师、辅导员群体,集思广益创新内容、提高技术,积极参与校园内各项文体活动;充分动员学生干部、学生党员等其他学生群体,学生既是校园网络平台的受益者,同时也是参与者。通过利用现有群体,挖掘潜在资源,教育者及受教育者都能参与到网络平台的宣传、构建中去。

5. 建立健全管理体制

大学生在社会网络中是最活跃的群体,也是网络互动参与量最大的群体。因而,高职各部门及院系应提高对网络平台重要性及必要性的认识,加大投入,尽快开发校园网络平台;高职应针对如何引导网络评论、控制网络舆情、监管网络动态、处理网络突发情况等建立专门的技术团队,维护、管理、利用好网络平台。在现有的校园管理制度的基础上,规范和创新校园网络平台管理机制,通过统一的管理规章制度明确管理者、参与者的义务与责任,规范管理、教育引导学生形成健康积极的网络道德,使校园网络平台的使用秩序井然;建立校园网络平台的各级管理体系,使网络信息的监控、收集、分析、干预等反应机制更为完善，保证校园网络平台的正常运转。

6.营造校园网络文化，共筑品牌校园文化

高职校园文化因网络的介入而更加丰富、鲜活，同时网络也对高职思想政治及德育工作也提出了新的挑战。打造内容丰富、功能完善、具有开放性的校园网络平台，可以引导学生健康上网，传播校园主流文化，展现高职的品牌特色。构建好校园网络平台，营造健康和谐的校园网络文化，共筑品牌校园文化既是对网络带来挑战的有力回击，也是为全校师生提供更加有活力的成长空间。

三、教育、管理、服务一体化发展

随着高等教育改革不断深化，高职办学规模越来越大，高职教学和学生管理工作面临诸多新挑战。这就要求教学与学生管理工作需适应新发展形势的要求，实施全员联动机制，积极探索教学与学生管理一体化机制。

（一）高职教学与学生管理体制和运行机制出现的问题和弊端

在传统高职管理机制下，教学与学生管理统一性差，使得教学与学生管理在学校与学院之间得不到统筹安排，形成了"各自为政"的管理模式，产生了不少问题。

1.教风建设与学风建设不能互相促进

普通高职一般实行两级管理模式，学校将管理重心下移至分院。不同的工作业务归属于不同的职能部门，分工明确。在学校一级层面，教务处主管教学管理工作，而学生处主管学生管理工作；在分院二级层面，教务办公室主管教学管理工作，而学工办公室主管学生管理工作。在同一所学校里，教学管理工作和学生管理工作是两个独立运行的不同的工作系统。这样的管理运行模式纵向工作关联性很强，横向工作关联性很弱。从而导致学校、学院两级的教学管理和学生管理工作在实际运行时，难以形成联动的紧密关系，更难以开创教风学风齐抓并进的工作格局。

2.学生成人与成才出现"两张皮"

由于教学与学生管理工作联动机制缺失，工作本位思想严重，专业教师只侧重于教书，学工人员只侧重于育人。教师和学工人员彼此之间缺乏必要的交流、互动与协助，导致管理力度分散，难以形成合力。这就直接导致学生在人格教育和专业学习上的不协调，成人与成才出现"两张皮"。高职在管理人员有限、工作量很大的情况下，这种条块分割的工作模式必然会造成管理人员的严格分工，相应人员的流动和互助功能减弱，因此不能发挥管理群体的作用，工作效率不高。

综上所述，更新管理理念，探索综合管理结构，构建教学管理与学生管理一体化的管理模式势在必行。

（二）实施教学管理与学生管理一体化的基础与优势

1. 践行教学管理与学生管理一体化的初步思路

调整机构设置，优化人员配置，完善分工协调。一是撤销学生处，将学生处的部分管理职能划归教务处，教务处设置教学运行管理、学生管理、教学基本建设管理和实验实践教学管理四个处；二是继续强化二级学院管理职能的重心下移，分管教学的学院领导要协调学生工作，使教学与学生工作有效融合，加强、完善和优化学院办公室职能和人员配置，学院办公室统一负责教学、科研、学工、党务、行政人事工作的日常管理，从而为教学管理和学生管理一体化提供组织保证。

2. 完善和创新管理一体化制度

在现有的教学管理和学生管理各项制度的基础上，根据管理一体化目标要求，优化学校学工部、学生社区、校团委与各学院协调功能，优化各学院教学与学生管理职能，探索建立一个运行有效的教学和学生管理一体化管理模式、管理制度，使学生教育管理"到边到底到位"。比如，学校可以试行教学与学生管理联席工作例会制度、任课教师和辅导员交流协作制度、教风与学风建设联动制度等，并由教务处牵头，学生社区、校团委、学生学业信息咨询中心、各学院共同参与，完成教学与学生管理一体化的基本制度框架建设，从而为一体化管理提供制度保障。

3. 加强教学与学生管理一体化的信息建设

教学管理和学生管理统一的信息系统的建成，可以实现信息的集中管理、分散操作、信息共享，使传统的管理向数字化、无纸化、智能化、综合化及多元化的方向发展。为此，高职要进一步完善教学管理和学生管理信息系统的建设，以实现教学与学生信息资源共享及信息互动，促进管理的规范化，增强学校和学院两级教学与学生管理一体化协作，使其更好地为学校的育人功能服务。当然，教学与学生管理信息系统涉及面广、功能性强，它的应用在为学校教学与学生管理一体化工作带来高效、便捷的同时，也将对今后的教学与学生管理一体化工作提出全方位的、更高的要求。

4.强化"全员育人"工作机制

学生培养涉及教与学两个方面，必须实现二者的结合才能达到培养人的目的。高职要积极探索建立一个全员联动一体化，跨边界无缝隙，管理重心前移于教学班的"全员育人"工作体系，实行多层面、多角度、全方位育人管理模式，即广泛调动、充分利用各层面管理育人的积极作用，包括班委成员、辅导员、学生家长、专业任课教师、校领导等，全力培养德、智、体、美全面发展的合格人才。

管理一体化模式不是简单的合二为一，而是一种相互统一和相互促进的管理运行机制。因此，我们要紧紧围绕教学管理和学生管理的连接点——"育人"，以教学为中心，发挥教师教学的育人功能，促进专业教学和学生管理相互融合，从而逐步建立一个有特色、有效的教学管理和学生管理一体化的管理模式和运行机制。

四、科学性、时代性、层次性相融合

学生管理工作是学校教育的重要环节，高职学生管理工作日益成为社会关注的热点。以往主要运用制度化管理的高职传统学生管理方法，开始受到人们的质疑。随着社会的文明和进步以及现代高职管理理论的研究，人的重要性凸显出来。要解决学生管理工作的弊端，必须在学生管理工作中实现制度化管理与人性化管理的有机融合，充分发挥学校和学生双方的主动性，从传统的学校管理学生变为学校管理和学生参与相结合，注重人文关怀，尊重学生人格，关注学生身心健康，实现学生全面发展，满足社会对人才多样化的需求。

（一）学生管理工作制度化与人性化有机融合的意义

1.学生管理工作制度化与人性化相融合克服了单纯制度化带来的弊端

以往传统管理模式下的强制性管理，只关注理性因素而忽视了人的因素，学生管理工作程序化、标准化和规定化。这种模式可使各级学生管理工作者职责分明，学生管理工作井然有序地展开，其不足之处在于使学生管理工作者缺乏创造性和积极性，导致对学生的教育和管理机械化，学生本人的潜能、兴趣和个性等得不到有效的发掘和培养。学生管理工作一定要因人、

因时、因事而异，应采用刚柔并济、人性化的管理方式，充分发挥学生的主观能动性，使学生由"要我学"变成"我要学"，这是未来学生管理工作发展的趋势，也是当今社会发展的要求。在专业教学上，我们提倡因材施教。在日常学生管理工作中，我们同样需要因人而异，对症下药，对待不同的学生要采取不同的管理方法，只有这样才能促进大学生的个性发展。

2.学生管理工作制度化与人性化相融合是学生工作发展的必然要求

无论是制度化管理还是人性化管理，其目的都是最大限度地调动师生的积极性，顺利实现管理目标——学生的全面发展。而激励大多数人、约束少部分人是制定制度必须遵循的原则，因此，制定规章制度应得到大多数师生的认可并形成共识，使学生能清楚感受到自己的义务与职责并自觉遵守，而不是消极地服从与执行。在规章制度的执行中，高职还要注意把握适度原则，坚持原则性与灵活性相统一，对学生中出现的具体问题要因人而异，灵活处理，这些都是人性化管理的基本要求。随着时代的发展和高职学生管理工作的改革，要求人性化管理的呼声越来越高，这是大势所趋，也是学生管理工作发展的必然要求。

3.学生管理工作制度化与人性化相融合是培养高素质大学生的需要

现在的大学生绝大部分是独生子女，有些学生自尊心和个性比较强，凡事以自我为中心，欠缺尊重别人、关爱别人，更不懂得替别人着想、换位思考，缺乏实践能力和社会经验，承受挫折的能力较差。上述情况表明，传统的"一刀切"的学生管理工作模式已不适应大学生综合素质培养的要求。人性化管理正是针对不同层次的大学生所采取的"量身定做"的管理方式，这种模式把"教育对象"变成"服务对象"，由过去的强制性管理转变为现在的服务性管理，这是管理理念一个根本性的转变。这种管理理念的本质就是以学生为中心，明确学生是教育和管理的主体而不仅仅是管理的对象，是按照社会对大学生的素质要求实施的人性化管理。

（二）学生管理工作制度化与人性化两者关系认识上的误区

1.制度化与人性化互为对立的关系

制度化管理是以制度规范为基本手段，协调组织机构协作行为的管理方式，是强调依法治理，严格依循规章制度，不因个人因素而改变，强调"规范化"的一种管理。纯粹的制度化管理较少考虑个人因素，是一种刚性管理。而人性化管理，从字面意义上说，即是"以人为本"，在管理中理解人、尊重人，充分发挥人的创造性和主观能动性。人性化管理在于实现个体的发展与价值，是一种柔性管理。因此，部分学生管理工作者认为，制度化管理和人性化管理是矛盾的两个对立面，若强调制度化管理就无法实施人性化管理，若重视人性化管理就兼顾不了制度化管理，两者不可兼得，否则就不是纯粹意义上的制度化管理或人性化管理。但是，人性化管理和制度化管理并不是对立的两个极端，而是在不同层次上的两种管理手段。相比较而言，人性化管理是在制度化管理的基础上，更着重于人性化。所以，人性化管理是学生管理工作的目标和方向，制度化管理是人性化管理的基础和保障，二者缺一不可。人性化管理强调的是管理的艺术性，而制度化管理强调的是管理的科学性。没有制度，学生管理工作将失去标准和依据；而没有人性化管理，学生管理工作将失去长远发展的根本。人性化管理必须以制度的完善为基础，二者是相辅相成，不可分割的。

2. 人性化管理等同于人情化管理

有些学生管理工作者认为，人性化管理会因人性的弱点在管理中暴露出来，从而使管理混乱，以致毫无章法。在这里需要分清一个概念，这就是人性化管理不等于人情化管理。人性化管理是以严格的规章制度作为管理依据，是科学而具有原则性的；而人情化管理则是没有制度作为管理依据，单凭管理者个人好恶，没有科学根据，非常主观的一种管理状态。所以，人性化管理并不是完全抛开制度而只讲人情的，它是在制度规范的基础上，更多地考虑人性，从而促使学生能够更全面地发展。因此，"人性化"是在管理制度前提下的"人性化"，它强调的是在管理中体现"人情味"，让管理不再"冷冰冰"。人性化管理的核心是信任人、理解人、尊重人、帮助人、培养人，给人更大的发展空间，给学生更多的关爱，从而提高学生的积极性、主动性和创造性，激发优秀人才的创新意识，发挥人才的创造能力。

（三）实现学生管理工作制度化与人性化有机融合的对策

随着全球经济一体化和网络的迅猛发展，学生的思想观念日趋复杂，传统的学生管理工作的管理理念、管理体制和管理方式难以适应新形势发展的需要，新时期高职学生管理工作改革和创新势在必行。

1. 建立科学、规范、完善的学生管理人性化制度是基础

人性化管理是建立在科学合理的制度之上的，离开了合理的规章制度和规范的管理，学校的管理将没有依托，各项工作将成为一盘散沙。规章制度是依法治校的基础。因此，学校必须建立科学、规范、完善的制度体系，通过制度来充分表达学校对学生的管理态度和要求。问题的关键是制度要合理科学，符合时代发展要求，既要体现对学生的要求，又要充分信任和尊重学生，同时还要体现学校的管理手段和方式。学生管理工作要以教育为主，处罚为辅，并为进一步促进学生全面发展营造更加宽松的氛围。这就要求学生管理工作者经常开展调查研究，充分了解当代大学生的思想动向，听取他们的合理需求，甚至让他们参与制度的制定，使制度的产生立足于学生的现实需要，制定出公正合理、严格平等的学生管理制度。人性化管理不是放任管理，更不是人情化管理，人性化管理是以严格的制度作为管理依据，是符合科学规范而具有原则性的，它不是降低规章制度的严肃性和公正性，而是更注重提高管理学生的艺术，改变管理的方法和方式，其最终目的是要教育、培养和发展学生。

2. 转变观念，牢固树立"以学生为本"的管理理念是关键

理念主导行动。要做好高职学生管理工作，最重要的是转变观念，牢固树立服务意识，采取换位思维的方式，从学生的视角去看待问题和解决问题，各项工作必须立足于学生现实发展的需要，围绕调动学生的创造性和积极性而展开，把工作的着力点放到研究学生关注的热点和焦点问题上来，始终以学生的愿望和呼声作为工作的依据，把学生满意度作为检验工作的尺度，让个性在制度允许的条件下得到充分自由的发挥。积极构建学生成长成才的管理服务体系，从以强制性教育管理为主的工作格局转变成强化服务、引导和沟通的新格局，由传统的"教育管理型"向"教育管理服务型"转变，牢固树立"以学生为本"的管理新理念，使学生管理工作真正抓出成效。

3. 注重提高学生自我教育、自我管理的能力是重点

自我教育能力是指学生自觉主动地把社会要求的思想道德规范在内心加以理解，并通过实践转化为比较稳定的自觉行为的能力。当代大学生参与意识较强，他们乐于对自身的生活、学习进行决策和控制，因此，有效调动学生的主观能动性，激发学生的参与意识，建立和实行以管理者为指导、以学生自身为中心的服务型管理模式，充分发挥学生在管理工作中的主体性作用。学生管理工作者要善于多角度引导学生，采用多种形式，鼓励学生参与管理，培养他们的自律能力，尊重他们的民主权利，唤起他们强烈的责任感，做到把外部的制度管理与学生内部的自我教育有机地结合起来。学生参与管理的形式是多种多样的，如组织学生成立自律会，检查、督导学校各项规章制度的执行情况，引导学生在管理过程中进行自我反思和自我教育，树立自律、自强意识，帮助学生完成从"他律"到"自律"的转变；让学生参与伙食管理委员会、宿舍管理委员会或担任班主任助理等工作，组织开展各项文明评比活动，学生有权对关系学生根本利益的大事向学校提出建议；放手让学生会、团委以及相关社团组织开展各项活动，体现学生的主人翁地位。在这种管理模式中，学生具有双重身份，既是管理者，又是被管理者；既学会知识，又学会做人，学生的责任感和自我管理能力得到提高。

4. 建立一支稳定、优秀的学生管理工作队伍是保障

制度化与人性化有机融合的管理模式对管理工作者提出了较高要求。在学生管理工作中，每个管理工作者主观能动性的发挥，都直接影响着工作的质量和效率。因此，做好学生管理工作，就必须建设好辅导员和班主任队伍，不断把德才兼备的年轻干部和优秀毕业生充实到学生管理工作队伍中来。榜样的作用是有效管理的关键。教师作为管理者，要通过自己的行为去影响学生，因此需要教师具有良好的品德及知识素养，处处树立榜样作用，在管理中融入自身的人格魅力，在工作中还应注重学习，不断提高自己的理论水平和业务能力以及正确的决策能力；重视学生在管理中的重要作用，尊重学生，把他们视为自己的朋友，及时发现和表扬他们的优点，以个别提醒的方式指出不足之处，少当众批评，多用鼓励、启发、商量的方式，尽量避免使用命令语气；用公平、公正的心态对待学生，做到对学习好的学生从精神和物质上给予奖励，对出现差错或违反规章制度的学生，给以严肃的批评处理并帮助其改正错误；在工作中应时刻保持谦虚的作风，善于多方听取学生的意见，修正工作上的偏差。另外，还可采取听报告或讲座、出去调研或进修等多种形式，加大对学生管理工作者的培训力度，使之真正成为一支理论知识扎实、业务能力强、管理经验丰富的优秀队伍。

高职学生管理工作制度化与人性化有机融合，是一种新型的学生管理

工作模式。人性化管理和制度化管理并不是对立的两个极端，而是在不同层次上的两种管理手段。在制度化管理中加入人性化管理，实行人性化管理而不忘制度是管理的最高境界。因此，在学生管理工作实践中更新观念是前提，建立制度是重要保证，研究学生需要是基础，学生参与管理是基本原则，激励是重要手段。只有这样才能充分发挥"以学生为本"的教育理念在管理学生方面的作用，更好地促进高职学生的全面发展。

第七章 大数据时代的高职学生教育管理

第一节 大数据概述

一、大数据概念、特点与本质分析

当前大数据已成为我们思考各种问题的基本背景，究竟什么是大数据，大数据有哪些特点，这是研究其他大数据问题的起点，也是学术界研究的热点和争论的焦点。

（一）大数据概念

大数据（Big Data）：指无法在一定时间范围内用常规软件工具进行捕捉、管理和处理的数据集合，是需要新处理模式才能具有更强的决策力、高增长率和多样化的信息资产。

主要解决：海量数据的存储和海量数据的分析计算问题。

现在一般的数据存储单位如下：

bit、Byte、KB、MB、GB、TB、PB、EB、ZB、YB、BB、NB、DB。

1Byte=8bit

1K=1024Byte

1MB=1024K

1G=1024M

1T=1024G

1P=1024T

（二）大数据的特点

1.海量化（Volume）

大数据的特征首先就体现为"大"，随着时间的推移，存储单位从过去的 GB 到 TB，乃至现在的 PB、EB 级别。随着信息技术的高速发展，数据开始爆发性增长。社交网络（微博、推特、Face book）、移动网络、各种智能工具、服务工具等，都成为数据的来源。淘宝网近 4 亿的会员每天产生的商品交易数据约 20TB；Face book 约 10 亿的用户每天产生的日志数据超过 300TB。迫切需要智能的算法、强大的数据处理平台和新的数据处理技术，来统计、分析、预测和实时处理如此大规模的数据。

2. 多样化（Variety）

数据的多样性也让数据被分为结构化数据和非结构化数据。相对于以往便于存储的以数据库 / 文本为主的结构化数据，非结构化数据越来越多，包括网络日志、音频、视频、图片、地理位置信息等，这些多类型的数据对数据的处理能力提出了更高要求。

3. 高速度（Velocity）

这是大数据区分于传统数据挖掘的最显著特征。根据 IDC 的"数字宇宙"的报告，预计到 2025 年，全球数据使用量将达到 163ZB。在如此海量的数据面前，处理数据的效率就是企业的生命。

4. 精确性（Veracity）

精确性即数据的准确性。精确性包括数据的可信性、真伪性、来源、信誉、有效性和可审计性。大数据中的内容是与真实世界中的发生息息相关的，研究大数据就是从庞大的网络数据中提取出能够解释和预测现实事件的过程。只有数据完整、真实，那么建立在其基础上的决策才会更加科学、准确。从数据源来看，绝大多数数据都是个体思想和行为的实时记录，是个体真实意思的外在反映，其准确性要高于传统的数据来源渠道和收集方式，即便少数数据失真，也都被淹没在真实数据的海洋中。从数据量来看，大数据面对的是某一现象的全部数据，而非传统的随机抽样数据，"样本 = 总体"的全数据模式将使判断和预测的准确性，达到抽样数据无法达到的高度。从数据处理过程来看，通过一系列技术手段对海量数据进行"去冗""降噪"和"过滤"处理，并进行数据整理、挖掘和分析，最终得出更加准确、可靠的结论。

5. 关联性（Viscosity）

关联性即数据流间的关联性。关联的数据价值远大于孤立的数据。大数据并不看重单个数据流的价值，强调从彼此关联的数据流发现相关关系，而不是因果关系，只需要知道"是什么"，而无须明白"为什么"。在大数据时代，原有建立在人的主观认识基础上的关联物监测法已经落后，取而代之的是借助机器的超强计算能力和复杂的数学模型，对看似杂乱的大数据进行专业性测试和分析，自动搜寻和建立关联关系，并得出有价值的结论。

6. 易变性（Variability）

易变性即数据流的变化率。大数据的生成是瞬息万变的，除了人为产生的大量数据外，无数的传感器、监测设备等智能化机器亦源源不断地自动生成数据，导致数据量在极短时间内快速增长，数据更新速度极快，数据价值的衰减率高，需要对不断变化的数据做出快速反应，即在瞬息万变的状态下进行动态、实时分析。

7. 有效性（Volatility）

有效性即数据的有效性及存储期限。尽管大数据看起来杂乱无章，但随着存储技术的进步，大数据存储空间和时间限制越来越少，这些数据都可以有效记录并长期存储，也可以追溯查找、循环往复利用，数据本身的有效性和基于大数据分析与预测的有效性大大提高。

8. 价值大（Value）

大数据虽然价值密度在不断降低，但通过对大数据的交换、整合与分析从而找到数据之间的相互关联、产生重大发现，因此其整体价值在不断提高。大数据的影响力超凡而广泛，在政务、教育、健康、交通、产业等各领域将发挥着越来越大的作用。大数据渗透到社会生产、生活和管理中，成为生产力的"新要素"，成为管理的"魔法师"，成为明察秋毫的"神侦探"。

（三）大数据的本质

1. 在技术层面上看，云计算与大数据之间谁也离不开谁，正常情况下，要想处理大数据只使用一台计算机是荒谬的，对于大数据的处理必须运用分布式架构，这一特色主要指的是海量大数据中运用分布式数据挖掘的方法，必须在依托云计算技术的前提下来进行的分布式处理、云存储，以及建立起分布式数据库。

2. 对大数据来说，发展技术的战略意义并不是对庞大数据集合的掌握，而是在庞大数据中提取出蕴含价值的数据并且对其进行专业化处理。简言之，要把大数据看成一种产业，在这个产业中获得利润的关键就在于对数据的高加工能力，即以加工实现增值。

3. 在互联网信息化时代，云服务为生活提供了极大便利，因此也有越来越多的目光放在了发展大数据身上。在互联网用户中产生最多的数据是一些非结构化数据以及半结构化数据，而这些数据的价值是极小的甚至可以忽略不计，如果将这些数据都放于数据库中进行分析会浪费大量物力和财力。

二、大数据社会的基本特征

（一）事物的数据化存在

人的感知器官包括眼睛、耳朵和皮肤，通过神经冲动的形式，人类获得认识信息和知识。在智能时代，摄像头、话筒、传感器则是人感觉器官的仿生，通过传感器技术，一切均可数据化，包括宏观的大气变化、环境监测，微观的细胞、细菌、病毒，甚至是抽象的情感、名誉、影响力、幸福指数、信誉指数等。大数据成为观察人类自身社会行为的"显微镜"和监测大自然的"仪表盘"，人和事物在真实世界的行为得到实时的记录，这种数据记录的频度在不断加大，粒度在不断提高。社会科学如经济学、政治学等将预测得更准、计算得更精，大数据进一步扩大人类科学的范围，推动人类知识的增长。可以说大数据时代，除了上帝，任何人都必须用数据说话。一切皆用数据来观察，一切皆用数据来刻画，一切皆用数据来表达，一切数据被当成财富来采集、存储和交易，这个世界将是"数据化的存在"。

（二）大数据预测未来

大数据开启了一次重大的时代转型，就像望远镜让我们能够感受宇宙，显微镜让我们能够观测微生物一样，大数据正在改变我们的生活以及理解世界的方式，成为新发明新服务的源泉，而更多的改变正蓄势待发。量化仅是手段，其终极目标指向预测未来、创造机会、改造世界。预测是大数据技术的应用核心，也是大数据挖掘的重要意义所在。古代人们预测未来的方法是占星、卜卦等；近代科技的发展，在小数据基础上获得的相对知识对未来进行有限的预测；然而大数据时代，建立在海量数据基础上的知识其可靠性远远超越小数据时代的小量样本知识。但是，并不是大数据预测的结果是确定的，因为海量的数据不可避免地存在数据噪声、误差，或者无用信息，预测结果是概率性的。预测结果的概率性并不否定其价值，剔除数据噪声、隐藏在其中的有用信息比例越大，大数据开辟了一条能够看得见未来的道路。

第二节　大数据对高职学生教育管理的影响

一、高职大数据教育管理一般性分析

高职大数据教育管理是教育现代化的客观要求，其具有科学性、及时性、互动性、差异性及权变性等特点，从而具有传统高职院校教育管理无法比拟的优势。在高职大数据教育管理实践中，相关关系和因果关系仍是高职事物之间最主要的两种关系，它们并不是相互排斥的，相关关系不仅不能取代因果关系，反而快速清晰的相关关系分析为寻找因果关系提供指导和帮助作用。只不过，高职院校教育管理中的大数据与商业领域中的大数据运用有着根本区别：商业领域不太重视因果关系，比较重视相关关系；而高职大数据以相关关系为切入，最终寻找特殊的相关关系——因果关系。

（一）高职院校教育管理大数据的类型

大数据技术是高职院校教育管理由传统的科学管理向文化管理进化的重要力量，随着高职大数据平台建设，教育信息技术在校园的广泛运用，高职院校教育管理大数据呈现多样化、复杂化、动态化的趋势。从不同的角度划分，高职院校教育管理大数据具有不同类型。

1. 按性质划分

按性质划分，我国高职院校教育管理大数据可分为结构化数据、半结构化数据和非结构化数据。结构化数据是工整的数据，其可以用二维表的结构来进行逻辑表达，属于关系型数据。非结构化数据包括所有格式的办公文档、文本、图片、智能硬件结合数据、标准通用标记语言下的子集 XML、HTML，各类报表、GPS 数据、图像和音频/视频信息等数据资源，不适合用二维表存储。而半结构化数据，顾名思义，其既不属于结构工整数据，也不属于非结构工整数据，而是介于二者之间的数据，如 HTML 文档就属于半结构化数据。半结构化数据一般是自描述的，数据的结构和内容混在一起，是用树、图来表达的数据。

2. 按来源划分

按数据来源划分，我国高职院校教育管理大数据可分为两类：一类来

自教育系统内部，与教育教学有关的数据，包括高职教学、科研、人事、学工、党团、后勤、图书等部门生产的大数据，这是教育管理大数据的主要来源；根据数据产生部门，也可把高职院校教育大数据分为四类：教学类数据、管理类数据、科研类数据以及服务类数据。另一类来自外部数据源的数据，特别是互联网和社交媒体产生的数据。随着 Face book、腾讯 QQ、微信及微博等社交媒体的发展和移动 4G、宽带及局域网的发展，大学生网络化存在趋势加剧，24 小时挂网活动现象不断增加，与此同时产生的大数据也在不断增加。

3. 按主体划分

按采集业务划分，我国高职院校教育管理大数据可分为学生教育管理类大数据、教师教育管理类大数据、综合教育管理类大数据和第三方应用大数据四类。学生管理类大数据主要来源于学生的学习和生活及社交数据活动，诸如，学生的基本信息、考勤、作业、成绩、评奖评优、参加的各级各类活动表现及学生网络轨迹及表现等。教师管理数据主要包括教师基本信息、备课教案、课堂教学、作业批改、答疑解惑、科研数据、评奖评优、进修培训、参加的各类活动数据及社交活动、网络活动数据等。综合管理类数据包括学校基本信息数据、学校各项评比类数据、学校各项奖励等。第三方应用类大数据，包括金融缴费、教学资源、生活服务、云课堂、微课及 MOOCs 资源等。

4. 按数据结构划分

高职院校教育管理大数据的结构可分为四层，从内到外分别是：基础层（教育基础数据）、状态层（教育装备、环境与业务的运行状态数据）、资源层（各种形态的教学资源）和行为层（教育用户的行为数据）。一般而言，基础层和资源层数据也属于结果性数据，状态层和行为层数据属于过程性数据。基础层大数据主要包括人事系统、学籍系统、资产系统数据等，主要服务于高职管理者宏观掌握高职发展状态科学决策，一般是结构性数据；状态层数据在智慧校园中主要靠传感器获取，主要服务于高职管理者掌握各项教学业务运行状况，优化教育环境；资源层数据主要以非结构化数据为主，主要包括网络教学资源（以 MOOCs、微课、App、电子书等形式存在），也包括上课过程中产生的笔记、试题等动态生成性资源；行为层数据包括教师行为和学生行为数据，教师行为数据占主体，主要服务于个性化学习、学习路径推送、行为预测和发展性评价。

（二）高职大数据教育管理的特点

1. 高职大数据教育管理的科学性

传统高职院校教育管理决策模式大致有四种：依靠决策者的理性认知决策的"官僚主义模式"；通过"合意"过程来平衡大学内部多方群体利益的"学院型"模式；通过"扩散"程序表达不同利益群体的"政治型"模式；决策程序无章可循、随意性大的"有组织的无政府型"模式。这四种模式的共同弱点就是决策者的"有限理性"，缺乏科学性。大数据的核心是预测规律，高职大数据克服了传统小数据的局限性和不能反映整体的弊端，通过全面的考量，从而洞察隐藏在师生复杂、混乱数据背后的行为规律，从而提高教育管理科学性。

预测人类的行为是一个经久不衰的梦想，科学家为之努力了上千年，大数据使这个梦想变为现实。人类行为 93% 是可以预测的，人类的行为也是有规律的，人类的大部分行为都受制于规律、模型以及原理法则，而且它们的可重现性和可预测性与自然科学不相上下。人类跟悬浮在水中的花粉微粒其实没有什么不同。受到某种跟左右花粉运动一样神秘的原因的驱动，人类大部分时间也是在运动不止。不同的是，人类不是受到微小而不可见的原子撞击，而是被转化为一系列任务、责任以及动机的不可见的神经元的颤动所驱使。在教育决策方面，利用大数据技术能增强高职院校教育管理的科学性。高职教师的科研数据、教学数据、评奖评优数据、参加各类大赛数据及其生活、作息、交友、娱乐等数据，它们之间及它们与学校的管理机制、制度及投入等都有着诸多关联，这些数据背后都隐藏着规律，比如，可以通过对科研成绩斐然的教师的作息和科研之间的关系、兴趣爱好与科研之间的关系、教学成效与科研的关系等诸多维度进行数据关联分析，建立数据模型，寻找其中规律，为科学决策提供依据，从而更好地制定学校科研政策、教学管理制度及评价制度。同时，高职院校教育管理大数据对于学生的学习与需求、舆情监控及科学决策有着重要意义。学生的学习成绩、能力素质、上网习惯、图书借鉴、就餐情况等之间存在某种关联，通过数据分析，寻找这种关联和规律，增强教育管理的科学性，从而收到"事半功倍"的效果。

2. 高职大数据教育管理的及时性

莎士比亚说过："一切过去，皆为序曲。"大数据以运算的形式来诠释此道理。"智慧校园"的前提是教育管理信息化，大数据技术是高职院校教育管理智慧之道的依凭。"事后诸葛"空遗憾，而"兵贵神速"要求抢抓先机。高职院校教育管理大数据是即时的、当下的，具有预警性，这为教育管理者抓住关键时期开展工作提供了技术保障。在网络深度覆盖的校园里，师生活动处处有数据、有信息，合成空前的数海，这其中的信息暂不考虑其现象是否与本质完全吻合，但是一些异常的信息和规律性的信息总是会在海量数据中涌现出来。对异常的信息，通过相应数据技术设立容忍度和临界点，使之达到界限后启动报警系统，最终起到防患于未然的作用。学生的交际问题、学业问题、就业问题、感情问题及经济问题等，都必然会通过网络时代的各种媒介得到展示与宣泄，而高职利用大数据技术，可以做到因势利导、超前谋划，及时预防和处理危机事件，将相关损害避免或减少。

3. 高职大数据教育管理的差异性

高职大数据教育管理的及时性、科学性是从宏观来讲的，而高职大数据教育管理的个性化，则是从微观来讲的。因材施教、个性化管理和多样化人才培养一直是教育的理想，高职院校教育管理对象具有差异性，正如马克思所说："我的对象只能是我的一种本质力量的确证，也就是说，它只能像我的本质力量作为一种主体能力自为地存在着那样对我存在，因为任何一个对象对我的意义，都以我的感觉所及的程度为限。"理性与道德只有在自我确认中才能成为一种"为我"的存在，从而在肯定人的生命的前提下，促进人的全面发展。尊重大学生的个性特点、兴趣爱好、能力差异、家庭背景差异等，是高职院校教育管理者做好教育教学管理和服务工作的前提。尊重是爱、尊重是方法、尊重是境界。局限于技术及精力，在小数据的时代，高职院校教育管理者要做到察微知著是比较困难的，但是在大数据时代，这一切都显得更加容易。大数据教育教学资源，可以为学生量身定做适合个性特征的培养方案和课程清单，让学生突破时空限制，享受高质量的教育教学资源。大数据时代个性学习，不仅对于个体有着显微镜的功能，同时也可以预测学生群体活动的轨迹和规律，为高职教师改进教学提供有效反馈。因此我们可以说，大数据技术是高职精准教育、精准帮扶的重要保障。

4.高职大数据教育管理的互动性

基于大数据的高职院校教育管理克服传统教育管理中的单向度，实现师生的互动，从而产生互动效应。互动效应在心理学上指两个或两个以上的个体通过相互作用而彼此影响从而联合起来产生增力的现象，亦可称之为耦合效应，也称之为互动效应，或联动效应。一般来讲，赋予积极的感情行动，将会收获积极的感情反应。高职单向传授和灌输式的传统教育教学方式，由于缺乏感情的耦合联动，导致教育教学缺乏实效性。在大数据教学平台上，高职教师与学生可以即时互动，答疑解惑、传道授业，对于学生做题的速度、学习的进度，教师都可以实时监控，做出处理，其他学习者也可以做出解释和指导。在这样的学习互动氛围中，信任、支持、谨慎、勤奋及求精等情感信息释放，从而在整个群体中产生积极互动效应。对于思想政治教育工作来讲也是如此。针对教育命题，鼓励大学生积极参与，充分发挥其主人翁精神，为问题的解决、为学校正能量的传播建言献策；在学校社交平台或学习平台上，针对就业困惑、心理困惑及学习困惑等，充分发挥朋辈效应的作用，使学生自我教育、自我发展，从而实现教育的"润物无声"。

5.高职大数据教育管理的整合性

高职大数据的整合包括高职内部和高职外部资源的整合。只有整合资源，才能使资源的利用价值最大化。高职通过大数据技术可以很好地实现资源整合。初级层次的资源整合是介于学校内部各部门、各单位之间的数据资源整合。通过大数据平台的建设，可以打破部门数据分割，实现数据共享，促进数据公开和流通。高职之间及区域之间的大数据平台建立是资源整合的高级层次，这对于促进整个地区乃至国家的教育发展、资源节约具有重要的战略意义。我国高职目前也在资源整合方面取得了一定的成绩，诸如，清华大学、北京大学、上海交通大学及复旦大学等高职院校已建立面向社会开放的大规模课程平台，"中国大学MOOC"受益面不断扩大等。

6.高职大数据教育管理的权变性

"没有绝对最好的东西，一切随条件而定。"权变管理的核心思想就是"以变制变"。管理没有定法，管理只能根据外部环境和内部要素的变化而采取不同的方法策略。对学生教育教学管理没有一劳永逸的万全之策，也没有放之四海而皆准的适用公理，更无适应一切学生的万能公式。学生的学习数据、教师的教学数据、管理人员的行为数据、监控里的安全数据等，都是动态的、实时的，形成一股股信息流，一切都是不断向前流动的过程，故而"变"是高职院校教育管理永恒的主题。这就要求高职院校教育管理人员要及时掌握管理对象、管理内外部环境的变化情况，研究各种变化的趋势和规律，并研究各种变化之间可能的相互作用及后果，从而提前决定采取科学、适宜的有效方式来应对。大数据技术为高职院校教育管理者及时获得管理对象各种信息提供了技术保障，大数据的海量、快速、动态和便捷性有利于高职院校教育管理权变性的实现。

二、大数据对我国高职院校教育管理发展带来的影响

大数据带给高职数据采集、治理模式、教育教学、资源调控、考核评估、智慧科研及智慧管理等方面带来革命性的力量。

（一）数据采集：关注过程、关注微观

局限于技术、人力和物力，传统高职数据采集主要以管理类、结构化和结果性的数据为重点，关注教育整体发展情况，这种反馈机制在一定程度上对于高职院校教育决策、规章制度的制定起到了积极作用。但是对于学生、教师、科研的实时掌握情况却远远不够，对于不好的结果也不能提前预测和预防，而多是事后补救型，从而使高职院校教育管理处于被动局面。随着大数据技术强力渗透到各行各业，高职院校教育数据的采集将面临着新的变革。互联网、物联网和大数据技术支撑下的高职智慧校园，不仅在采集数据的数量上超越传统高职，而且在数据的质量及数据的价值方面都具有传统高职数据所不可比拟的优势。高职院校教育管理大数据具有非结构化、动态化、过程化及微观化的特点，处理程序更加复杂、深入和多元化。学生的学、教师的教，一切活动都处处有迹。数据流源源不断，在数据分析师的头脑加工，产生源源不断的智慧流，从而促进高职院校教育管理更加科学化、人性化。当然，高职大数据采集和管理宗旨是：功能是必需，情感是刚需，以人为本。然而，由于高职院校教育管理对象及活动的复杂性，加上缺乏商业领域标准化业务流程，从而导致高职院校教育管理大数据的采集活动呈现复杂性的特点。在高职院校教育管理大数据的分析中，要特别强调因果关系，虽然国际大数据专家舍恩伯格认为更应重视相关关系，但是教育是以培养人为根本目标，它不同于商业数据无须追根求源，教育大数据不仅要"知其然"，更要

知其"所以然"。通过技术分析和处理，挖掘高职院校教育管理大数据所体现的规律及发现揭示问题背后的根本原因，最终寻找破解之道、应对良策，从而更好地提升高职教与学的活动效果。

（二）治理模式：民主治理、集思广益

大数据时代，高职决策模式、治理模式都将面临转型。传统高职治理属于"精英治理"，受限于校园信息化程度和智能化程度不高，学校各项事业发展方案、措施、策略等不能广泛传达至师生，民主意识较强的管理者顶多召开一个小范围的研讨会，或者以开会的形式传达，而这种正式会议过于严肃和拘谨，缺乏自由、轻松的氛围，不利于异质声音的表达，也就意味着不能将群众的真正声音传递到决策者耳中。而在以互联网、物联网、云计算、大数据及移动终端为技术支撑的智慧校园中，可以实现高职由"管理"向"治理"转变，更好地实现治理的民主化、科学化。高职管理者与师生不受时空限制的互动交流，至少有四点优势：一是收集有利于学校发展、各项业务完善的群众智慧；二是传达学校发展战略、思路，形成上下合力；三是拉近干群距离，将各种矛盾化解在萌芽状态；四是决策处处留痕，实现阳光政务，防止权力"任性"，促进决策的规范化、科学化。

（三）教学优势：及时反馈、因材施教

利用大数据技术开展翻转课堂教学改革或在线教育是当前高职院校教育管理变革的重要内容。高职学生数量庞大，是运用信息技术的主要群体，也是高职院校教育管理大数据的重要生产者和使用者。可以根据学习平台上不同学生对各个知识点的不同用时、不同反应，来确定要重点强调的知识和决定不同的讲述方式。大数据教学有两大优势：一是私人定制；二是大规模个性定制。私人定制即借助适应性学习软件，通过相关算法分析个人需求为每一位学生创建"个人播放列表"，且这种学习的内容是动态的。通过大数据分析，对提高学生个体学业成绩需要实施的行为做出预测，决定如何选择教材、采取什么样的教学风格和反馈机制等。大规模个性定制指根据学生差异对大规模学生进行分组，通过相同测验，有更多相似性的学生会被分在一组，相同组别的学生也会使用相同的教材。大规模个性定制教育的成本并不比批量教育成本高出许多。人类教育的形式由古代学徒制。到近现代的学校制。再到在线教育的个性化，是教育形式的螺旋上升，既解决了教育产品的量的问题，又能很好地解决教育产品质的问题。大数据的教育潜力很大，运用前景广阔。以行为评价和学习诱导为特点的在线教育平台，仅是其影响高职院校教育的"冰山一角"。

（四）考核评估：动态评估、全面多维

"刻舟求剑、刮目相看、盲人摸象"这些蕴含着中国智慧的成语告诉我们：要用运动的、全面的眼光评价事物。作为"科学""先进"的社会群体符号代表的高职院校教育管理者，对于学校的办学水平及教与学的成效评估更要体现科学性和人文性。大数据时代，从数海中找到当前教育管理问题及其影响因素和根本原因，用易懂的数据关系诠释深刻的哲学道理，是这个时代的重要特征。大数据促进高职教育管理评估从注重经验向注重数据转变，从注重模糊宏观向注重精准微观转变，从注重结果向注重过程转变。高职教学活动是大数据评估最常用的领域，从广义上理解，高职大数据应是人类学、社会学、社会关系学背景下的大数据。高职内部大数据系统一定要与外部社会大数据系统建立起融合关系或者链关系，这样才可能从知识、情感、能力、道德等全方位、多维度了解学生，制定人性化发展方案，有效避免以学习为中心，才能更好地实现以素质为中心的教育旨趣，更好地培养符合社会需求的高水平专门人才。首先，高职院校利用大数据技术，对人才培养、产业发展及社会信息等数据的采集要提前布局，要有连续的数据对其支撑，每个地区的生源情况、就业情况，要有长期连续的动态数据，才能从数海中预测经济发展、社会人才需求、高等教育未来发展趋势等，及时调整学校发展战略，促进人才培养模式改革。其次，大数据技术可以实现考核评估的革命性改变，高职院校教育管理者利用回归分析、关联规则挖掘等方法帮助教师对学生学习状况、思想状况、社交状况等进行全方位的掌握，关注学生生长的过程，实现评估的全方位和立体化，从而优化教育管理策略，提高教育管理效果。最后，利用大数据技术可以建立起教师科研、教学的预警机制，对于教学质量监控、科研趋势等设置报警区域，达到设定的域值，系统自动报警提醒管理人员重点关注一些教师。基于大数据技术，创新高职院校教育教学评估体系，使之更加多元化、智能化、个性化，实现由传统基于分数的评价向基于大数据的评价转变，由传统的结果评价向过程评价转变。

（五）资源调控：优化组合、注重效能

推进高职资源大数据平台建设，有利于对有限的教育教学、实验室、寝室等资源进行重组、匹配和优化，从而使教育资源具有新的结构，产生新的功能，提高资源效能。在实践中，有很多高职投入巨资建设的实验室利用率并不高，而有的实验室却人满为患，学生急于寻找实验室而限于信息缺乏或者人为设置的障碍无法获得资源；与之类似，教室、图书馆的阅览室也存在这样的"两极"现象：有的空荡无人，有的却排队占位甚至产生矛盾争执。高职资源大数据平台可以很好解决这个问题。首先，大数据中心建设要从理念上打破了所有教育教学、实验图书等硬件资源的固定归属，从学校整体层面进行调控。其次，依托物联网、通信、信息、控制、大数据、云计算技术对资源、能源进行科学调配和利用，从而实现管理的"模糊化"向"清晰化"、经验化向科学化转变。最后，通过大数据平台实现学生对学习、生活资源的方便、快捷获取。

（六）智慧学工：柔性管理、注重权变

大数据促进智慧学生工作，是大势所趋。其一，高等教育转型和高等教育大众化发展，对高职学生工作管理人员提出更多挑战。高等教育大众化的结果使得高职学生规模逐年增加，专职学生管理人员的增比远远不及学生规模的增比，学生工作的繁杂性和艰巨性大大增加。其二，在信息技术浪潮的冲击之下，学生工作管理者传统的话语权正在被削弱，唯有顺应时代潮流，利用信息技术、大数据技术等优势，增强话语优势和管理服务效果。其三，高职转型发展对学生工作提出更高的要求，高职院校教育管理目前正面临着"由精放管理向精细管理"的转变，传统高职学生管理存在刚性有余、柔性不足的缺点，现代教育管理的发展趋势是柔性化。柔性管理要求以生为本，关注激发学生发展的内在驱动力、动力持久性和管理权变性。在小数据的年代，高职欲实现柔性管理显得心有余而力不足，不能随时随地掌握学生的学习、科研、生活、社交等信息，且往往历经千辛万苦得到的数据，最后因失去时效而显得没有意义，导致"赔了夫人又折兵"。建立学生工作综合信息管理和决策平台，能够及时、全面获取学生工作大数据，能够快速发现问题，及时调整策略，主动实施有效措施，从而使工作更有弹性、彰显柔性。利用大数据技术，可以多维度、全方位地为学生画像，用来分析学生的学业情况、预测挂科、排名突降，动态评估学生消费，精准资助，预测学生毕业去向，引导个性化、针对性就业。

（七）智慧科研：博采众长、继承超越

科学是历史有力的杠杆，是最高意义上的革命力量。在当前知识加速进化的时代，科学研究已来到"超大科学"的拐点。当科研遇上大数据，就诞生了学术界流行的新理论"科学研究第四范式"。高职是培育人才、科学研究的重要阵地，高职教师肩负促进知识创新和传播的使命。大数据科研资源平台为高职科技创新主体提供文献资源，数据的搜集、文献的查找、资源的获取可以说是高职教师从事科研工作的重要基础。高职科研大数据系统包括科研文献库和科研综合信息管理与决策平台两个部分。

首先，科研文献库大数据是高职科研的重要参考资源。科学的发展离不开交流和讨论，因为科学中存在错误和局限。科学扎根于交流，起源于讨论。一切科学知识都是猜测的、可错的，批判和批判的讨论是接近真理的重要手段。而讨论是基于科学的可错性的，科学是一个不断进步的阶梯，今天"正确的"结论，随时都可能成为"不正确的"。信息时代的科学交流除了传统的研讨会、学会等方式外，网上资源的利用、现代科研搜索软件的运用显得更加重要。科研文献库的建立是高职科研人员文献研究的基础，有利于高职教师对已有科研成果的继承和超越，更加体现"现代科研成果是站在巨人肩上的结果"。一般而言，高职科研文献库越丰富，对科学研究的正影响越显著。高职科研文献库的建设形式有两种：购买文献资源和自建文献资源。购买资源包括科研数据库里中知网、万方、维普、超星、读秀等各种购买的论文、著作、文集等资源；自建资源包括特色数据库，如中国水利工程数据库、大学名师库、测绘文摘数据库、校本硕博论文库、专题数据库、特色数据库等。这些资源对于学校师生的研究和提升具有重要的借鉴和启发作用。

其次，大数据使高职科研活动具有智慧性。高职教师可以利用智慧检索软件，对文献信息资源进行学科分析与科研选题，或者跟踪科研进展与定制个性化服务，精准查找交流、评价专家及合作伙伴，提高研究效率。

再次，大数据提高科研效益。通过大数据技术使高职科研从传统的寻找因果关系转向寻找相关关系，从而减少研究资源的浪费，节约研究的时间，提高研究的效率和成果的可靠性。科学研究就是寻找大自然物理现象背后为什么的工作，大数据技术使之更容易、更接近规律，且节约成本，包括经济成本、人力成本和时间成本。高职是科研的重要阵地，高职的科学研究已需要借助大数据技术进行数据驱动的决策。

最后，科研管理综合信息与决策平台有利于提高科研管理的科学性和效率性。利用内部、外部信息，进行科研数据的分析，可以消除或减少重复立项、经费安排不合理、项目负责人不胜任等问题，从而促进公平竞争、促进科研资源的优化配置，提高科研资源使用效益。建立科研大数据平台，包括从外部主管部门科研系统中获得的科研项目的数量、类别与要求，从内部科研数据库中得到的人员、设备、经费、研究经历与研究条件等信息，从 Web 上获得的论文和专利的数量与质量等信息，从项目成果报表上得到的成果转让和奖励等信息。通过科研管理综合信息与决策平台的建立，将各类信息进行整合，对研究课题的科学性、创新性和外部文献库进行综合分析，对申请者所涉及的各项因素综合分析，将不合理的因素排除在立项之前，最终为科研项目评估专家提供决策支持。

第三节　大数据时代高职学生教育管理的策略

一、树立大数据教育管理发展理念

大数据时代，最需要的不是大数据，也不是大数据技术，而是大数据思维、大数据理念。大数据发展必须是数据、技术、思维三大要素的联动，高职院校教育管理大数据的发展，取决于大数据资源的扩展、大数据技术的应用和大数据思维与理念的形成。因此，树立数据开放、数据共享、数据跨界、数据合作的理念是我国高职大数据教育管理健康发展的前提。

（一）树立分享理念

高职 IT 是大数据教育管理的基本设施和保障，其使命和承担的重要角色有两个：一是连接作用，"连接"师生、人与资源、师生与学校；二是支撑作用，支撑"教"和"学"，使之富有效率和创新。我国高职大数据教育管理的发展理念要强调"连通与分享、人技相融、应用体验"的特点，要体现中国特色、彰显学校个性。高职要打破部门、学校、行业、地域、国域等界限，建立协同机制与分享机制，从最大程度上践行大数据的开放与分享理念，实现教育资源和数据资源的共建、共享与共融，从而实现高职课堂教学结构的根本变革，实现教育管理水平和教育管理效益的显著提升。

（二）坚持"以用户为中心"导向

我国高职管理层要树立"用户中心"的管理导向，以学校战略发展目标为指导，以业务流畅性为准绳，融合软件、硬件、服务，面向用户提供简单易用、明确统一的集成化服务，以大数据技术和信息推动学校管理模式、教育教学模式的变革。高职在 IT 规划管理应用方面，要突出人与人、人与资源的高度融合，开发一个统一的、无处不在的平台，可以简化管理任务，使其更容易被学生接受。该平台是学校业务和"注册办公室"的扩展，并将成为高职的门户网站，为学生提供持续易用的账户、课程表、登记材料、成绩和基本校园信息访问。它是传播紧急信息状态的自动短信和语音广播；是集成校园、地方警察和医务人员的客户端；是"商务办公"的扩展，能够实现账单支付、购票、买书、购物及财政账户管理的无线交易；是"注册办公室"的扩展，有利于课程招生、学习过程的互动和动态的成绩访问；是与校友和家庭保持联系的工具；是集培训和教师 / 员工访问的统一平台；是传播校园信息的统一平台。高职要加强基础设施建设，寻找一种灵活的、可扩展的方式去替代老化的电信网络设备；同时，寻找对老化设备改进策略，如简化支持，满足学生和教师的需求，帮助学校创收等。融合设备，如 iPhone 或 iPad，是课堂交互性的硬件设备，这些"综合背包"也将尽量减少学生必须携带的学术工具，减轻学生负担，提高教师教学的可靠性，高职应推进这些"综合背包"在教育教学管理中的应用。

二、坚持大数据教育管理发展原则

高职大数据教育管理发展涉及制度建设、平台搭建、管理模式、人才队伍建设等，明确工作原则是其成功开展的前提和保障。高职大数据教育管理发展原则包括"以人为本"的原则、扬长避短的原则及疏堵结合的原则。

（一）"以人为本"原则

高职大数据教育管理具有属人的特点，不论是建设大数据教育管理的物理设施建设，还是大数据教育管理的软件系统开发应用和大数据教育管理的隐性文化培育，都必须坚持"以人为本"的原则。首先，平台是基础，高职应完善大数据教育管理的基础设施，构建学生的物理学习空间和网络学习空间，形成线上线下相融合的立体化学习模式，这些物理设施要体现"用户至上"和"学生本位"的价值追求。其次，高职大数据教育管理的软件系统在开发之初，就应以最大限度地发挥人的主动性、维护人的尊严为基本标准，以人的全面、自由和个性化发展为根本目标。最后，高职大数据教育管理文化不是冷冰冰的数据理性，而应将人文关怀融于其中，防止人的尊严、人的价值在强大的技术理性面前被贬低、被异化。在高职大数据文化建设中，一定要避免"大数据主义"的产生，要做到规避大数据负面影响而不否定大数据正面作用，做到弘扬数据理性而不盲目崇拜数据。

（二）扬长避短原则

大数据的双重效应给我国高职院校教育管理带来了机遇，也带来了挑战。针对大数据技术的双面性，高职在制定应对规划、战略、制度时要坚持扬长避短、趋利避害的原则。发扬大数据在促进民主、平等、公正、自由的大学文化建设及科学研究方面的优势，利用大数据的及时性、动态性及互动性等优势，营造新型师生关系；利用大数据的预警性来判断教育管理动态趋势，做到防患于未然；利用大数据的先进性，提升教育管理信息的安全性，从而保护师生隐私和数据财产不受非法侵犯。当然，对于大数据可能产生的隐私泄露、人之异化及数据霸权等消极影响也要提前防范。

（三）疏堵结合原则

在文化多样性的信息时代，大数据技术利用给高职学生教育管理工作带来空前挑战，特别是西方多元价值及美国推崇的普世价值，将借助大数据、网络等现代技术载体快速传播和渗透到我国高职师生中。针对西方政治、文化及思潮的入侵，我国高职要坚持疏堵结合的原则，宜疏则疏、宜堵则堵。利用大数据技术的互动性和及时性特点，对一些不良文化观念进行疏导，做到因势利导，为管理者和被管理者提供交流沟通的平台和机制，而不能简单地围追堵截。殊不知，在大数据时代，传统封堵的方式将会适当得反，最终反而会导致欲盖弥彰。但是，对于违反我国基本制度、基本国策等的错误行为和思想，必须利用大数据技术的预警性优势，做到早预防、早发现、早治理，把问题消灭在萌芽状态。

三、加强大数据教育管理顶层设计

顶层设计具有长远性、战略性、科学性的特点。科学的大数据发展规划（IT发展规划）、完善的大数据发展机制（IT发展机制）及民主的治理模式，是马里兰大学大数据教育管理成功的重要原因，这对我国高职大数据教育管理有着重要的启发意义。

（一）制定战略规划

高职大数据教育管理发展战略规划是高职在现有条件和未来条件下，如何更好地实现战略既定目标所采取的措施。我国高职要加强大数据教育管理发展的顶层设计，就必须制定学校大数据发展战略规划，这样才能做到胸有成竹。高职大数据教育管理变革是一场"自上而下"的变革，这要求我国高职管理者在制定大数据战略规划的时候，要用战略的眼光、可持续发展的原则和开放协同的思维去行动。高职大数据教育管理发展要以建设"绿色、节能、智能、高效"的智慧校园为目标，对利益分配、资源统筹、平台搭建、治理结构、评价激励等方面进行精心设计和规划，要突出人与技术的深度融合，体现"大技载道"的技术智慧和技术人性，要激发各方参与积极性和主动性，最终促进高职院校教育管理质量和效益的提升。

（二）加强组织领导

宏观来看，高职要将信息化、智慧化与现代大学治理紧密结合起来，促进信息技术与教育教学和服务的深度融合。高职信息化领导机构需要重新调整，信息化部门要从单一的技术管理型向技术型与管理型并重的方向转变，加强海量数据的分析利用，充分发挥其潜在价值。对此，我国当前急切需要探索首席信息官（CIO）的运行模式，统筹高职的信息化规划、系统建设、应用推广和业务协调等工作，在二级学院、单位和部门均设置专门的信息员岗位和人员，使信息化嵌入到高职的每一个单元之中，尝试推进两级信息建设（信息员制度、学院试点制）。

不管是独立设置的CIO，还是兼职CIO头衔，都要根据各校实际，关键是要发挥他们在学校决策战略中的"核心"作用，必须能够影响大学决策，这样才能真正实现管理上水平、管理智慧化。一个称职的高职CIO必须具有复合能力，包括系统规划能力、信息化教学和课程改革领导能力、教师专业发展领导能力等。在工作态度上，高职CIO要积极主动，不能等待CEO来灌输发展战略、业务部门来反馈IT需求、下属来汇报系统问题，而是积极主动向CEO提供决策影响，且不断提高影响力。在工作内容上，高职 CIO 不仅要关注技术，更要关注业务。IT 的业务价值在于一是业务运营；二是业务增长；三是业务转型，如果不关心所在机构的整体业务目标和战略，那么就无法提出引起领导层兴趣的方案。在工作创新上，高职 CIO 要学会变革管理。总之，高职 CIO 一定要积极推动创新，不管是技术创新还是应用创新；一定要主动研究变革，不论是技术变革还是研究组织变革；一定要关注目标，不仅是 IT 目标更重要的是高职总体发展目标。

（三）明晰发展架构

麻省理工学院的 OCW 项目目标定位清晰、体系结构合理，OCW 项目总监行政部门的出版组、技术组、评估组、沟通组四个职能团队各司其职，保障开放课程的顺利实施。课程的整个发布过程是流水线性进展的，从课程登记到课程资源准备和设计到内容的格式化和标准化、建立课程站点、初步评价、阶段发布、故障排除和完善等，各环节紧紧相扣，流水线化保证了工作效率的提高，降低了项目运作成本，并且分工和协作，从而整体推进了工作进度。同样，我国高职大数据教育管理发展必须有一个清晰的架构，才能使数据采集、管理、使用、维护等各环节衔接有序、运转顺畅，从而促进学校各项事业可持续发展。我国高职要借鉴发达国家高职大数据教育管理发展的经验，依据国家《国家中长期教育改革和发展规划纲要（2010—2020 年）》（以下简称"纲要"）的精神，制定符合学校定位与发展实际的大数据发展规划。坚持业务导向和问题导向，坚持建设与运维并重，要提出具体明确的大数据发展战略规划目标，要在广泛调研基础上任务聚类，要提高制度建设、规划方案科学性和可操作性，考虑全员的利益，加强需求调研广泛参与和透明性，让数据中心的建设效果最大化。

四、完善大数据教育管理制度规约

总体来看，信息技术给高职院校教育管理带来的种种机遇和变革的"利"远远大于目前还未出现或者初显的"弊"。各级政府对于大数据、云计算在高职中运用的态度应包括"促进"和"规范"两个维度，一方面要通过法律法规促进高职院校教育资源共享平台、数据平台的建设和开放；另一方面要通过法律法规进行大数据利用和交易的规范化，从而保护个人隐私、保护数据安全。"促进"和"规约"是车之两轮、鸟之双翼，对于高职大数据教育管理发展而言也是如此。

（一）建立完善大数据制度体系

高职院校要以大数据制度的制定推动教育管理制度体系的整体变革，在高职大数据制度生态中，包括两类制度，一类是规范制度，一类是促进制度。近几年来，我国85%以上的高职院校都制定了校本大数据管理办法，对数据的管理机构和数据的产生、运维、存储、归档、使用、服务等管理过程进行了详细规定，坚持统一标准、全程管控、安全共享的原则，保证信息化数据的完整性、规范性和一致性。另一类制度就是高职大数据教育管理的促进制度，包括对教师拥抱大数据技术和教育改革热情的保护、激励制度，师生实时、完整、真实而准确信息采集的鼓励制度等。高职院校在制定校本大数据管理办法的时候，应在遵循国家法律法规的基础上，根据学校实际、地区实际，制定具有可行性和创新性的制度，应考虑管理制度的稳定性和可持续性，在规范大数据教育管理行为的同时，积极促进大数据教育管理的变革。

（二）解决大数据建设有关争议

高职大数据管理制度主要包括采集制度、存储制度、使用制度、公布制度、审查制度、安全制度等。形成完善的制度体系是一个过程，当前高职院校这些制度的建立处于探索阶段，存在诸多争议。一是在采集制度方面，存在着是否告知数据生产者（拥有者），知情权与告知义务的明确规定是否必要的争议。二是在存储制度方面，存在存储期限的争议，哪些数据需要设定短期存储、哪些数据需要设定中期存储、哪些数据需要设定长期存储、哪些数据需要设定永久存储。当然，保存期限与数据的性质及存储者所评估的数据价值相关，但是主观评估价值都具有相对性，现在认为没有价值的数据也许未来是价值很大的。三是在使用制度方面，存在着有偿使用还是无偿使用的争议。无偿使用，限于高职办学资金限制，但是有偿使用则有悖教育的公益性，也阻碍数据的流转、传播与价值放大。四是在公布制度方面，存在着原始数据之争、粒度之争、安全之争、质量之争、价值之争、虚实之争。五是在审查制度方面，存在业务部门审查还是技术部门审查还是第三方审查的争议。数据采集存储部门审查发布，则对数据质量不能保证，第三方审查或技术部门审查，因对业务不熟悉，只能从宏观或技术层面进行查错。六是在数据安全制度方面，存在究竟人防和技防哪个更可靠的争议，其实要做到"人防"与"技防"相结合。高职必须高度重视这些大数据制度争议，并努力予以解决，否则高职大数据相关制度的制定将无从下手。高职院校制定数据安全管理办法的核心内容应包括：建立数据安全管理的部门架构；建立数据资源的保密制度、风险评估制度；采用安全可信产品和服务，提升基础设施关键设备安全可靠水平；采取数据隔离、数据加密、第三方实名认证、数据迁移、安全清除、完整备份、时限恢复、行为审计、外围防护等多种安全技术等。

五、促进大数据教育管理协同发展

我国高职大数据教育管理建设也要协同政府、企业、高职及研究机构的力量，共同促进高职院校教育管理的智慧转型。

（一）政府宏观引导

在高职大数据教育管理协同机制中，政府主要在政策法律法规、资金投入、协同科研、标准制定、考核评估和宣传奖励等方面发挥宏观指导作用。首先，国家要加大相关立法和标准制定。促进高职大数据教育的法律法规包括两类：一类是规范法律，另一类是促进法律。高职大数据教育管理生态系统中的关键因素当属隐私、安全和道德问题，对于隐私的保护、安全的保障和所有权的澄清是大数据技术应用不能回避的挑战，必须正视且合理解决，以促进大数据技术的正确合乎人伦地使用而不被误用、错用，促进其工具理性与价值理性的统一。目前，我国和高职促进网络学习的考试制度、诚信制度、评价制度还是空白，需尽快出台。普通教育与职业教育和继续教育的沟通有赖于终身学习成果认证体系及学分累计及转化制度的建立。对于诚信问题的解决，可以借鉴 Coursera 依靠网上监考技术、凭借打字节奏判断学习者是否本人的方法，也可以借鉴 ETS 英语四六级在线考试的改革方式，联盟高职相互设置考点，学生就近机考。要完善大数据制度规约，寻找发挥高职大数据价值、规避大数据技术风险之道。一是我国政府要建立健全数据的采集、审查、公布、存储、使用、保护制度，平衡管理创新与隐私保护，数据规范与自由发展。二是我国政府要加大对高职院校教育管理大数据技术研发的资金投入，重点在人工智能、实时处理海量数据及数据可视化分析及应用方面。三是我国政府要改进购买、使用和审核的分离，提升"信息化建设项目"的可持续性；要坚持集约化，提升投资绩效；推动机制创新，推动信息技术与高职院校教育教学深度融合。四是我国政府要实施智慧教育重大应用示范工程。

（二）社会积极参与

高职大数据教育管理发展离不开社会力量的参与，高职院校要与企业协同，发挥各自优势，共同研发教育管理大数据技术和培养大数据人才。我国高职院校要加强与企业合作，结合本国、地区及学校的实际，联手打造具有本土特色的智慧教育方案，建立高职大数据技术与安全保障体系，以技术、方案、服务和运营推动教育服务市场发展。同时，高职院校自身也应利用自身对教育教学管理业务熟悉的优势，依托学科、专业，结合教学实际，研发相关大数据产品。最后，还要借助社会力量促进高职院校教育大数据技术成果的推广和应用。

（三）开展国际合作

我国高职院校教育管理必须抢抓机遇、博采众长、知己知彼，方能实现跨越发展。国外国家在教育、经济、科技、人才及国家综合实力上具有先天优势，这使它们抢得了大数据教育管理发展的先机，并积累了一定的经验，这对我国高职大数据教育管理具有重要的借鉴价值。

我国高职要建立国际交流与合作平台及机制，避免走错路、走弯路，促进走对路、少走路、大超越。首先，我国高职要加强在大数据教育管理技术方面与国外高水平高职的合作，增强我国大数据关键技术、重要产品的研发力，拥有技术主权，避免技术垄断与殖民。其次，我国高职还要加强在学科建设及人才培养等方面与国外的交流与合作。再次，我国高职还要坚持网络主权原则，积极参与数据安全、数据跨境流动等国际规则体系建设，促进开放合作，构建良好秩序。最后，高职院校教育管理的变革是一项系统工程，牵一发而动全身，面对全球智慧教育的发展潮流，必须保持理性，既不能跟风，也不能坐失机遇。国际上的智慧教育方案大都处于边研究、边实践边应用的阶段，企业开发的产品基本上都是第一代，虽然体现了智慧教育的愿景，但是还不具备大面积推广的价值，我国高职大数据教育管理方案也存在这些问题，这也是我国智慧教育展为何仅是"秀"的韵味更多一些的另一原因。总而言之，我国高职在学习借鉴国外高职大数据教育管理成功经验的同时，要用批判的眼光和战略的思维，提出适合国情、能够解决实际问题的本土智慧教育方案。

六、创新大数据教育管理分享机制

高职院校教育管理数据资源开放程度越高，产生的价值则越大，没有共享和开放的数据，只能是一堆没有生命和意义的数字。高职院校教育管理公共数据资源统一开放的程度包括低、中、高三度，高职公共数据资源低程度统一开放仅限于部门内部，中等程度公共数据资源统一开放限于地区，而全国统一开放的高职院校教育管理数据库则是高程度的，当然更高程度的统一开放是面向全球，从而达到人类知识信息共享。

（一）采取分步实施逐步推进的方式

公共数据服务正成为未来新兴产业，逐渐走向集成、动态、主动和精细的发展阶段，但是在数据公开方面，引导潮流的很难是个人或企业。显然，代表公共利益的政府应是数据开放潮流的引领者和规则制定者。

开放共享是大数据价值的生命线，高职作为社会思潮和先进文化的创造者和传播者，思想开放、兼容并包是应有的品质，构建高职资源开放共享机制成为必然。但是目前高职开放和共享意识还不够，除了部分高职尝试资源共享、学分互认外，高职"马赛克"现象还比较严重，一些部门和机构拥有大量数据，但以邻为壑，宁可荒废也不愿意提供给其他部门使用，导致数据不完整或者重复投资，浪费了大量人力、物力、财力。大数据时代已经来临，我国需要共享精神。我国高职大数据共享机制的建立也可以采取分步实施、逐步推进的方式，可以考虑以立法的形式，在保证数据安全的前提下，先强制后自觉，逐步冲破部门、学科、专业、行业、领域等之间的藩篱，不断推进高职院校教育管理大数据实现更高程度上的开放、共享和应用。

（二）建立利益共享的激励机制

高职大数据教育管理发展是一项系统工程，需要建立多方参与、无缝对接的合作共同体。推进高职大数据教育管理面临的阻力有很多，包括资金、技术、人才及体制机制等，其中，体制机制是关键，利益共享是各方密切合作的动力。这个合作共同体也是一个利益共同体，不同的利益诉求、相同的求解方式，将多方联结在一起，所以，建立健全利益共享机制具有"射人先射马"的战略意义。如在国内大部分高职的开放课程建设投资中，占比较多的是政府和高职投资，社会公益投资很少，大数据教育管理的成本分担机制没有形成。要构建多方融资的渠道，就必须要有合作方各自利益点的发掘。

有些高职已经尝试实行学分互认，为了长期可持续合作的需要，建议可以尝试推行完全学分制，或者在目前不完全学分制的基础上，对各门课程学分估价，对于依托合作高职在线课程修满的学分，可以给合作高职适当费用补偿。另外，建议建立科研数据的分级共享机制，对于造福全人类的科研数据建议建立数据开放共享的激励机制。国家在宏观政策的引导上，对于致力于推进知识传播、文化发展和社会进步的 MOOC 资源进行经费补偿；设立智慧教育进步奖，对于推进大数据教育管理的相关教师及管理者进行表彰奖励；甚至鼓励学校内部实行教师职称评聘等制度改革，对大数据教育管理相关奖励予以肯定和倾斜；在国家高等教育教学成果奖的评选导向上，建议将高职大数据教育管理作为未来教学成果奖评选的重点内容之一。

七、构建大数据教育管理评价体系

教育数据"资产"无疑是智慧教育构建的基石，只有建立科学的评价机制，才能推动从数据采集到数据利用"一体化"发展，实现智慧教育的良性循环发展。

（一）建立完善评价体系

OCW 在组织架构上，将评估咨询委员会作为 MIT 院长办公室下面重要的一级机构，其建立了一个专门的评估团队，设计一个集项目评估和过程评估于一体的评估体系，并分别制定了评估档案。项目评估侧重评估课程的访问情况、使用情况和影响情况；过程评估考察 OCW 实施过程，评估其工作效率和效果。项目评估与过程评估体系相结合的方式，有助于评估团队全方位了解项目的实施和进展情况，以便制定相应的改善措施。另外，ACU 也高度重视评估工作，对移动学习项目进行持续的监测和评估，每年都会发布移动学习报告，为学校下一步科学决策提供依据。我国高职应加强督导，形成对高职大数据教育管理的评价机制和反馈机制。要加强大数据教育管理评价体系的顶层设计。应将大数据基础设施和制度建设作为高职的基本办学条件之一，作为一个高职院校是否达到现代化的重要观测点，纳入学校的基本评价指标体系之中。同时，建立高职大数据教育管理建设和实施过程中各个环节的具体评价体系，做到"无事不规划、无事不评价、无事不反馈"。高职大数据教育管理建设指标体系的设计要突出教学的中心地位，坚持效果评价与过程评价相结合的原则。

（二）建立完善评价方式

我国高职大数据教育管理中，也要重视各种规划或工作的实施情况，进行阶段性和总结性评估，评估其实施状况与实施效果，是否达到了最终的目标。我国高职要建立量化督导评估和第三方评测，将督导评估结果作为相关人员奖励和问责的依据，以提升学校发展教育信息化的效率、效果和效益。我国高职大数据教育管理建设中，既要关注整个数据治理的全流程管理，又要关注数据分析和利用的效果评估，通过对高职数据采集、数据全流程管理、数据质量、数据治理能力、数据利用等各个环节的项目评估、过程评估和效果评估，促进高职大数据教育管理各个环节的改进。当然，这是一个长期的持续优化和迭代的过程。

八、强化大数据教育管理师资培养

由于信息化的技术特征决定了人才投入是更具决定性的因素。大数据治理的核心是人，人既是大数据技术价值追求者，又是大数据隐私的主体和捍卫者。专门的工作队伍建设是高职大数据教育管理发展的重要人力资源保障，高职大数据人才应当是："技术背景＋管理教学"专家的双重身份。然而，目前我国高职大数据人才的现状是，教师数据素养普遍不高，对新媒体技术重要性认识不足及技术运用能力较低。我国高职大数据师资队伍建设可以从以下几个方面着手。

（一）改革培训体系

教师是大数据时代"更加成熟的学习者"，教师和学生之间是相互协作的工程师。高职在大数据人才培养方面具有特殊使命，不仅要培养数字公民，教育者自身的信息技术能力也要求很高。大数据时代教师角色将发生巨大转变：由传统的"知识占有者"向"学习活动组织者"转变，由传统的"知识传授者"向"学习的引导者"转变，由"课程的执行者"向"课程的开发者"转变，由"教教材"向"用教材"转变，由"教书匠"向"教育研究者"转变，由"知识固守者"向"终身学习者"转变。大数据时代，高职教师的信息素养包括对信息的收集和处理能力及运用信息技术进行专业教学和提升能力。

我国高职应建立并完善教师专业发展培训课程体系，重新设计教师职前培训项目，将原有的一节技术课程转变为可以使教师深入运用技术的教师职前培训课程。要改革职后培训项目，使其内容紧跟时代潮流及教育改革潮流，能够与时俱进地反映学生发展的根本需求。教师职前培训课程体系建议设置"基础课 + 专题课 + 核心课题 + 自选课"的课程模块。另外，课程体系也不应是千篇一律的，而应根据不同的培训对象采取不同的方案，差异化的培训课程和教材，才能更加有效地促进全体教师的大数据素养。且不同对象不同时期培训内容也是灵活变化的，这一切都应根据培训对象的需求决定。对于职后教师的培训而言，需要学校根据教育管理工作的需要和教师的特点进行，要采取个性化的培训方式，即"按需培训""多元培训"及"个性化培训"。

（二）创新培训方式

对高职教师的培训，从内容上讲，不仅包括大数据技术，也包括大数据理念、大数据思维。英特尔未来教育项目的主要授课方式就是三种模式：人—机交流、机—机交流和人—人交流。在互联网、大数据技术背景下，高职教师必须具备基本的信息素养和大数据素养，熟练掌握并运用新技术促进教学革新。在人与人交流模式中，合作、体验的特点得到彰显；在模块化的学习中，创新的思维得到彰显。对高职教师大数据素养的培训不能期望一门信息技术教育基础课程能够"包治百病"，要将信息技术能力培养与课程、具体准备项目相融合。实施教师准备项目，确保教师按照有意义的方式掌握技术使用。高职院校要在培训中贯穿自主、交互、探究、体验式的学习活动，充分利用网络平台开展研讨和交流。让教师体验新的学习方式，让他们日后将所学运用于自己的教学中。

（三）协同多元力量

高职院校教师大数据素养培训主体有三种：一是教育行政主管部门；二是信息技术提供商；三是高职。高职可依托政府培训项目，遴选教师参与培训，建立大数据人才库；与大数据技术公司、大数据应用公司及大数据培训公司等企业合作，数据堂(北京)科技股份有限公司、腾云天下科技有限公司、华为科技有限公司、阿里巴巴、百度、尚观大数据教育培训机构等，不断提高教师信息技术使用能力、大数据分析能力及教育教学改革创新能力。或者在国内设立培训基地，建设试点高职，充分发挥其对其他高职教师发展的辐射和示范作用。同时，也要加强国际合作。可以与智慧教育领先国家加强合作，双方互派培训人员，相互学习、相互借鉴，从而推进我国高职教师大数据素养不断提升。当然，高职除了提升教师的大数据素养，还应提升学生的大数据素养。高职院校教育教学活动是师生共同参与的活动，具有"双主体"的特点，任何一方的大数据素养不高都会影响大数据教育管理的顺利进行。正如学者所说，智慧教育是以一种"人机协同工作系统"，人和技术协同作用而构成的教育系统，人是技术的主宰。让教师和学生能够善于应用技术、与技术协同进行教与学，进而提升教与学的品质。

参考文献

[1] 童丽，张亮，李引霞.高职院校教师绩效管理实践研究[M].广州：广东高等教育出版社，2021.

[2] 王文勇.现代高职院校全面质量管理创新研究[M].北京：中国原子能出版社，2021.

[3] 陈春梅.教育管理与评估丛书 高职院校混合所有制及其内部治理研究[M].厦门：厦门大学出版社，2021.

[4] 廖伏树.创新视角下的高职教育管理[M].北京：光明日报出版社，2021.

[5] 朱忠义.高职院校内部治理研究[M].北京：北京理工大学出版社，2021.

[6] 王海棠.高职院校体育工作组织与管理生态研究[M].北京：中国青年出版社，2021.

[7] 周文清.高职院校实践教学管理与质量评价研究[M].长沙：湖南大学出版社，2021.

[8] 王旎."双一流"建设背景下高职院校治理能力建设研究[M].成都：西南财经大学出版社，2021.

[9] 朱艳军.高职院校教学管理研究[M].长春：吉林人民出版社，2020.

[10] 张一平.高职院校教学管理概论[M].北京：北京理工大学出版社，2020.

[11] 李文莲.高职院校管理研究与实践[M].北京：北京理工大学出版社，2020.

[12] 蒋丰伟.高职院校教师人力资源管理存在的问题及对策研究[M].北

京：中国纺织出版社，2020.

[13] 邹红艳，宫立华.企业办高职院校的管理及办学模式实践研究 [M].北京：中国商务出版社，2020.

[14] 孙建.高职院校内部治理体系现代化研究 [M].南京：东南大学出版社，2020.

[15] 胡华北，韩成文.高职院校辅导员工作课程化模式实践研究 [M].合肥：合肥工业大学出版社，2020.

[16] 倪虹.新时期高职院校创新创业多维探索 [M].天津：天津科学技术出版社，2020.

[17] 胡正明，何应林，方展画.优质高职院校建设理论与实践研究 [M].武汉：华中科技大学出版社，2019.

[18] 庄庆滨.高职院校班团学生干部工作实务 [M].长春：吉林人民出版社，2019.

[19] 查吉德.高职院校治理结构的理论与实证研究 [M].广州：广东高等教育出版社，2019.

[20] 张彩宁，王亚凌，杨娇.高职院校数学教学改革与能力培养研究 [M].天津：天津科学技术出版社，2019.

[21] 陈长伟.高职院校工学结合专班培养模式创新实践 [M].北京：北京理工大学出版社，2019.

[22] 黄小华，陈磊.高职院校辅导员队伍建设的理论与务实 [M].延吉：延边大学出版社，2019.

[23] 何文波.高职院校治理体系现代化建设研究 [M].湘潭：湘潭大学出版社，2019.

[24] 辛宪章，张岩松，王允.高职院校治理研究 [M].大连：东北财经大学出版社，2018.

[25] 徐友辉，何雪梅，罗惠文.高职院校学生教育管理创新研究 [M].成都：西南交通大学出版社，2018.

[26] 谭亮，万铮.基于大数据的高职院校人事管理 [M].成都：西南交通大学出版社，2018.

[27] 邢广陆.高职院校教师绩效评价研究 [M].青岛：中国海洋大学出版

社，2018.

[28] 王官成，苟建明. 高职院校文化育人的创新与实践 [M]. 北京：光明日报出版社，2018.

[29] 周建松. 高水平高职院校建设导引 [M]. 杭州：浙江工商大学出版社，2018.

[30] 刘代友，廖策权. 高职院校分类分层人才培养创新研究 [M]. 成都：西南交通大学出版社，2018.